洞庭湖生态经济区建设与发展湖南省协同创新中心成果

湖南省社会科学成果评审委员会 2016 年课题结题成果

湖南省常德市文化产业建设办公室资助项目

湖南省湘学研究院湖南文理学院基地研究成果

周星林 孙培厚◎著

孙开华评传

中国社会科学出版社

图书在版编目(CIP)数据

孙开华评传 / 周星林,孙培厚著 . —北京:中国社会科学出版社,
2017. 10
ISBN 978-7-5203-1470-1

Ⅰ.①孙…　Ⅱ.①周…②孙…　Ⅲ.①孙开华(1840-1893)-
评传　Ⅳ.①K825.2

中国版本图书馆 CIP 数据核字(2017)第 280169 号

| | | |
|---|---|---|
| 出 版 人 | 赵剑英 |
| 责任编辑 | 陈肖静 |
| 责任校对 | 王　影 |
| 责任印制 | 李寡寡 |

| | | |
|---|---|---|
| 出　　版 | 中国社会科学出版社 |
| 社　　址 | 北京鼓楼西大街甲 158 号 |
| 邮　　编 | 100720 |
| 网　　址 | http://www.csspw.cn |
| 发 行 部 | 010-84083685 |
| 门 市 部 | 010-84029450 |
| 经　　销 | 新华书店及其他书店 |

| | | |
|---|---|---|
| 印刷装订 | 北京君升印刷有限公司 |
| 版　　次 | 2017 年 10 月第 1 版 |
| 印　　次 | 2017 年 10 月第 1 次印刷 |

| | | |
|---|---|---|
| 开　　本 | 710×1000　1/16 |
| 印　　张 | 15.75 |
| 插　　页 | 2 |
| 字　　数 | 226 千字 |
| 定　　价 | 68.00 元 |

孙开华将军画像

# 序　一

李育民

（湖南师范大学历史学教授、博士生导师，湖南省历史学会副会长）


　　孙开华（1840—1893），字庚堂，湖南省慈利县人，1856 年投入湘军"霆字营"，在其统帅鲍超带领下，先后征战湖北、安徽、江苏、江西、福建、广东等地，在清王朝平定太平天国和捻军的无数战斗中累立军功，官至福建陆路提督，逝于任上。他是湘军诸多将领中既平凡而又伟大的一位，由于历史的原因，和他相类似的英雄人物，还有很多精彩的事迹被淹没在历史的长河中。一个英雄人物的诞生，既有历史的必然，也有戏剧性的偶然。

　　《孙开华评传》的问世，就是一个偶然。

　　本书作者周星林，20 世纪 80 年代曾在我校政治系就读本科，毕业后长期致力于"思想政治课"教学和教育行政工作。21 世纪初，原常德师专升为本科院校，作为该校一员的他，在晋升职称过程中自然也面临学历提高的问题。在研究生教育阶段，他却有意无意地走进了"历史学"领域，并在选择论文指导老师时阴差阳错地选择了本人，我们便有了师生之谊。

　　周星林的第一部专著是在硕士学位论文基础上形成的《蒋翊武评传》，在为其作序过程中，我通读全书，感觉这位"半路出家"的弟子在研究历史人物方面还是颇有心得的，并希望他在湖湘历史人物研究上取得更大成就。然而，过了不久，从他那里传来消息，他将自己的《蒋翊武评传》改编成电影剧本《辛亥元勋蒋翊武》在北京立项，自己寻找到社会资金拍摄成片，获得了国家广电总局审查批准，在院线举行了公映，还入围中国第 23 届金鸡百花电影节影展。此时，我就感觉到，这个弟子走的路子已经超越了学术范畴，估计回不来了。

自前年开始，周星林告诉我，他们看了一部电视剧《台湾 1895》后，决定重点研究晚清军事将领孙开华，并且组成了一个研究团队，初步取得了一些成果，去年还以"晚清爱国将领孙开华军事活动与台海战略防御"为题，获得了湖南省社科评审课题立项。这不，今年就把《孙开华评传》初稿放在我的案头。

我在研究近代中国条约史时发现，中法战争结束后，1885 年 5 月 13 日，清政府任命李鸿章为谈判代表，与法国政府代表、驻华公使巴德诺在天津开始谈判，6 月 9 日，在天津签订《中法会订越南条约》，即《越南条款》或《中法新约》，又称《李巴条约》，共十款，主要内容是：清政府承认法国对越南的保护权，承认法国与越南订立的条约；中越陆路交界开放贸易，中国边界内开辟两个通商口岸，"所运货物，进出云南、广西边界应纳各税，照现在通商税则较减"；日后中国修筑铁路，"应向法国业者之人商办"；此约签字后六个月内，中、法两国派员到中越边界"会同勘定界限"；法军退出台湾、澎湖。1885 年 11 月 28 日，此条约在北京交换批准。从此，中国承认法国吞并越南，中国西南门户大开。1886—1888 年，清政府又被迫与法国签订了《中法越南边界通商章程》《中法界务条约》《中法续议商务条约》等一系列不平等条约，使法国又得到很多权益。

中国西南门户洞开，法国侵略势力以印度支那为基地，长驱直入云南、广西和广州湾（今湛江市），并使之一度变成法国的势力范围。

显然，中法战争的结果是《中法新约》等一系列不平等条约的签订，以及让中国丧失更多的主权。近年来，有学者提出，《中法新约》等不平等条约相对于那些割地赔款条约来说，程度要轻一些，多少给清王朝留有一丝尊严；还有学者认为，中法战争是一场没有胜负的战争：法国没有得到它所想要的全部东西，中国没有失去一寸土地。

关于这场战争的评价，这里不作过多的论述。因为不平等条约的签订，就是这场战争谁胜谁负最直接的注释。在中法战争中，中国人津津乐道的是"沪尾大捷"和"镇南关大捷"。后者因为老将冯子材

披挂上阵的故事曾感动国人，而前者因为湘淮之争以及孙开华、刘铭
传将帅有镇压太平太国和捻军的背景，没有得到适当的宣传，人们对
这场发生在台湾的战斗故事关注甚少。

《孙开华评传》在评介孙开华生平事迹的同时，自然抓住了书中
主人公孙开华在台湾进行"开山抚番"、戍守海防的伟大贡献，作者
在查阅大量历史资料的基础上，对"沪尾大捷"进行了浓墨重彩的描
述，比如，孙开华在大战之前采取的"整顿军纪""赶筑炮台""堵
塞港口""征用土勇"等九大军事措施，是前人未曾归纳的，具有较
高学术价值。因此，本书的出版，可以视作对晚清爱国将领孙开华研
究的"开山之作"，也在某种程度上填补了晚清台海军事防御方面的
学术空白。

研究孙开华和他主导的"沪尾大捷"，不仅可以正本清源、还原
历史，在目前台湾当局拒绝承认"九二共识"，柔性推动"台独"政
策背景下，让海峡两岸人民清晰了解到当年中央政府是如何举全国之
力抵御外侮，军民联合抗击西方侵略，最后取得胜利并建立"台湾
省"的历史真相，对我们今天珍惜和平发展，共谋中华民族伟大复
兴，具有现实意义。

本书的另一个特点是历史学者与历史人物家族的联手。孙培厚先
生是孙开华家族的佼佼者，他在从事救死扶伤、治病救人的医术上颇
有建树，是湘西北地区乃至全国享有一定知名度的烧伤整形专家。同
时，他也是一位具有家国情怀的社会活动家，在很多公益活动中常常
看到他的身影。他加盟撰写《孙开华评传》，增强了写作队伍的力量，
特别是他提供的两套沅澧流域《孙氏族谱》，为孙开华研究提供了第
一手原始资料。作者先后深入孙开华或驻军，或为官的福建厦门、泉
州、漳州、福州，以及台湾基隆、淡水等地，查找相关史料，考证相
关史实，这种严谨的治学态度是值得肯定的。

诚然，由于史料收集的困难，本书在写作过程难免存在一些遗
憾，比如：孙开华在漳州总兵任上的所作所为，书中几乎没有具体涉
及；孙开华在福建陆路提督府的工作和生活情况，作者较大篇幅转引
了孙开华孙女婿、民国传奇小说泰斗平江不肖生著《江湖奇侠传》中

的相关描绘，以补充内容的不足。此外，由于孙开华是"霆军"中的后起之秀，关于他的文献记载，主要来自陈昌的《霆军纪略》，该书中第一次出现"孙开华"的名字时已是同治元年（1862年）了，因此，关于孙开华在"霆军"中的战绩，只能从"霆字营"的军事行动中窥见一斑。尽管如此，作为晚清抗法保台民族英雄孙开华的第一部学术专著成功出版，拓展了湘军历史人物研究的新领域，为后来者起到了抛砖引玉的作用，是一件值得庆贺的事情。

是为序。

2017年8月于湖南师范大学

# 序　二

王继平

（湘潭大学历史学教授、博士生导师，湖南省历史学会副会长）

　　著名军事学家蒋方震先生说过，湘军乃中国历史上的一大奇迹。的确，湘军以书生领山农的形式，不仅成就了曾国藩平定东南半壁河山的事功，它对晚清社会的影响更是极为深刻的：它造成了汉族士大夫势力的崛起，从而改变了晚清政治权力结构；它创办一系列近代企业，开启了中国早期现代化之先河；它创立了新的军事制度，影响中国军事近半个世纪；它培养了一批人才，在各个方面深刻地改变了晚清社会。就湖南而言，湘军的影响则更为深远，最显著的是它造就了晚清湖南人文荟萃、人才辈出的辉煌，从而使湖南由古代的无足轻重的叹息一变为"万物昭苏天地曙，要凭南岳一声雷"的豪迈，并积淀为湖南人敢为人先、以天下为己任的湘军情结。此后，湖南出现了"惟楚有才，于斯为盛"的人才辈出的盛况。继曾国藩为代表的湘军人才群体之后，又出现了以谭嗣同、黄兴为代表的资产阶级改良与革命家人才群体以及以毛泽东、刘少奇、彭德怀为代表的无产阶级革命家群体，成为影响近百年来中国历史的重要现象。因此，研究湘军及其近百年来湖南人物，也成为当代湖南学人的学术担当。周星林先生的《孙开华评传》即是最新的研究成果。

　　周星林先生所在的湖南文理学院（其前身为常德师范学院）文史学院，在其表率下，长期致力于近代湖南地方历史和人物的研究，在以常德细菌战为代表的日本对华细菌战研究，钟相、杨幺起义研究，宋教仁研究，蒋翊武研究等领域，在国内外学术界有一定的影响。周星林先生一直从事近代常德人物研究，在宋教仁、蒋翊武研究方面有诸多建树，尤其是他撰写的《蒋翊武评传》是目前史学界比较翔实和专精的研究著作。此次推出的《孙开华评传》，是他在这一领域研究的新作。

孙开华（1840—1893），湖南慈利人。1856 年入湘军鲍超部霆军，先后参加了镇压太平天国和剿灭捻军的战争，累擢至漳州镇总兵。1873 年主持厦门海防，募勇组成"擢胜军"，赴台北、苏澳营开山抚番，诏署福建陆路提督，由于此时台湾尚未设省，作为福建陆路提督的孙开华，也兼领台湾的防务，开始了他与台湾防务的关联。孙开华先后多次赴台，除一般性的防务视察和布防外，重大的军事活动主要是平定台湾少数民族的叛乱和在中法战争中抵抗法国侵略军的战斗，特别是沪尾之战和淡水反登陆作战，孙开华指挥得当且身先士卒，取得了胜利，为捍卫国家领土和主权做出了贡献，这是孙开华一生中最为光彩的事迹，也是确立他作为爱国将领、民族英雄地位的业绩。作为一个武官，与曾国藩、左宗棠、彭玉麟、胡林翼等湘军统帅相比，孙开华在湘军人物群体中的地位相对低一些，与官至总督、巡抚的将领相比（据罗尔纲先生的统计，湘军将领官至总督、巡抚的共26 人，总督、巡抚各 13 人），孙开华只是纯粹的武官，在历史上的影响相对小一些。因此，学术界对于孙开华的关注是比较少的，到目前为止，也只有地方报刊几篇介绍性质的文章，谈不上学术研究，至多也是在研究中法战争台湾战场的论文中略微涉及孙开华而已。周星林先生的这本评传，可以说是学术界研究孙开华的补白之作，也是颇具分量的扛鼎之作。

另外，本书的另一特点是史料搜集完备丰富。由于孙开华不像湘军统帅曾、左、彭、胡那样具有重大的影响，专载和特载史料极少，加之学术界的研究较少，可资参考的史料线索也不易得到，这就增加了史料搜集的难度。需要在记载太平天国和中法战争的浩如烟海的史料中进行梳理、搜集，一点点进行归纳，的确是十分烦琐而辛苦的工作。从本书的引用和参考文献来看，周星林先生是做了大量的史料工作的，正如作者自己所说："为了寻找史料，我们曾经多次到孙开华的出生地慈利县进行实地采访，不仅搜集到许多关于孙开华的传说，还取得了县志办提供的历史资料，我们还数次到孙氏迁湘始祖宗祠所在地桃源县马鬃岭乡新安场村查阅了仅存的一部民国族谱；先后两次前往孙开华任职的福建厦门、泉州、漳州、福州等地寻找踪迹，……最为难得的是2014年10月，台湾新北市立淡水古迹博物馆邀请我们赴台参加'纪念清法战争130周年学术研讨会'，我们结识了许多台湾学者，获取了很多宝贵资料。"历史学是实证科学，它奉行的是"言之有据，据之有注"的治学原则，据就是史料，没有史料作为依据，历史便成了臆测和猜想。正是周星林先生搜集的丰富和可信的材料，不仅为读者展示了一个真实而又丰满的爱国将领的高大形象，也为学术界提供了研究孙开华的深入而又扎实的著作。

最后，本书在坚实的史料研究基础上，也纠正了长期以来被误读了的孙开华形象。中法战争因为镇南关大捷使中国反败为胜，但是后期的台湾战作，因为兵力的不足和刘铭传处置的不当，使得法军得以占领基隆并向淡水、台北攻击，同时占领了澎湖并向镇海进攻，造成了中国的损失。由于湘淮军的矛盾和其他的原因，刘铭传一改此前对孙开华的赞赏态度，将责任推卸到孙开华身上，并向清政府奏劾孙开华，称孙开华部"飞扬跋扈、军纪松弛"，孙本人对战争准备"毫不预闻"，并称"孙开华血气之勇，若遇内地土寇，以乌合之师，仗虚器之气，或可侥幸有功，如将来海疆再有事故，朝野采其虚声，一旦假以事权，侵扣饷项所失尚轻，特恐贻误大局"。清政府后来虽然并没有采纳刘铭传的说法对孙开华予以处分，但鉴于刘铭传的强势，这一奏折无疑对人们评价孙开华造成负面影响。某些研究中法战争的论文，依据刘铭传的奏折，对孙开华在台湾的抗法活动亦有诟病。至于《台湾1895》所描述的抽大烟、喝大酒、玩女人的孙开华形象，虽是小说家言，史学家不必认真，但也给孙开华的真实形象造成了影响。周星林先生以翔实的史料和精到的分析，厘清了这一事实，并引用了新的材料，还原了孙开华"治军甚佳，钱粮按月支付，故士气甚高，深获将士、台人爱戴，也受洋人欢迎"的真实形象，反映了作者尊重历史事实的严谨治学态度。

　　与淮军人物研究相比，湘军人物的研究还有待进一步深入。安徽的学者多年前就完成了《淮系人物列传》的大型淮军人物研究著述，湘军人物的研究至今还主要集中在曾、左、彭、胡等重要人物的层面上，对罗泽南、刘长佑、曾国荃、李元度等总督、巡抚级人物的研究也只能说是起步，遑论孙开华等一批有历史贡献而并不显赫的湘军人物的研究了。多年前我曾计划编写多卷本湘军人物传记或湘军人物传记丛书，奈何心有旁骛，一直未能实现。周星林先生的著作，可以说开始了这种关注，希望能引起后学的兴趣，以推动湘军人物研究的深入。

2017 年 8 月 26 日于湘潭大学

# 目　　录

# 第一章

# 慈利出了个孙九大人

## 一　湘西门户慈利县

在湖南的西北部有一个年轻的城市，也是享誉全球的世界文化遗产名城——张家界市。1982 年，隶属湘西土家苗家自治州的大庸县建立了中国第一个国家森林公园，填补了中国没有国家公园的空白。1985 年 5 月 24 日，国务院批准撤销大庸县，设立大庸市（县级），以原大庸县的行政区域为大庸市的行政区域。1988 年，国务院批准将大庸市升为地级，设立永定区、武陵源区，将原属常德市的慈利县和湘西土家族苗族自治州的桑植县划归大庸市。在这个年轻的地级市内，面积最大、人口最多、历史最悠久的就是慈利县。

慈利县历史悠久，建置已达 2200 多年。境域春秋末，周楚平王之孙白胜筑城于零水之畔，即白公城。秦始皇二十六年（前 221 年），天下分辖 36 郡，在黔中郡下置慈姑县。汉高祖十二年（前 195 年）更名零阳县，属陵郡。隋开皇十八年（598 年）改称慈利县，属崇州，县名取"土俗淳慈，产物得利"之义。

元贞元年（1295 年）升为慈姑州，旋改为慈利州。

明洪武二年（1369 年）降慈利州为县，慈利县治汉至隋初设白公城，明万历末年迁至永泰街，即今县人民政府所在地——零阳镇。清承明制，慈利县隶属澧州（州治在澧阳县），因此，我们今天尚能在厦门市塔头见到孙开华"驻军处"题刻落款为"澧阳孙开华"就不足为奇了。

民国 5 年（1916 年）湖南省裁撤武陵道，将大庸、桑植、慈利县划归辰沅道。民国 11 年（1922 年）裁撤"道"的建制，仅存省、县两级，所以，大庸、慈利、桑植三县均属省直辖市。民国 24 年（1935 年），湖南省建湘西绥靖处，管辖慈利、大庸、桑植、临澧、石门、澧县 6 个县，专员办事处设在慈利县。民国 27 年至 38 年（1938 年至 1949 年），湖南全省调整为 10 个行政督察区，大庸与桑植属第八督察区，专员办事处设在永顺。慈利县属第四督察区，专员办事处设在常德。

1949 年至 1988 年，慈利县属常德专区管辖。

1988 年经国务院批准成立大庸地级市，慈利县归属该市管辖。

慈利县地处武陵山脉东部边缘，东北与石门县毗连，东南与桃源县接壤，西北与桑植县相邻，西南与永定区连接。慈利县地处 110°27′E—111°20′E，29°04′N—29°41′N。慈利县境东西最大距离 72.2 千米，南北最大距离 69 千米，总面积 3480 平方千米。

慈利县地处澧水中游，属湘西山区向滨湖平原过渡地带，地势自西北向东南倾斜，武陵山余脉在境内分为 3 支东西走向的山脉，澧、溇两水纵贯全境，蜿蜒于县西北部和中部。北支的高架界，海拔 1409.8 米，为县境最高峰。中支的宝峰山、马儿岭，南支的剪刀寺等海拔均在 1000 米以上。澧水自西南向东北流贯县境，沿岸有河谷平原，最低处苗市镇界溪河边海拔 75 米，山河相间，构成三山两谷。慈利县境内岩性组成主要是碳酸盐岩类，占总面积的 54%；地势西北高、东南低，地貌类型多样，以山地、山原为主，占总面积的 64%。

澧水是湖南四大水系中最小的一支，干流全长 407 千米，仅为湘江的一半，而流域面积仅为湘江的 1/5，但是，由于澧水的中上游与长江三峡同处于暴雨集中区，降水量大，径流模数居全省之冠，河水暴涨暴跌也是一大特征。正是由于澧水中上游地区山深林密、雨量充沛、河谷深切、险滩毗连、水流湍急这种自然条件，影响着该地区人们的生活习惯和秉性特质：勤劳朴实、敢爱敢恨、崇尚武力、勇往直前。

在中国近现代历史上，慈利武将名人辈出，如享有"南北大侠"美誉的一代宗师杜心武（1869—1953）就出生在慈利县江垭，他少年

**图 1-1　澧水慈利县段风光**
**孙培厚摄**

习武，拜师徐矮子，推崇"道法自然"，创立了中国武术自然门派。他在旅日期间，经宋教仁介绍加入了中国同盟会，成为孙中山和同盟会在日本举行重大聚会的"特别保镖"。再如出生于慈利县三官寺的唐牺支（1887—1924），1907 年考入湖北陆军小学堂，毕业后编入湖北新军第二十一混成协四十一标第一营，由正兵、副目、正目升至排长，秘密加入同盟会，在军中组建革命团体群治学社、振武学社和文学社，成为反清革命的中坚力量。1911 年 10 月 12 日，武昌起义成功的消息传至宜昌，正在该地驻守的唐牺支得到革命党人的拥戴，他与宜昌革命党人胡元龙等约同宜昌"公益会"和地方人士代表召开秘密会议，筹划于 18 日举义。19 日，宜昌易帜后，唐牺支被推为民军司令部司令长。12 月 16 日，唐率部攻下荆州城，湖北军政府委任唐为荆（州）宜（昌）（恩）施鹤（峰）总司令，为当时鄂西数十县最高军政长官。中华民国成立后，唐牺支被中央政府授予中将衔，成为建立民国的"开国元勋"。

慈利县位于澧水的中游，澧水流经县境 190 千米，既有河流湍急、高歌猛进之处，也有水流舒缓之处。从县城往西大约 5 千米的柳林铺，就是一个澧水上游、下游货物集散之地，这里商铺林立，货站毗连，成为南来北往商家的交通要道。

相比上述两位崇武之士，更有一位戎马一生、累建军功的民族英雄在他们之前早已名垂青史。今天，在澧水中游的岩泊渡、柳林铺一带，流传着一个"孙九大人"的传说，这个传说的主人公就是上祖来自江西，先居桃源、后迁慈利的孙氏家族第 12 代后裔孙开华将军。

让我们走进孙家的历史。

### 二　关于孙氏家族

中华民族历史源远流长，姓氏文化是构成华夏文明生生不息的一条条血脉相连、连绵不断的纽带。孙氏，就是中华姓氏 5000 多支中的重要一支。

关于孙氏的起源，目前已知十多种说法，其中以"姬姓武卫公之后"之说为主。孙开华的祖辈来自何处？在 1999 年湖南省桃源县、慈利县编撰的三修《孙氏族谱》中，有篇"（孙氏）姓氏考"记述："而我孙氏，主要来源有三支。一支源为姬姓分支，周文王之后，因为公子惠孙品德高尚，后人为了纪念他，便以其字为姓；一支源为米姓分支，楚王蚡冒之后，因为令尹孙叔敖为政清廉，政绩卓著，后人以其字为姓；一支源为圭（实为妫——引者注）姓分支，齐田完之后，因为田书保家卫国，战功显赫，齐景帝赐田书姓'孙'并赐乐安为邑。"① 至于本支孙氏家族到底源自哪支？作者没有给出明确答案。

其实，弄清孙开华所在孙氏家族的来历非常简单。该支孙氏自迁湖南以来，分别进行了三次修谱活动，分别是光绪九年（1883 年）、民国 22 年（1933 年）和 1999 年。打开这三次修撰的《孙氏族谱》，都赫然标明了自己的"堂号"为"乐安堂"。也就是说，孙开华的始祖源自田书，亦称孙书。

孙书，又称陈书、田书，其先祖胡公满妫姓陈氏，后来，其五世祖妫完改田氏，之后因其伐莒有功，齐景公封田书于乐安，古城在今山东省广饶县，并赐姓孙氏，字子占，他是田桓子（田无宇）的第四子、乐安堂孙氏的得姓始祖。

起初，胡公满因是舜的后裔而被周武王封为陈国国君。陈国发生内乱后，公子完（妫完，后改田完）投奔齐国，齐桓公任命他为工正。以故国为氏，称为陈完（因上古陈、田同音，皆属定母、真部、平声。故《史记》又作田完）。百多年后陈氏地位越来越显赫。据《世本》记载，陈完的五世孙陈桓子无宇"生子占书"（古人名字连

---

① 孙本伦：《姓氏考》，湖南省桃源县、慈利县《孙氏族谱》，1999 年第 1 卷。

称，先字后名）。

在《左传·昭公十九年》出现的"孙书（子占）"，杜预注：
"孙书，陈无宇之子子占也。"陈无宇之子自为陈氏，也即《左传·哀
公十一年》出现的陈僖子乞（陈桓子无宇之子）之弟陈书。陈书做了
齐国的大夫，因为伐莒有功，被赐氏孙，是妫姓孙氏的始祖。春秋末
期的军事家、《孙子兵法》的作者孙武，就是他的后代。《世本》又
载，陈书生子良坚，"坚子以王父字为氏"，其后代亦有子占氏。

孙书伐莒有功，赐姓孙，其后代连续二十二代公卿，孙氏著名人
物有：孙武、孙膑、孙炎、孙处约、孙策、孙权、孙坚、孙伏伽、孙
思邈、孙道恭、孙偓、孙万登、孙一奎、孙云球、孙奇逢、孙星衍、
孙中山、孙福全、孙立人、孙维世等，均为乐安堂孙氏。

毫无疑问，孙开华所在的孙氏家族是一个名人辈出的望族。那
么，他的祖先是从何而来的呢？

### 三 孙氏迁湘始祖世系考

关于孙开华的祖先来自何方？同样，我们能够在其《孙氏族谱》
中找到答案。在光绪九年（1883年）首修族谱中，第13代孙懋堂的
《统一宗派考》、进士张养炼的《谱叙》等文章中，都有涉及。孙氏
家族世居江西"千有余岁，未有二脉者也。迨元末，遭寇陈友谅建都
武昌，久战鄱阳，居其地者不胜其害，我先人流离奔走之各省、各
府、各县，或有往湖南常（德）郡桃（源）邑就地而处者有之，或
有往别省别县传数代而来者有之"。[①]

具体而言，这个离鄱阳不远的世居地在哪里呢？"吾孙氏远祖曰
恭公，世居江右丰城县"[②]。据查。"江右丰城"即为今江西省宜春市
辖丰城市。丰城县的来历和基本变迁为：东汉建安十五年（210年），
孙权据吴，析南昌县南境置富城县，以县建富水西而得名，属扬州豫
章郡。晋太康元年（280年），因原治"城郭未竣，人口未集"，移治

---

① 孙懋堂：《统一宗派考》，湖南省桃源县、慈利县《孙氏族谱》，1999年第1卷。
② 孙家桢：《续修族谱序》，湖南省桃源县、慈利县《孙氏族谱》，1999年第1卷。

丰水西（今荣塘墟），改名丰城县。后经朝代的更迭，丰城县名和隶属关系常有变化，但多为南昌郡（府）管辖。1949 年 5 月，丰城先归属南昌专署管辖，1958 年南昌专署迁设于宜春，1959 年更名为宜春专署，丰城归其管辖。1988 年 12 月，经国务院批准撤丰城县设丰城市。2000 年 8 月宜春地区撤销，设立地级宜春市，代管丰城。

迁湘远祖"恭公"之前，孙氏在江西丰城历经了多少代，我们所掌握的资料上没有记载，但是，迁湘以来的世代交替还是有据可查的。祖先从江西带来的"派行歌"为：

重德添嘉，文志吉永，万大良世，国泰民安，宏开道学，辅正朝纲①。

至于迁湘年代，谱书上没有明确记载是哪一年，"孙氏自始祖琼、璋公之兄弟，由明永乐年间（1403—1424 年，引者注）自江右迁桃，历年 400 有奇，阅世 20 有余。绵延两朝"②。

今天看来，迁湘孙氏基本以散居在湖南西北部的桃源、慈利、大庸（今张家界市永定区）三县为主，虽然彼此相去不远，但是在那个交通不便、信息闭塞的年代，随着孙氏家族的人丁繁衍，各家、各房在给后代起名过程中出现了与"派行歌"相左的情况。在首修族谱前的道光壬寅年（1842 年），迁湘孙氏在其长房所在地桃源县兴安厂（今桃源县马鬃岭乡兴安厂村）集资兴建了孙氏祠堂，全族统计已有六房分支，其派行变化如下："长房自'世'字派下，将'开'字改'克'字；五房将'其'字派下更改；六房将'善'字从十三代以下同立新派，定为章程，未复合为一体。"③ 桃源的孙氏将"万大良世"则续为"万大余庆"。显然，如此下去，迁湘孙氏家族，就会出现派

---

① 此派行歌摘自孙道修《二房纂修源流序》，原载光绪九年《孙氏族谱》，重印于 1933 年《孙氏族谱》。后来续谱的孙氏派行歌改为五言一句，并且将"学"字辈改为"克"字辈，由此以下进行了修改和延续：克家先培本，锡福自孔长，钟毓俊杰士，名定耀南邦，人广增祖辉，槐桂兆腾芳，门丰业丕振，华丽裕汉章，三多绳良绪，济美占吉祥，积善种贤哲，勋勒鼎石光，乐安时悠远，传后法用康，英宗述忠典，无法秉义方扬。

② 张养炼：《谱叙》，湖南省桃源县、慈利县《孙氏族谱》，1999 年第 1 卷。

③ 孙懋堂：《统一宗派考》，湖南省桃源县、慈利县《孙氏族谱》，1999 年第 1 卷。

行紊乱，于是，在族中名望人士的组织下，就有了光绪九年的首修族谱。

在迁湘孙氏的六房中，孙开华支为第二房，其家族流变有专文记载："我重九公世籍江西南昌府丰城县铁炉巷大栗树社下，明皇年间移居荆南楚相名地，后葬江宁驿路旁孙家大坟山，栽有栋刺树，碑志高大，一丈二尺。姚徐氏，生年八字：癸未、戊午、庚戌、壬午，与公合冢，生子四：德一、德二、德三、德四。德一公迁居辰州白阳坪，子孙繁衍。德二公迁慈邑九都望八里、踏田溪，至清失传，又说徙陬市者是也。德三公亦居九都北坪孙家峪，后有吉玄公迁移桃邑，包家首转移青华山，又有由桃而迁别县者，是其裔也，均极鼎盛。乃德四公仍居九都小溪孙家刺，后移居桑园坪，生子二：添麟、添庆；麟生嘉政，政生文质、文彬；彬生志华，华生吉祖，祖生永兴、永瑞、永祥。祥公迁居桃邑孙家峪，子孙繁衍，阀阅世第；瑞公裔有迁洞溪、郝家溪等处者；兴公后裔有移居五六二都失马溪、黄花峪、柳林铺。开华，字庚堂大人，诰授建威将军，钦赐黄袍马褂，赏戴花翎，'福建陆路提督漳州镇总兵擢勇巴图鲁'实属一脉荣富鼎钟……"①

为了直观起见，我们将孙开华所在孙氏迁湘始祖二房的变迁整理如下。

### 四　孙开华祖辈世系考

孙道修是永祥公的后裔，也是光绪九年首修族谱时孙氏家族中的秀才（监生），他在描绘重九公的后代时，只关注了吉祖公之子孙永祥这支。而其长子孙永兴、次子孙永瑞的情况则要从《孙氏族谱》第13卷中查找。

孙开华所在"重九公四房德四公裔"又称"大二房桃源孙家峪、

---

① 孙道修：《二房纂修源流序》，湖南省桃源县、慈利县《孙氏族谱》，1999年第1卷。

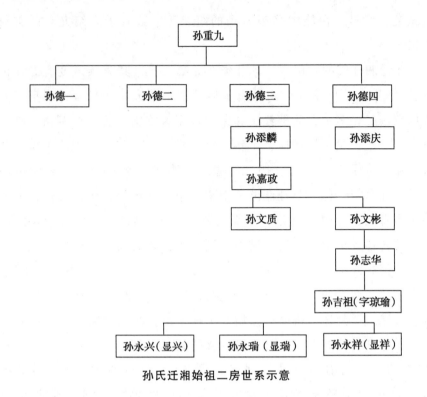

孙氏迁湘始祖二房世系示意

大庸桑园坪分支"①，则以孙志华之子孙吉祖为"第一代"，其基本情况如下。

第一代：孙琼瑜，字吉祖，孙志华之子，"生殁失考，葬九都小溪"。妣刘氏，"生殁失考，葬同夫山"，生子三：显兴、显瑞、显国。

第二代：孙显兴，原名孙永兴，孙琼瑜之长子。长房一支居桑园坪，生殁失考，附葬父山。妣胡氏，生殁失考，葬同夫山，生子一：续祈。

孙显瑞，原名孙永瑞，孙琼瑜之次子，生殁葬失考。妣王氏，生殁葬失考，生子二：续郭、续乾。

孙显祥，原名孙永祥，孙琼瑜三子，生殁失考，葬王家湾后屋，有碑。妣朱氏，生殁葬失考，生子四：续荣、续华、续富、续贵。

---

① 湖南省桃源县、慈利县《孙氏族谱》，1999 年第 13 卷。

第三代：孙续祈，原名孙万祈，孙显兴之子，生殁失考，葬龙形山。姚杨氏，生殁失考，葬同夫山，生子三：大福、大禄、大寿。

孙万郭、孙万乾、孙万荣、孙万华、孙万富、孙万贵各房略记。

**图1-2　桃源县、慈利县1933年《孙氏族谱》　孙培厚摄**

第四代：孙大福，孙万祈之长子，生殁失考，葬小溪。姚张氏，生殁失考，葬同夫山，生子一：良富。

孙大禄、孙大寿各房略记。

第五代：孙良富，孙大福之子，生殁失考，葬龟形山。姚黄氏，生殁失考，葬同夫山，生子一：世明。

第六代：孙世明，孙良富之子，生殁葬失考。姚胡氏，生殁葬失考，生子一：国显。

第七代：孙国显，孙世明之子，字子荣，生殁失考，葬龟形山。姚周氏，生殁失考，葬同夫山，生子三：泰贤、泰文、泰武。

第八代：孙泰文，孙显国次子，生于康熙丁酉年（1717年），殁于乾隆壬寅年（1782年），葬龙形山。姚朱氏，生殁葬失考。继姚王氏，生于康熙己亥年（1719年），殁于乾隆乙巳年（1785年），生子四：民英、民杰、民侯、民亿。

孙泰贤、孙泰武各房略记。

第九代：孙民英，字雄才，孙泰文长子，诰赠建威将军，生于乾隆丁巳年（1737年），殁于道光戊子年（1828年），迁居五都柳林铺。姚刘氏，诰赠一品夫人，生于乾隆壬戌年（1742年），殁于道光壬辰年（1832年），生子三：安荣、安华、安佐。

孙民杰、孙民侯、孙民亿各房略记。

第十代：孙安佐，孙民英之三子，诰赠建威将军，生于乾隆甲申年（1764年），殁于道光己亥年（1839年）。姚朱氏，诰赠一品夫人，生于乾隆丁亥年（1767年），殁于道光甲辰年（1844年），生子二：宏易、宏瑞。

孙安荣、孙安华各房略记。

第十一代：孙宏易，孙安佐之长子，孙开华的伯父，诰赠建威将军，生于乾隆丙午年（1786年）三月初十日，殁于道光戊申年（1848年）四月十七日，葬道塘司。妣朱氏，诰赠一品夫人，生于乾隆戊申年（1788年）四月初六日，殁于道光庚子年（1840年）七月十四日，葬同夫合墓，生子一：开荣，"系胞公宏瑞公子入嗣"①。

孙宏瑞，孙安佐之次子，孙开华之父，诰赠建威将军，生于乾隆辛亥年（1791年）四月十四日，殁于道光庚戌年（1850年）十月十三日，葬上五都鸡公翅，建有石人石马墓，图载列传首。妣姜氏，诰赠一品夫人，生于嘉庆庚午年（1810年）十一月十五日，殁于同治壬戌年（1862年）九月初二日，葬同夫山同冢，生子三：开荣（出继胞兄孙宏易为嗣）、开华、开富。

在上述世系中，有两个人物值得一提：一位是第九世祖孙民英（1737—1828），孙开华的曾祖父（湘西北俗称"老爷爷"），他是从九都迁至五都的始祖，也是整个《孙氏族谱》中最长寿的一位，享年91岁；另一位则是孙开华的父亲孙宏瑞（1791—1850），典型的"晚婚晚育"，不惑之年才娶进了比自己小19岁的姜氏，却一连生了三个儿子：43岁生长子孙开荣，49岁生次子孙开华，52岁生三子孙开富。从他给三个儿子取名的字面上看，应该还有一个小儿子"孙开贵"，这样就满足了"荣华富贵"的理想心愿，可惜，孙宏瑞在1850年就离开了人世，享年59岁。

此外，由于后来孙开华的功名显赫，皇帝赐予其父辈为"建威将军"，并且世袭，泽及其曾祖父、祖父、伯父、父亲，各位祖上的夫人一并诰赠"一品夫人"。

---

① 湖南省桃源县、慈利县《孙氏族谱》，1933年第8卷。

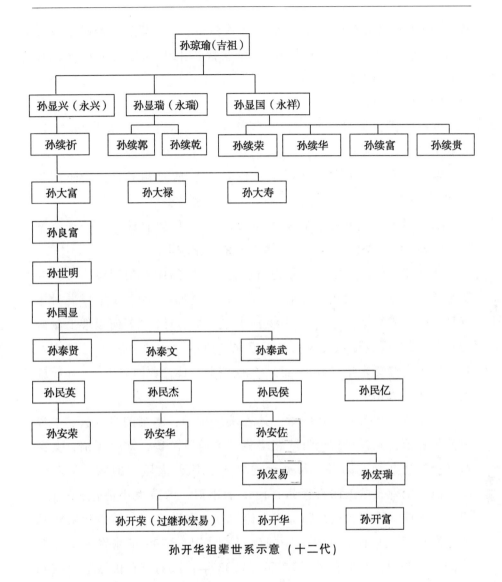

孙开华祖辈世系示意（十二代）

## 五　孙开华兄弟与妻室考

以孙琼瑜（字吉祖）为桑园坪孙氏第一代，到了孙开华兄弟这一代，则为第十二代了。孙开华的祖父孙安佐生了两个儿子：孙宏易、孙宏瑞，前者是其伯父，后者是其父。

孙开荣，字明齐，虽为伯父之嗣子，实为孙开华之胞兄，亦为行伍出身，"留闽补用将军，诰授武功将军"，生于道光壬辰年（1832

年），殁于光绪癸未年（1883年）三月初二日，"葬上五都鸡公翅左北风岔下何家坡上，刻碑为志"。姚黎氏，生于道光庚子年（1840年）六月十九日，殁于同治壬申年（1872年）四月十六日，葬同夫山，生子一：道福。

继姚曾氏，诰封夫人，生于同治壬戌（1862年）五月初二日，殁葬失考。

副室钱氏，生于道光己酉年（1849年）四月初五日，殁于同治丁卯（1867年）十月十一日，葬鸡公翅何家坡上。

副室郑氏，生于咸丰辛亥（1851年）三月初七日，殁于光绪辛巳（1881年）闰七月十四日，葬鸡公翅何家坡上。

孙开富，孙开华之弟，亦为行伍出身，"留闽补用副将，赏戴翎管带擢胜前营，诰授武功将军"，生于道光癸卯年（1843年）九月十五日，殁于光绪辛巳年（1881年）十二月初一日，"葬何家坡上刻碑为志"。姚李氏，诰封夫人，生于道光己酉年（1849年）八月二十八日，殁于光绪癸未年（1883年）十月二十七日，葬同夫山。《孙氏族谱》上无后人记载。

孙开华，字亮清，号庚堂，孙宏瑞之次子，本书的主人公，"福建漳州总镇，升授福建全省陆路提督，擢勇巴图鲁，赏戴花翎，赏穿黄马褂，督办台北防务，帮办台湾军务，钦差大臣，御赐：奖武银牌、白玉翎管、白玉四喜扳指、白玉柄小刀、内造大小荷包、火镰、银钱、银锞、福字，世袭骑都尉、诏授福建陆路提督，诰授建威将军子，谥壮武"。①而关于孙开华的生殁葬情况，1999年编修的《孙氏族谱》中漏记，我们在民国22年（1933年）版的《孙氏族谱》查到记载："生于道光庚子（1840年）九月初十日，殁于光绪癸巳（1893年）八月二十七日②，由慈邑柳林铺迁居长沙清塘湾。"③

---

① 湖南省桃源县、慈利县《孙氏族谱》，1999年第13卷。
② 关于孙开华病逝的日期，其子孙道仁的回忆录《退庵纪事》和《孙氏族谱》中都没有具体的记载，8月27日是采用台湾学者许雪姬的考证，引自许雪姬《抗法名将孙开华事迹考》，《台湾文献》（第36卷）1985年第3期。
③ 湖南省桃源县、慈利县《孙氏族谱》，1933年第8卷。

　　孙开华之兄长孙开荣享年 51 岁，其弟孙开富享年 38 岁，他本人享年 53 岁，孙氏三兄弟平均寿命不足 48 岁，以今天的标准来看，这个年龄去世，可谓英年早逝，不算长寿，这与他们戎马一生、长期在外征战有关。

　　至于孙开华的妻室，用"妻妾成群"来描绘一点也不过分，他先后迎娶了 14 位夫人。

　　孙开华"第一夫人"为范氏，诰封一品夫人，生于道光乙巳（1845 年）十二月十九日，殁于光绪戊子年（1888 年）七月初四日，葬长沙县清泰都二甲白沙桥。终年 43 岁。

　　副室陈氏，驰赠恭人，生于道光庚子年（1840 年）二月初一日，殁于同治丁卯（1867 年）四月二十七日，葬何家坡，病逝，终年 27 岁。

　　副室崔氏，驰赠恭人，生于道光己亥（1839 年）三月二十三日，殁于同治乙丑（1865 年）四月十八日，失水而亡，年仅 26 岁。

　　副室陈氏，驰赠恭人，生于道光戊申（1848 年）八月初五日，殁葬失考。

　　副室曹氏，诰封恭人，生于咸丰辛亥（1851 年）二月二十三日，殁葬失考。生子二：道义、道智。

　　副室曾氏，诰封恭人，生于道光戊申（1848 年）四月初一日，《孙氏族谱》记载"殁葬失考"，但是我们从其子孙道仁的回忆录中查到，曾夫人逝于 1895 年，终年 47 岁。生子一：道仁。

　　副室罗氏，驰赠恭人，生于道光丙午（1846 年）十月二十九日，殁于光绪丙子（1876 年）十一月二十九日，葬长沙县锦秀都十甲，终年 30 岁。

　　副室潘氏，生于咸丰己未（1859 年）五月初八日，殁葬失考。生子二：道礼、道信。

　　副室王氏，生于同治己巳（1869 年）五月二十六日，殁葬失考。

　　副室廖氏，生于同治辛未年（1871 年）四月十五日，殁葬失考。

　　副室萧氏，生于同治壬申（1872 年）二月二十三日，殁葬失考。

　　副室杨氏，生于光绪己亥（1875 年）十一月十一日，殁葬失考。

**图1-3　孙开华第十四夫人甘氏墓碑**
**周星林摄**

副室吴氏，生殁葬失考。

副室甘氏，孙开华的最后一位夫人，《孙氏族谱》上无生殁葬情况记载。我们在孙开华的家乡慈利县考察的时候，不少80岁以上的孙家老人回忆，对甘老夫人还有印象，其中一位老人说在小时候冬天里还给老夫人"焐过脚"。老人们传说甘老夫人16岁时就跟了孙开华，基本上守了一辈子寡。据孙开华目前唯一健在的孙女孙克俊（现年93岁）回忆，她少年时期在慈利老家见过三位老夫人，分别是萧氏、吴氏和甘氏。前不久，我们在慈利县柳林铺孙氏后裔指引下，找到了甘老夫人的墓冢，随着岁月的流逝，这个墓冢基本上变成了一块平地，细心的孙家媳妇覃常盛老人在离墓冢1千米远处的田间水渠旁，找到了甘老夫人的墓碑，虽然已经残缺，但是主要文字尚能辨认。甘氏生于光绪己亥（1876年）四月十四日，殁于民国丙子（1936年）冬月十八日，葬鸡公翅，享年60岁。

## 六　孙九大人的少年传奇

孙开华，字庚堂，清道光二十年（1840年）九月十日（农历）出生在慈利县柳林铺一个世代为农的农民家庭。由于他在母亲怀中的孕期比别人"十月怀胎"少一个月，即只有九个月就"早产"了，家人便给他一个小名"孙九儿"。这也是当他取得军功之后，世人称之为"孙九大人"的来历。关于他的家业和少年成长经历，无论是族谱还是史料都鲜有翔实记载，我们只能从其家乡的民间传说和家族代代相传的故事中进行推测和梳理。

在孙开华年少的时候，家境不是很富裕，否则，他不至于从事被那个年代称为"三教九流"的行业——剃头匠。我们从《孙氏族谱》上得知，孙开华上有一个比他年长9岁的哥哥孙开荣，过继给伯父孙宏易，下有一个比他年幼3岁的弟弟孙开富。孙开华10岁的那一年（1850年）10月，他的父亲孙宏瑞因病去世。少年孙氏兄弟与母亲姜氏相依为命。而关于他的少年传奇，最详细、最生动的传说则是出自其孙女婿"平江不肖生"①在《江湖奇侠传》第66回中的描述。

　　这孙开华当年轻的时候，原是一个赌博无赖的青皮，亲兄弟三个，都是一般的无赖性格。地方上的远近邻居，没有一个不望着他兄弟的背影，就害怕得弃逃躲避的。孙开华的父亲死得早，母亲虽甚贤德，却因家计贫寒，不能教三个儿子读书，也不能送三个儿子学一项手艺。为的是三个儿子都生成难驯的野性，乡下做手艺人，谁也不肯收他们做徒弟，只得勒令他兄弟三人，每日打多少柴，捞多少鱼，作为家中生计。孙开华水性独好，能在水上行走，只腰以下浸在水中，腰以上完全露在水面。能头顶一大袋米，走过一两里路的河面，水不浸过胸膛，米袋上不沾半点水痕。他有这般好的水性，所以他母亲教他每日出外捞鱼。捞鱼变卖了钱，十有九送到赌博里面去了，只有一成回家养娘。他不但水性独好，气力更是极大，也没从教师练过武艺。寻常二三十个蛮汉在他恼怒的时候，没人敢近他的身。讲到他的性情举止，竟和《水浒传》上的李铁牛一样，本领却比李铁牛还多一桩会水。

　　他二十几岁的时候，母亲死了，家中一文余蓄没有。三兄弟商量，二人推他去舅父家报丧，并告借些银两，好安葬母亲。他不能推诿，只好跑到舅父家中，对他舅父叩头号哭，报告如此长短。他舅父自然顾念兄妹之情，当即拿了十两银子给他，教他先归家准备丧事，自己随后就来。

他拿了那十两银子，一路回来，无意中遇了几个平日同赌钱的赌友。不知如何知道他身上有十两银子，生拉活扯地拖他去赌。他一时赌兴发作，便转念一想：这十两银子办我母亲的丧事，也太不够了。莫不是我母亲有灵，教我在赌博场多赢个几十两银子，好回家热热闹闹地办一番丧事，替我母亲风光风光？这样念头一转，即时只觉得有利，不觉得有害。一面心中默祷他母亲在天之灵，保佑他多赢些银两，一面跟着那几个赌友，同进赌场。但是他默祷尽管默祷，灵验却一点没有，反比平时输得痛快些，一注也不曾赢过。十两银子已输得干干净净，毫厘不剩。孙开华到这时才着急起来，向同赌的借钱，想再赌几下捞本。同赌的都素来知他是有借无还的，谁肯借给他呢？他气极了打算行强，将输去银两抢回来，又自觉得理亏，没这勇气。赌博场中的规矩：输了钱不能再赌的人，连看都不许看的，因为要赌的人多，不赌的把地位占了，要赌的便没地方下注，照例由开设赌场的人，在场上照料。谁的手上赌空了，就请谁下场。孙开华既借不着钱捞本，便没有在赌场中留恋的资格了，垂头丧气地走回家，不能隐瞒哥哥弟弟。他哥哥弟弟也都是好赌如命的人，不能责备他埋怨他。只得三人商量，舅父快要来了，没有钱买办衣衾、棺木，这事怎么办？亏得孙开华有主意，主张趁舅父还不曾来的时候，赶紧将母亲的尸首，用芦席包裹了，胡乱拣一块地方，掘一个窟窿埋了，急忙做起坟茔来。舅父来时，见已经埋了，必不追究棺木、衣衾的事，就可以模糊过去了。他哥哥弟弟也都以为然。依照他的主张，三人慌急慌忙地将母亲埋了。

果然，掩埋停当后，他舅父才来。见屋中并没停放灵柩，动问方知道已经葬了。

他舅父懂得整堪舆之术，带了个罗盘来，教三人引他到坟上去看。三人都诚惶诚恐的，生怕舅父盘问装殓时的情形。他舅父到坟上一看，孙开华那时靠近他舅父站着，他舅父猛不防朝着他就是两个嘴巴，打得孙开华更加慌了，以为用芦席包葬的事必然被舅父看出来了，吓得跪在地下叩头。正待认罪说该死的话，他舅父已跺脚说道："你这东西，不是不知道我懂地理，你母亲葬坟，为甚么不等我来看过再葬！你知道这地方，是一个大富大贵的好所在么？于今可惜都被你们这三个不孝的东西弄坏了，已走泄了地气，不中用了。这种地名叫'猪婆地'，不能用棺木衣衾装殓好了去葬的，只能用草包了，还不能深葬，只能入土一尺五寸，就得掩埋。我悔不该拿十两银子给你，使你们好买衣衾、棺木。"孙开华听到这里，就截住问道："不用草包，用芦席包了葬的，使不得么？"他舅父见这话问得奇怪，连忙反问道："是用芦席包了葬的吗？"孙开华便将归途遇赌博朋友以及种种情形说了道："我兄弟因恐怕你老人家跑来看见，不敢掘深了耽搁时间，果只掘了一尺五寸深，就匆匆拨土掩埋了。"他舅父听了，心中明白是有神助，他兄弟必然发达①。

平江不肖生关于自己岳祖父的描绘，是当时从孙家后人那里打听的还是自己杜撰的，目前缺乏考证。显然，作为一代武侠小说的泰斗，创作的色彩更浓一些。今天，我们遇见孙开华的后裔，尤其是唯一健在的孙女孙克俊老人，他们讲述的孙开华少年故事与上述版本如出一辙。不过，对于文中的描述，笔者有一处已经考订明晰，那就是孙开华之母姜氏去世的时间是同治元年（1862年）九月二日（农历），其下葬之地也不是单独一处"猪婆地"，而是"葬同夫山同冢"。母亲去世时，孙开华已经22岁，早已离开家乡，投奔湘军"霆字营"，不是平江不肖生所描述的"赌博无奈的青皮"了。

① 平江不肖生：《江湖奇侠传》（上），漓江出版社2013年版，第433—434页。

# 第二章

# 从军霆字营

## 一 湘军兴起

1842 年，鸦片战争最终以清政府的失败而告终，并且签订了《南京条约》《虎门条约》《望厦条约》《黄埔条约》《中比条约》《中瑞挪条约》等一系列不平等条约。清政府的战败以及这一系列的条约签订使得经济和财政危机深化，更是加剧了原有的社会矛盾和危机。全国人民不堪清政府和外国侵略者的双重剥削，纷纷走上了反抗的道路。根据《清实录》记载，1842—1850 年全国发生了群众性反清斗争达百次，广大农民以宗教为护体，组织和发动武装斗争，在北方以捻军、幅军为主体，在南方则以天地会、斋教为中心，并且尤以广东、广西地区为突出。

1844 年，冯云山、洪秀全先后到桂林紫荆山区创立拜上帝教，拜上帝会组织迅速在广州、广西创立起来。1850 年，广西政局十分动荡，天地会到处起事。洪秀全决意趁清政府集中兵力镇压天地会军无暇顾及之时，发动起义。11 月 4 日，各拜上帝会众在广西桂平县金田村正式起义。1851 年 1 月 11 日，洪秀全正式宣布太平天国建立。

1851 年 3 月 23 日，洪秀全在广西武宣登基称太平王。之后，太平军相继攻克永安（今广西蒙山县）、全州、永州、道州、郴州、岳州、武昌、江宁。于咸丰三年（1853）三月二十九日，洪秀全在杨秀清和文武百官、黎民百姓的跪迎欢呼声中进入金陵城，并宣布定都金陵，改名天京，正式建立了与清王朝分庭抗礼的太平天国农民政权。

诞生不久的太平军，正迈着让全中国为之震动的步伐，使清政府对这支越战越勇、越战越强的军队感到恐慌。然而腐败的绿营军完全不是太平军的对手。绿营为清廷镇守各地，养尊处优，由来已久，对于朝廷只是聊胜于无，权当摆设。诗人金和有一首《初五日记事》，描述了绿营的腐朽，说绿营官兵风雨天不作战，天没亮不作战，天热天冷不作战，月光太大不作战，简直就只能吃喝酣睡。到了同治年间，八旗、绿营早已腐朽不堪，用咸丰帝自己的话说就是"乌合之众、漫无纪律，无事则虚糜粮饷，有事则临阵溃逃"。清政府鉴于八旗、绿营战斗力低下腐朽不堪一击，不得不准许地方上官僚举办团练，以维持其统治秩序，湘军就是在这种背景下兴起的。

清代对"兵"和"勇"区分是有严格规定的，"兵"包括八旗和绿营，八旗、绿营虽有区别，但都是清朝的常备正规军力量，其兵额、饷银、驻防地等都有明文规定，没有朝廷的命令是不能变更的，这就是所谓"经制兵"（即通常制定之兵）；"勇"则不同，清代的"勇"是因军事的需要而临时招募的军队，用以辅助八旗、绿营，战事完毕就被解散，不是正式的国家军队。在镇压太平天国运动的过程中，清朝的军队结构开始发生重大变化。最初主要是依靠绿营兵作为主力镇压太平军。但是，绿营兵早已腐败不堪，以致出现"官兵数万，已成废器，即令千人为营，而十贼可破"[①]的情形。面对严峻的形势，清政府不得不依靠发动地方性武装来进行镇压。湘军是鸦片战争后最早建立的非经制兵，在清代的军事系统中，湘军属于"勇营"一类，在清朝军事制度里属于临时性质的军队。但在镇压太平军之后经过裁汰，剩下的湘军以及淮军等"勇"却从此逐步代替了"兵"（此后绿营仍存在了很长一段时间，但在军事上起不到什么作用了）成为国家的正规军，即"经制兵"。

面对太平天国的迅猛兴起，上至皇帝、下至地方文人绅士都感到应该另立新勇，维护统治秩序。咸丰帝多次下诏，动员乡绅组织团练。1852年，他任命在籍的前刑部尚书陈孚恩帮办江西团练。1853

---

① 郑敦谨、曾国荃纂辑：《胡文忠公遗集》第五十八卷·书牍，沈云龙主编《近代中国史料丛刊续编》，文海出版社1976年版，第2723页。

年，他又任命在籍的前礼部左侍郎曾国藩帮办湖南团练。曾国藩抵长沙与湖南巡抚张亮基商办团练。因与省会绿营军发生冲突，曾国藩把部队拉到衡阳，获得了较快的发展。他以罗泽南、王鑫的"湘乡练勇"千余人和长沙新成立的一大团为基干，令调湖南江忠源的"楚勇"千余人，扩编为湘勇，亦称湘军。曾国藩的努力使得湘军在所有团练里面异军突起，成为镇压太平天国的主要军事力量。清政府虽然对地方汉族武装不信任，但不得不倚重湘军。曾国藩同时也借助了安徽本土力量，发展了淮军，并培养了淮军首领李鸿章。

## 二　湘军霆字营

至同治三年（1853 年）六月，湘军的总兵力已经扩至五十万人，形成老湘营、霆军、楚军、吉字营、左军五大主力军系。其中，霆军与孙开华有着莫大的关系。孙开华成为著名将领就是于 1856 年以武童的身份投效霆军开始的。霆军是由湘军著名将领鲍超于 1856 年创立的。

### 1. 鲍超其人

鲍超，字春亭，祖籍湖北蒲圻，道光七年（1827 年）生于四川奉节都里六甲安坪藕塘。其父鲍昌凤、生母刘氏，他是家里的第四个儿子，家境极贫，5 岁时过寄其堂叔鲍昌元作嗣子。道光二十五年（1845 年），17 岁的鲍超被选为夔州府绿营的守兵，他入营之后苦练武功希望建功立业，为的是想谋个一官半职好供养母亲。道光三十年（1850 年），随生母刘氏入县城，住五里碑红岩洞。刘氏给人当奶母，鲍超在铁匠街一家豆腐坊当杂工，冬季则在碛坝盐场捡煤炭花（过炉煤）为生。

少年鲍超酷爱习武，且深受封建传统思想教育，一直期待有个机会实现自己"精忠报国"的梦想，由于家境贫寒，自己不通文墨，唯有通过个人在军事方面的奋斗，以此改变自己和家庭的命运。道光二十九年（1849 年）湖南爆发了李沅发起义。正因如此，鲍超把李沅发起义当作自己建功立业升官发财的好机会，因此辞去夔州兵籍前往湖南，但等他赶到湖南时李沅发的起义已经被镇压。咸丰二年（1852 年），广西提督向荣（巫溪县人）在宜昌募兵，组建"川勇营"，鲍超应募入伍，跟随向荣在广西镇压太平天国运动。初当伙夫、兵勇。这一年，他因伤至长沙养伤，后入湖南协标转隶于长沙绿营塔齐布部下。

咸丰四年（1854年）五月，因战事吃紧鲍超被拨入湘军水师，为水营哨官，隶属右营杨载福（杨岳斌）麾下。六月在雷公湖参加对西征太平军水师的作战，并初次得到曾国藩的表扬："汝真善战者，汝不言功，而众人已代汝表著矣。"① 七月跟随杨载福攻克岳州，接着又在城陵矶、道陵矶、金口、武汉、田家镇等地与太平军作战。咸丰四年年底，翼王石达开大败曾国藩于江西湖口，鲍超随部逃回金口。咸丰五年二月十七日，太平军第三次攻克武昌。三月，鲍超因作战勇猛升任湘军水师营官。胡林翼向湖南巡抚骆秉章求援，骆秉章命鲍超募水勇救湖北。五月参与在金口对太平军的防御作战。七月在蔡店与太平军连战十日，深得彭玉麟的赏识。八月在长江江面配合湘军陆师围攻武汉。咸丰四年（1854年），鲍超因作战勇猛，被调入曾国藩洞庭湖水师长龙战舰任哨长，后屡立大功，擢升都司、游击、参将、副将，记名水师总兵。

据史记载，鲍超初入湘军水师时，"即在船上树鲍字旗，又于桅上标红绫，长丈有余以示异于别队。语人曰，如此庶胜败易识别，胜则后继者可乘势接应；败则过无可诿，且使贼寻战不与俱生也"。当时清军中争功诿过的风气很普遍，他这么做的目的就是使别人对他每战的胜败结果都一目了然，使自己带船队能竭力作战。他还常"以单舸直捣数十百贼艘中坚，纵横出入，贼艘皆辟易；与各营哨会战，出队必鼓棹在前，收队则停桡殿后"②。可以说正是由于他作战勇敢、肯卖命，所以在湘军中初步崭露头角。

如果说鲍超"年十七入行伍"是他的第一次人生转折，那么搭救胡林翼则是他人生中另一次重要契机。咸丰五年（1855年）八月初二日，太平天国国宗韦志俊率军从武昌会合崇阳、通城一带的太平军，分六路猛攻湖北金口击破按察使李孟群的陆营，并打败其上岸作

① 李叔璠编：《鲍忠壮公（超）年谱》，沈云龙主编《近代中国史料丛刊》，文海出版社1969年版，第3页。

② 陈昌：《霆军纪略》卷一，第5页。

战之水师，李孟群西退新堤（今湖北洪湖县）、六溪口一带，清军全线崩溃，金口为太平军攻陷。次日，黄州太平军炮船与德安援军进抵汉阳，与汉阳太平军守军一同进攻胡林翼军营，史载"（太平军）以炮船偪轰势甚殆，伤毙左右数人，超飞棹赴援，击贼走"①，时值鲍超水师赶到增援，从重围中救出遭到太平军包围已危在旦夕的湖北巡抚胡林翼，太平军西征军闻湘军援军已到，乃主动撤退。继而胡林翼听闻西征军已占领金口，大营被攻克，恐惧万状，并于八月初四日自汉阳与浈口退蔡家岭，不久再退至夆山"扼要安营"。八月初八日，太平军自汉阳兵分八路大举围攻夆山，胡林翼所部各营欠粮饷将近三个月，士兵不肯出战卖命"竟以无粮不肯出队"，胡林翼强令出战，西太平军以数千人抄其后，湘军大乱溃散②，胡林翼连巡抚关防都跑丢了，恼羞成怒，一度想陷阵亡命："愤甚，索马欲赴敌死。圉人见巡抚意色恶，反旋马四五转，向空野乃鞭之，马驰不能止"③后逃至江边，遇鲍超驾战船赶来"拔胡林翼于重围"④，他再一次被救走，之后与副将王国才军一同退大军山。同年十一月湘军复夺金口时鲍超"右肋受炮子，盘骨内陷，昏晕三时，呕血数斗"⑤。正因如此，曾国藩、胡林翼等才对他颇为赏识，曾国藩看重他作战勇敢肯卖命的精神，胡林翼则感念他的救命之恩，对他都十分器重，不断为其请功求赏，尤其是两次搭救胡林翼成为他人生中又一次机遇。胡林翼对其"视为布衣交，尝呼为弟"⑥。金口之战后，论功鲍超最大，被提拔为游击，赐号"壮勇巴图鲁"。

2. 霆军建制

咸丰六年（1856 年），鲍超升参将，深得曾国藩、胡林翼两人的

① 王钟翰点校：《清史列传》卷五十六·鲍超，中华书局 1987 年版，第 4410 页。

② 据沂诉等纂：《（钦定）平定七省方略·剿平粤匪方略》卷 136，中国书店 1985 年版，第一页至第五页。又，《胡文忠公遗集》第三卷·奏疏，第 271 页。

③ 王闿运：《湘军志》，岳麓书社 1983 年版，第 30 页。

④ 王钟翰点校：《清史列传》卷五十六·鲍超，中华书局 1987 年版，第 4410 页。

⑤ 陈昌：《霆军纪略》卷十二，第 78 页。

⑥ 朱孔彰：《中兴将帅另传·鲍忠壮公别传》，沈云龙主编《近代中国史料丛刊续编》，文海出版社 1967 年版，第 212 页。

器重。胡林翼欣赏其勇猛无比，认为"鲍春亭"的名字不具有震慑力，建议他将"春亭"改为"春霆"，"特取如雷如霆之义，改为字春霆"①。八月，胡林翼令鲍超赴湖南招募湘勇，组建新军，共设五营。按照楚军旧例，以主将名字命其营，鲍超，字春霆，故以"霆军"命名，又称"霆字营"。② 至此，湘军最骁勇善战的一支队伍得以成军，在咸丰、同治年间驰骋在大江南北，成为晚清军事史上的一支劲旅。孙开华就是"霆字营"中的一位新秀。早于他成名的将领有宋国永、娄云庆、谭胜达、唐仁廉等。

在营制方面，"霆军"的营制是在曾国藩湘军的营制基础上略加修改而成的。"霆军"600 人为一营，另有亲兵营 300 人，初建时规模就比曾国藩湘军的编制大，共 5 营步队（不包括亲兵营），总计3000 余人，每营分为 6 哨，每哨分 10 队。而湘军营制一营 500 人，分为 4 哨，每哨 8 队。到后来随着霆军规模的扩大又设分统，每一分统节制数营，分统自带中营兼辖左、右、前、后 4 营，每营分亲兵及中、左、右、前、后为 6 哨，每哨设哨官 1 员，步队每营有什长 60名、正勇 540 名、棚夫 180 名、劈山炮夫 8 名、子药夫 30 名、长夫60 名；马队每营有战马 250 骑，以 50 骑为 1 哨，每哨设正、副哨官各 1 员，每骑正勇 1 名、马夫 1 名，每 10 骑马棚夫 3 名，每营子药夫30 名；营务处、文案处有总办，有帮办，或二三人或三四人，营务处有亲兵一二百人；另外亲兵营长夫 80 名，亲兵数百名，与初建时相比，基本营制并没有变化。

另外，在霆军之初，鲍超曾主张以哨为单位，一哨全用抬枪，一哨全用鸟枪，但这一想法遭到胡林翼的反对，他只好按着曾国藩所定的制度仍以队为单位，一队抬炮，一队刀矛，一队鸟枪。霆军一半左右的士兵都配有火器，在火器装备率和质量方面高于传统的八旗绿营，但却远低于以后的淮军，更无法和日后新式的新建陆军相比，这种状况正是处于社会转型时代的特殊产物，既不同于传统军队又有别

① 陈昌：《霆军纪略》卷一，第 1 页。

② 同上书，第 34 页。

于新式现代军队。

在饷章方面，分统每月领银 300 两、营官 200 两、哨官 20 两、什长 5 两、正勇 4 两、夫 3 两；另外，马队每骑月给马干银 2 两；营务处、文案处总办，有帮办每名月给薪水从十两到百两不等，鲍超本人每月领银数百两，亲兵营的长夫、亲兵与各营勇夫相同。此外，总统字识给薪水银十余两，营官字识月给银 7 两，此霆军之大略①。从表面上看，霆军薪金在当时不算低了，如正勇月薪 4 两，比绿营兵要高很多，比采用"九关定例"②的淮军要优厚，与湘军集团中其他各军的 4.2 两相差无多。但表面上的数额并不能说明一切问题，在晚清整个军事体系中，克扣军饷的问题普遍存在，霆军也不例外，并且霆军在镇压太平天国运动时期长期被拖欠巨额军饷，甚至一度占到了整个湘军欠饷数量的近 1/4。鲍超解决的方法是纵容士兵每克一地大掠一番，这就为霆军成为战斗力最强、军纪最差的部队埋下了隐患。

霆军组建之后，在长沙训练了两个多月。鲍超对霆军的训练主要有两个方面：一是思想方面的训练；二是作战方面的训练。

在思想方面的训练，鲍超对士兵们灌输"平日训以义命""谓既受国家豢养之恩，义当效死"③之类的封建纲常伦理和忠君卫道思想，同时他还经常向士兵灌输宿命论，声称生死有命富贵在天，"命当生，虽冒矢石仍生，命当死，虽退缩不前仍死。且敌之枪铳利于及远，我兵近逼之者反得生，退而避之者反得死。又我勇则敌必怯，进而蹙贼，贼必奔溃，不畏死者万不死。我怯则敌转勇，退而避贼，贼必追扑，欲幸生者万难生。况军令严肃，退者立斩，必无生路，队伍整肃，胜者其常，焉有死机！"④意思是说，命中注定活不了的人，虽然想逃跑仍然无法逃生，并且太平军的火器射程远，近战反而能够得生，逃跑反而活不了。况且军法如山，逃

---

① 陈昌：《霆军纪略》卷十四，第 14 页。

② 王尔敏：《淮军志》，广西师范大学出版社 2008 年版，第 249 页。淮军月饷和湘军大体相同，但因采用九关定例，实际上比湘军要少很多。（九关定例）即兵勇每四十天发一月饷，全年共发九个月，欠饷三个月，俟将来补还。

③ 陈昌：《霆军纪略》卷十四，第 10 页。

④ 同上。

跑的人必定会被正法，另外队伍严整是不可能打败仗的！同时他还用依靠军功可以升官发财之类的话诱惑士兵，通过软硬兼施的两面手法把士兵牢牢地控制在自己手上。

3. 霆军战法

霆军的战法是鲍超自己根据其多年作战经验创造出来的，霆军在阵法、射击、火力配合、防守等方面都有自己的一套方法，这些战法与当时其他部队有所不同，时人称霆军战法"自成一家法门"①。其中最有名的是"二字阵"（有时也称"大一字阵"，鲍超自己称之为"三才阵"），曾国藩多次向部下推荐此阵：

> "打仗用二字阵最好，前一层打冲锋，后一层排立不动，最易取胜，屡试屡验。若被捻匪四面包围，则将二字阵变作方城阵，前一层站前左两方，后层站后右两方亦足自保，除一字阵外，操此两阵足矣。"②

曾国藩称此阵为"二字阵"，这是因为这个阵的主体就是前、后两大部分，此阵有时也被称为"大一字阵"。原因是，如果从远处横着看，当全军前进时整个队阵像个"一"字，所以有时又称此阵为"大一字阵"或"两层大一字③"。霆军部署以营、哨为基本单位。例如，用一营为六哨，每哨百人。兵勇列阵时，以各哨自为一横队，三横队在前排，后三横队在后排（其中两横队居左右，亲兵哨居中）构成一个"二字阵"。如果是全军列阵，则以三营为前排，后两营为后排仍是"二字阵"。前、后两排都分别兵分三路，作战时前、后两排三路齐头并进，如果前排三路不支，则后排左、右两路前出策应；如果受到四面围攻，则摆成正方形，并以一营居中；如果敌人不支，则前排两翼包抄；如果敌人逃跑，各营各哨分别追击，则每营以数百

---

① 陈昌：《霆军纪略》卷一，第30页。

② 曾国藩：《致张敬堂》，李翰章编：《曾文正公全集》书札卷十，沈云龙主编：《近代中国史料丛刊续编》，文海出版社1976年版，第15251页。敬堂是张锡嵘的字。

③ 陈昌：《霆军纪略》卷十四，第6页。

人分五路截杀，每哨亦自以百人分路截杀，或分或合，变化无方，不外三路进攻，两路策应，以收钳形攻势之效。

　　哨下还设棚，霆军每棚为10人，每次作战一般7人出战，作战时使用"进步连环法"。所谓"进步连环法"，就是由什长执旗引队，其余6人鱼贯走到作战位置，如果该小队为枪队，则先由什长后第一人走到什长身旁向敌射击，发射之后立刻填装子弹，不后退一步，这时第二个人前出到第一个射手前面接着射击，射击后立刻填装子弹，仍然原地不动不后退，第三个人接着站到第二人的前面射击，后面第四、五、六人以此类推，依次跟进射击，逐渐接近敌人，这就是"进步连环法"。马队在对敌进行包抄、追击时也使用这种"进步连环法"。霆军的枪队与矛队相间排列，枪队左、右两侧皆有矛队，矛队左、右两侧皆有枪队。当敌军逼近，枪来不及射击时，矛队前排数人出前与敌进行白刃格斗；敌稍退，这时枪队乘势进行射击。当矛手进行白刃战时，枪手亦乘机进行射击；矛队前排数人与敌军近战时，矛队后排数人乘势向敌军抛掷火弹，与此同时还有劈山炮的配合，这样就可以做到所谓的长短互用。①

　　这种阵法在当时来说还是比较先进的，可以总结为以下几个特点：其一，大大增加了火力的密集度，"连环进步"对缺少训练的太平军来说，往往会对其心理上形成很强的压迫感，在与霆军交战的过程中，太平军常常在人数上占优势，而因心理崩溃而溃败。如咸丰七年六月的黄梅之战就是一个典型的例子。其二，霆军的这种阵法简单灵活，非常实用，既可以左右夹击中央突破，又可以中央吸引敌军，左、右两翼包抄敌军，而且前、后两层可以相互呼应，在战场上就有很强的随机应变性。其三，注意后继兵力的补充，霆军的大阵分为左、中、右三列，前、后两排横阵，例如，前排左列需要支援，则后排横阵中的左列即可前出增援。由于霆军的阵式使得火力密度大为增加，并且出现了类似西方掷弹兵的兵种，已具备了一些近代战术的因素，显然比清军传统战法有了很大进步。正是因为这些战术、战法，

---

① 陈昌：《霆军纪略》卷十四，第6页。

在镇压太平军、捻军的过程中取得了很好的实战效果。

霆军在当时以善战著称，因此经过曾、胡二人商议后，在咸丰十一年初，将霆军作为"游击之师"，也就是作为一支机动作战部队，以打运动战为主。但霆军并不忽视防守，每次出战时都要留两成至三成兵力防守大营。鲍超自幼投身行伍，深知"用兵之道，必先深沟高垒，自立于不败之地，然后能百战百胜。"① 因此规定，不管距敌远近，都必须先扎好营垒。扎营要选好地形，要选择"使粮路无虞，声援联络，我便于控制，而敌不利于围攻"的地形安营。扎营必须做到深沟高垒，"以掘壕之土为墙，墙加高一尺，壕即加深一尺，所部有墙不高坚，壕不宽深者，必重惩其营官"，壕外再辅以鹿角栅或梅花坑。在与太平军作战时，虽与太平军阵地距离百里，然而营垒未修成绝不让士兵休息睡觉；虽然距离敌军十里不到，营垒未修成，也不出队作战；有时正修筑营垒而太平军乘隙来攻，那也要一面分队御敌、一面赶工修完营垒，然后再以主力应战。② 如同治三年三月（1864年4月），霆军句容之战，鲍超率霆军向句容进发，当时句容县太平军守将方海宗得知鲍超督军来攻，会合驻守金坛、宝堰的翰王项大英、列王方成宗一同防守句容。守住句容，就能扼控当时天京外围唯一还在太平军掌握之中的战略要地和进援交通路线。三月六日，鲍超指挥各部穿过溧水县，抵达距县城十里的塔岗，正在修筑营垒的时候，方海宗乘霆军营垒未成，立足未稳，率4万余人先发制人，猛扑霆军大营。鲍超立即命令霆军兵分三路，以七营直前迎敌，以八营攻击敌左路，以另外八营攻敌右路，激战数时微分胜负，这时鲍超又令霆军骑兵兵分两路从后切断太平军后路。在正面的霆军步队则用连环进步法且战且进，不断压迫太平军后撤，太平军人数虽多，却在霆军前后夹击下阵脚大乱，败回城中，鲍超督军紧追不舍，连陷城周营垒。太平军闭城死守，鲍超乘势彻夜环攻，此时太平军将领翟本邦叛变，作为内应。四鼓之后，在东城放火迎敌，方海宗迫于内外交困，开启南

---

① 陈昌：《霆军纪略》卷十四，第6页。

② 同上书，第7页。

门，引军撤走。三月七日（4月12日）黎明，霆军攻入城门，句容失陷，翰王项大英、列王方成宗被俘。此役鲍超不仅在作战时灵活排兵布阵，而且还注意招降叛徒等多种手段并用，最后获胜。他作战时往往能够随机应变，不拘泥于成法排兵布阵，而且注意多种手段并用，这是鲍超用兵的一个比较突出的特点。

霆军纪律虽然不好，但赏罚极分明，士兵只有一个念头，只要打赢就能发财，所以在战场上各个奋勇争先。霆军督阵措施非常严厉，不惜杀人立威。霆军什长（即队长），每次作战时都要站在一队人的前面，如果遇到有退缩的兵勇立刻斩杀；哨官则站在百人之后手执大刀巡视，遇到有退缩的小队，立刻杀掉该队队长；营官率亲兵在所部各哨之后，看见哪一哨临战退缩，立刻杀掉该队哨官；分统督率所部各营，遇到哪个营退缩，立刻杀掉该营营官；主帅率亲兵营居中，根据军情进行指挥，如遇到某军退缩，立刻杀掉其分统，这套方法就是霆军督阵之法，并且在军中得到了严格的执行。因为霆军在作战时，没有命令，士兵不敢后撤，因而在绞杀太平军、捻军的时候表现出较强的战斗力。①

曾国藩称霆军："临阵队伍整齐，逢山过山、遇水枭水，实为群贼所惮，非楚勇、湘勇、淮勇所能及。"②霆军当时是以勇猛彪悍敢打硬仗著称的，在战场上士气一向很高，这也是因为鲍超比较重视激发部队的士气，他认为"将士勇气视乎主帅之操纵，不外善于蓄，善于积两法，盖其运用者微矣"。由此形成了霆军"遇战事，将士有请以前敌自任者，名曰'告奋勇'。霆军将士遇战无不告奋勇者，以独当前敌冲锋陷阵为乐事，以怯大敌落人后为耻辱"③的风气。

霆军出战时，从自主帅至哨队小校，都穿着表明本人品级的官服"每一临阵，珊瑚之顶、孔雀之翎点级辉映于山谷原野之间，自成一

---

① 陈昌：《霆军纪略》卷十四，第8页。
② 曾国藩：《复刘庄中丞》，李翰章：《曾文正公全集·书札卷三》（一）沈云龙主编：《近代中国史料丛刊续编》，文海出版社1976年版，第15812页。刘岘庄即刘坤一。
③ 陈昌：《霆军纪略》卷十四，第10页。

种风致"。① 其作用是为了使功过易分,使部将不致产生侥幸逃跑的念头,对此朱孔彰的《中兴将帅别传》也有记载:"凡临阵,公与部将各戴品级翎顶珊瑚水晶,锟耀炫目,不帕首,与他军殊,贼一见即惊为霆军,弃械跪马前,即不诛杀,以此服其威信。"② 尹隆河之战,鲍超部将宋国永、唐仁廉等所穿黄马褂,被捻军士兵的长矛扯破了多处,在当时被传为美谈。这种办法在今天看来实在是太冒险,军官容易被敌人阻击,但鲍超这么做却也是针对当时军中普遍存在的争功诿过不得已而采取的行之有效的土方法。

### 三 征战湖北

1. 首战小池口③

"霆军"组建之后,很快就以其卓越的战绩成为湘军五大主力中最能死拼硬战的劲旅,同时也诞生了一大批骁勇善战、独当一面的战将,如鲍超手下的四大战将宋国永④、娄云庆⑤、谭胜

---

① 陈昌:《霆军纪略》卷十四,第 11 页。

② 《鲍忠壮公别传》,朱孔彰:《中兴将帅别传》,沈云龙主编:《近代中国史料丛刊续编》,文海出版社 1967 年版,第 218 页。

③ 小池口,今名小池镇,隶属湖北省黄冈市黄梅县,地处鄂、赣、皖三省交界,位于江西省九江长江大桥北岸桥头,是湖北省经济特区。该镇与江西省九江市一江之隔。素有"鄂东门户"和商贸旅游"金三角"之称。

④ 宋国永(?—1878),四川人,湘军将领,霆军初立,为营官。在历次征战中,累立军功,先后擢升总兵记名、副将、加提督衔、提督记名、直隶宣化镇总兵。1863 年,进克西河、湾沚,赐黄马褂。次年,江南平,鲍超回籍,国永与娄云庆分领其军。1865 年,鲍超将赴新疆,国永率所部由江西先发,军中索饷鼓噪,抚定之。道经湖北,复哗溃于金口。坐不能约束,褫职留营。从克嘉应州,复原官。自永隆河之役后,鲍超乞病,军中事一倚国永。及超去军,国永先请散遣己所部众,余付娄云庆统之。1869 年,授云南鹤丽镇总兵。光绪初,调赴福建。1878 年,病逝,诏念前功,允祀四川、湖北霆军昭忠祠。

⑤ 娄云庆(?—1904),湖南长沙人,湘军将领。初入水师,累功至都司,霆军初建之时营官。咸丰十年(1860),小池驿之战,擢参将。随后,因战功以总兵记名、直隶正定镇总兵、提督记名、赐黄马褂。既而鲍超奉命西征,分兵令宋国永赴陕甘,云庆率万人援福建。国永军再哗溃,云庆军未为摇动。寻从鲍超追剿太平军至嘉应州,始起正定镇本任。同治六年(1867),鲍超病归,众虑霆军难制,曾国藩荐云庆才能应变,诏饬接统。遂裁撤全军,改募五千人,号曰霆峻营,驻防湖北。明年,捻平,云庆请归养。光绪初,复起授正定镇总兵。1891 年,擢湖南提督。1904 年,以老乞归,卒于家。

达①、唐仁廉②，均因战功有 2 位官至总兵、2 位官至提督。相比四位大将，孙开华的成名似乎要晚一些，专门为霆军立传的《霆军纪略》一书，孙开华的名字在同治元年（1862 年）才第一次出现，也就是说在他从军 6 年之后才"榜上有名"。但是，孙开华后来居上，以其战功卓著、累立军功取得功名，尤其是在台湾取得沪尾大捷之后，就如一颗闪耀的星星，留在了历史的长河之中。

太平天国定都天京之后，经营长江流域、开辟上游基地，就成为太平天国全局战略的重要组成部分。因为安徽、江西、湖北等省物资丰富，供应充足，不仅可以保障太平军的物资供应，而且这几个地区的战略地理位置十分重要。太平天国决定于 1853 年进行西征。8 月中旬，先后攻占了江西丰城、瑞州（今高安）、饶州（今鄱阳）、乐平、景德镇、浮梁、都昌等地。石祯祥等率太平军万余人于 9 月 29 日攻占九江，留林启容镇守，大队继续西进，10 月 8 日攻占鄂东田家镇对岸的要隘半壁山，15 日大败清军于田家镇，并且乘胜连克黄州、武昌县（今鄂州市）等地，20 日占领汉口、汉阳。10 月 25 日，石达开派胡以晃、曾天养部攻下安徽省安庆城北要地集贤关，接着连占桐越、

---

① 谭胜达（？—1875），湖南长沙人，湘军将领。霆军初建之时投效鲍超。因战功累擢至副将，赐号"协勇巴图鲁"。同治元年（1862 年），赴援铜陵，战横塘，进攻城外太平军垒，胜达借唐仁廉冒炮烟逾壕，夺其一垒，余垒皆下。复铜陵，以总兵记名。又战于寒亭，复宁国，加提督衔。二年（1863 年），分兵解泾县围，连夺西河、湾沚要隘，诏遇总兵缺先行简放。克句容，以提督记名。鲍超以东坝为重隘，令胜达守之。寻赴援江西，克新城，解宁都围。四年（1865 年），霆军以索饷殴伤粮道段起，胜达坐褫职，寻复之。及嘉应太平军余部，赐黄马褂，授直隶正定镇总兵。八年（1869 年），始赴任，练军捕盗，濬河修堤，颇著劳勚。光绪元年（1875 年），逝于任上，赐恤，谥勇悫。

② 唐仁廉（1834—1895），字元甫，号赖之，湖南东安人，湘军将领。咸丰初年投入湘军杨岳斌（即杨载福）部。咸丰十年（1860 年）改从霆军，跟随鲍超截击太平军，从战于太平、石埭间，升任守备。不久，提升为游击，赐号"壮勇巴图鲁"。后又破安庆援太平军援军、战丰城、克沿山等战役，升任副将。同治元年（1862 年）领兵攻取青阳，以总兵记名。同治三年（1864 年），克金坛，以提督记名。战广东嘉应州，获赏黄马褂。同治五年（1866 年），回师北上，参与镇压捻军，率骑兵追逐捻军于鄂豫之交。同治六年（1867 年），接连追击捻军于永隆河、钟祥池河、枣阳、平林店等地。鲍超解职后，他分统其众，从李鸿章继续追击捻军。论功，遇提督尽先简放，以一等军功议叙。同治十三年（1874 年），清廷授其通永镇总兵。光绪十年（1884 年），任广东水师提督。光绪二十年（1894 年），中日甲午之战爆发，时以唐仁廉为霆军旧将，奉召至京。军队刚刚出关，因议和而战事结束，遂还。光绪二十一年（1895 年）逝于任上。

舒城，直逼安徽临时省会庐州（今合肥）。1854 年 1 月 15 日太平军攻克庐州，旋乘胜攻占庐江、六安、潜山、无为等州县。随后，曾天养等率大军入鄂，会同石祥祯部，于 2 月 12 日攻破屯于黄州堵城的湖广总督吴文镕大营，毙吴文镕。16 日再克汉口、汉阳，进围武昌。同时分兵两路，向湖南、鄂北进军。

太平军在安徽、江西、湖北、湖南等地与清军不断展开争夺战，取得了一定的战绩，到 1856 年创造了太平天国的巅峰时期。太平天国由盛转衰的转折点是 1856 年内部的"天京事变"，外部原因除了外国列强帮助清政府剿杀太平军，"霆军"的成军和迅速投入战场也是一个不可忽视的力量，使战争的天平向清军有利的方向倾斜。从"霆军"1856 年成军到"霆军"1867 年被裁撤，"霆军"参加围剿太平军和捻军的战斗 500 多次，几乎是无坚不摧、无战不胜，因此，在一定程度上可以说"霆军"就是太平军的"克星"。

九江北枕长江，地势险要，是太平天国上游重镇，对太平军进出鄂、皖、赣和保障长江水道有重要作用。咸丰三年（1853 年）太平军占领九江，派林启荣①驻守。林缮城增壕，严密布防，并边连接北岸小池口与东面湖口互为犄角，使九江成为太平军拱卫天京上游的一个重要军事据点。

咸丰五年（1855 年）一月，曾国藩亲率湘军水陆大军 1.5 万人进攻九江，数战皆败，死伤甚众，只得撤围而去。次年 11 月底，湖北巡抚胡林翼再次占领武昌，随即调兵东下围攻九江。清军在九江太平军守将林启荣精心构筑的防御工事面前一筹莫展，因此清军计划先拿下九江对岸，且与九江城成掎角之势的小池口。但此时皖北宿松、太湖太平军三万余人直取黄梅，又以两万余人远征汉阳，清军急忙推

---

① 林启荣（1821—1858），也作林启容，太平天国的勤王，隶属杨秀清部。广西人，参加金田起义，1853 年为援救赖汉英被困于南昌，他与曾天养参与石祥祯领导的"西征"援军，攻克安庆、九江；次年擢殿右十二检点，1854 年起镇守九江，九江外围湖口则为太平军另一名将罗大纲驻守，林、罗分别于 1855 年、1857 年两次击败湘军来攻，林被封赠太平天国"贞天侯"；后清军长期围攻，于 1858 年 5 月初被湘军李续宾、水师杨载福部攻克九江，林启荣及守城 17000 名太平军战死。

迟小池口的攻势，准备阻援。在长沙经过两个多月训练的"霆军"已经奉令赶来，参加了驰援黄梅和攻打小池口的战斗。

在各路清军与陈玉成作战相继失败的情况下，唯独霆军挡住了太平军的强大攻势，并乘胜转攻小池口。咸丰七年正月初五（1857年1月5日），鲍超率"霆军"随江宁将军都兴阿①、湖北提督杨载福参与了对九江对岸的小池口的进攻。鲍超所部军士背负茅草填满太平军挖的壕沟，攻克小池口外太平军堡垒两座，鲍超被"乱石伤右额血流满面②"。作为"霆军"的主帅尚能身先士卒、奋不顾身，他所率领的官兵自然也不敢懈怠，个个拼死冲杀，据《孙开华传包》记载："（孙开华）奋勇当先，右膀受枪子伤，深入寸许，验列头等。"③

2月2日，太平军从宿松派军增援小池口，一由亭前驿南，一由亭前驿北，一由独山镇窜及魏家凉亭，各距黄梅县城数十里。鲍超计划与多隆阿以空城计诱敌深入，在要隘处设伏进行围剿。4日，多隆阿等由城南北进击，鲍超率营由城西一带分路进兵。但是对方骁勇无常，死力抗敌，五六千太平军抄至鲍超军队的后面。幸好前方有人支援，杀死太平军数百名，剩下的弃城而逃。鲍超乘胜追击，追剿了敌人四五千名，夺获马匹数百匹。孙开华所在部主动迎敌，阻挡援军的进攻。三月十六日（4月10日）夜，"霆军"选择小池口北之孔垅驿开始攻城，太平军失利，撤回石城，鲍超身先士卒"枪子贯入顶，右脑脑浆随子进出，昏绝两日复苏，又滚木打伤左手伤筋，枪子贯穿右膝，④"孙开华"受枪子伤左足，验列头等"⑤。这一仗是"霆军"组建之后的第一仗，也是一场恶仗，部队死伤600余人，初显"霆军"

---

① 都兴阿（1818—1875），字直夫，郭贝尔氏，祖籍黑龙江讷河，达斡尔族，满洲正白旗。清朝内大臣阿那保之孙。父博多欢是正黄旗蒙古都统。咸丰二年（1853年）随僧格林沁赴天津阻击太平军，败之于杜家嘴。后随湖广总督官文进规武汉。都兴阿以江宁将军围攻安庆。三河之战时，李续宾战死，都兴阿弃围安庆败逃，退至宿松、太湖。曾任盛京将军等职。光绪元年，卒于官，赐恤，赠太子太保，谥清悫。

② 陈昌：《霆军纪略》卷十二，第18页。

③ 许雪姬：《抗法名将孙开华事迹考》，《台湾文献》1985年第36卷第3—4期。

④ 陈昌：《霆军纪略》卷十二，第18页。

⑤ 许雪姬：《抗法名将孙开华事迹考》，《台湾文献》1985年第36卷第3—4期。

剽悍敢战的作风。

2. 血战黄腊山①

1857 年 5 月中旬，清军骑兵多隆阿②率马队在黄梅渡河桥与太平军激战，毁坏太平军多座营垒。6 月，太平军英王陈玉成亲临前线，清军各部相继被击溃。坐镇黄梅附近亿生寺的江宁将军都兴阿能指挥的部队加起来不足 4000 人，其中有 3000 人是霆军，另外就是多隆阿的 200 多名骑兵。几次见仗之后，都兴阿手下王国才等数员将领被陈玉成部一一击毙，都兴阿、多隆阿见太平军兵势正旺，决定撤兵到长江边上与水师相互为援，共同防御太平军，但黄梅、武昌之间并无湘军主力防守。如果撤军，太平军就可以由黄梅直捣武昌，如果要水师协防都兴阿，则围困九江的李续宾部就会失去水师的支持，也就无法彻底围死九江了。因此，黄梅的得失事关重大。

6 月 3 日，太平军对十里铺等地清军发起猛攻。多隆阿急往应援，但是由于这一带都是水田，骑兵不能发挥作用。而此时太平军集中枪炮在道路口进行射击，导致死伤众多并且不能赶去十里铺与清军会合。为了改变被动的局面，11 日多隆阿约同鲍超前往大河铺偷营。他先派兵埋伏在隘道口然后突然攻击，连破太平军营垒数座。6 月 25—26 日，孙开华"杀黄梅北山一带贼匪十余名。"③

7 月，当陈玉成大敌来侵的时候，湖北这边由都兴阿率领多隆阿

---

① 黄腊山，小地名，湖北黄冈市境内。

② 多隆阿（1817—1864），字礼堂，呼尔拉特氏，达斡尔族，满洲正白旗，著名军事将领，擅长指挥马队，在同治中兴时期和湘军第一名将鲍超齐名而过之，有"多龙鲍虎"之誉。咸丰三年（1853 年）以黑龙江骁骑校尉同随胜保与太平军作战，在击溃太平军北伐的战役中成功卓著。1856 年被湖广总督官文调至湖北黄州（今黄岗），次年在官文、湖北巡抚胡林翼统领下，与都兴阿收复武汉、黄州、黄梅。1860 年参与收复太湖。1861 年配合湘军攻占安庆，任统及荆州将军。次年攻陷庐州（今合肥）。1862 年，陕西回民起事，多隆阿于 11 月抵达潼关，次年 2 月攻占回军在同州的两个重要据点羌白镇和王阁村，9 月攻占苏家沟和渭城湾，杀死叛军一万七八千人。至此陕西回军被迫向甘肃撤退。1864 年 4 月 1 日，多隆阿攻占盩屋，进城时遭流弹击中，5 月 18 日伤重不治。赠太子太保，予一等轻车都尉世职，入祀京师昭忠祠，谥忠勇。

③ 许雪姬：《抗法名将孙开华事迹考》，《台湾文献》1985 年第 36 卷第 3—4 期。

与鲍超去抵抗，另外还有一些其他的援营部队。但是，当时湘军的精锐不在湖北，都由李续宾领兵在江西攻打九江。都兴阿这一支军队人数也偏少，加起来不过 4000 人左右，其中有 3000 人是霆军，都是陆军，其他就是多隆阿的骑兵。都兴阿在经历了初期几个小战役接触之后，连折几员大将。当时他们都驻扎在黄梅的亿生寺附近，都兴阿就说，他们要撤退到长江边上去保护水师，同时也可以扼要驻防，但是鲍超不同意。多隆阿劝他说："贼势浩大，各军俱退，而霆军以五营孤立贼冲非计也。"鲍超坚决不同意说："行兵有进无退，武汉三陷，国家费无限帑金，渴两年之力始能恢复，令贼挟忿而来我扼要驻此，一摇足贼将长驱直入武汉，守备空虚立见，土崩瓦解，一不可也。武汉不守，贼必以一支扰湖南以摇楚师根本而通两粤之气，以一支扰四川完善之区而争上游之事，四川兵窳，民嚣贼狗，窜入将成不了之局，二不可也。湘军之图，九江顿兵，坚城久患，情见势绌，皖贼上犯，武汉比分之以援九江，援贼外，逼城贼内，突不特围，师功拜垂却求保全军旅而不可得，三不可也。水师之说以能力扼上游，与九江围师互为声援者，恃我陆军扼定前敌耳。我若退军，水师必闻风惊溃，又何能与之相依扼守，四不可也。楚境田禾青黄弥望，若委之以敌贼得挟饱胜之势，以于上游官军相持楚祸盆无了日，五不可也。"[1] 多隆阿"壮之，因从其计"。

鲍超认为多隆阿马队人太少"不敷应用"，对多隆阿说："请公以马队布列阵后，见我霆字营士卒有后退者，即飞骑斩之。"[2] 但鲍超也知道双方兵力差距悬殊，面对几乎十倍于己的太平军，胜负无把握，因此在临战之前一日，大飨将士，自己准备用一死来激励部下："我自统兵以来，生死久已置之度外，盖既以身许国，此身即非我有。今大敌当前重寡悬殊，妇孺皆知其不敌，何肯令诸君以身尝试，顾楚省乃南北关键，雄据上游为将来收复金陵之根本，此地鄂之门户若不力图捍卫，是我纵贼入室……明日决往破贼。幸而克捷，顾全大局不

---

① 陈昌：《霆军纪略》卷二，第 111—113 页。

② 同上书，第 7—10 页。

少，否则身殉，是役誓不与之俱生。诸将士有愿以死报国者，与吾共功名，幸甚，如不愿者，亦自任也，请以卮酒志别，以表一时共事之雅。""诸将士皆慷慨激昂，伏地叩头，誓以死自效，虽下逮夫役，无不踊跃用命。"① 7 月 1 日，鲍超让每个营官各率本营攻打一垒，自己则率亲兵营首先进攻太平军最大最坚之营垒，所部将士也都拼死作战，连续两个营官阵亡气势不减，太平军几座大垒在霆军亡命进攻下相继被攻克，太平军防线大乱，于是出现局部溃散，引发大溃，进而引起全军惊骇，导致全溃，太平军四万之众就这样被"霆军"冲溃，"霆军"在黄腊山、甘家畈等地连毁太平军营垒 48 座，陈玉成"只身逃去"，此战之后，"霆军"名声大震。

孙开华在这次战斗中大显身手，"战于黄蜡山，毙贼十余名，擒长毛贼一名，因功赏六品军功"。②

至此，太平军势力再一次退出湖北。

### 四 征战安徽

咸丰七年（1857 年）九月十六日，孙开华随鲍超进军安徽宿松县太湖境内二郎河征战，击毙太平军千余名，生擒太平军老兵数十名。

咸丰八年（1858 年）五月四日，孙开华随鲍超克复黄安、麻城、草鞋铺等处城隘，杀敌 7 名，左膝被太平军长矛穿过腿弯，列头等伤③。二十七日，"霆军"回扎宿松县。

#### 1. 李续宾兵败三河镇

咸丰八年（1858 年）八月，太平军前军主将陈玉成率军再占皖北重镇庐州（今合肥），留吴定规驻守，自率大军往攻清军江北大营。

---

① 陈昌：《霆军纪略》卷二，第 10 页
② 许雪姬：《抗法名将孙开华事迹考》，《台湾文献》1985 年第 36 卷第 3—4 期。
③ 同上。

清廷闻庐州失守，急命江宁将军都兴阿、浙江布政使李续宾①自湖北往援。副都统多隆阿与总兵鲍超的部队随都兴阿进驻太湖。9月，都兴阿、李续宾率湘军万余人自湖北开进安徽，于22日攻占太湖后兵分两路：都兴阿率部进围安庆，李续宾率部图复庐州。李续宾进兵迅猛，李续宾部于9月23日陷潜山，10月13日陷桐城，24日陷舒城，11月3日他率湘军5000余人进逼舒城东面25千米的三河镇，准备进攻庐州。

三河镇地处水陆要冲，今属巢西县，位于界河（今丰乐河）南岸，东濒巢湖，是庐州西南的重要屏障。该镇原无城垣，太平军占领后，新筑了城墙，外添砖垒9座，凭河设险，广屯米粮军火，接济庐州（今合肥）、天京（今南京），因而在军事上、经济上都居重要地位。李续宾抵达三河镇后，审视形势，以为攻城必先破垒，遂派兵6营攻河南大街及老鼠夹一带之垒，3营攻镇东北迎水庵、水晶庵一带之垒，2营攻镇西南储家越一带之垒，自率2营为各路策应。11月7日黎明，湘军分路发起进攻。太平军将领吴定规率守军沿三河东、南、西一线筑9垒顽强抗击，毙其千余。后为保存实力，弃垒入城，继续抵抗。湘军大举进犯三河镇，吴定规因兵单"一日五文"向前军主将陈玉成告急求援。陈玉成在与后军主将李秀成部一道攻破清军江北大营后，即回天京汇报，奏请天王洪秀全调李秀成部同往。湘军攻破三河城外营垒的当日，陈玉成赶至三河镇西南15千米的金牛镇，14日李秀成亦赶至三河镇东南12.5千米的白石山，两军连营数十里，号称10万，截断湘军退路。

---

① 李续宾（1818—1858），字如九、克惠，号迪庵，湖南湘乡（今湖南娄底涟源）人，晚清湘军著名将领，贡生出身。咸丰二年（1852年）在籍协助其师罗泽南办团练，对抗太平军。次年随罗泽南出省作战，增援被太平军围困的南昌。咸丰四年（1854年），在湘军攻占湖南岳州（今岳阳）、湖北武昌、田家镇（今武穴西北）等重要作战中，常当前锋、打硬仗，以功升知府。1856年1月，随罗泽南南下，连占弋阳、广信（今上饶）、德兴、义宁等府县。12月，随罗泽南赴援湖北。咸丰六年（1856年）罗泽南战死后，李续宾接统其军，成为湘军一员重要统兵将领。咸丰八年（1858年）十一月，在三河之战中陷入太平军的重兵包围，战死，所部尽覆，使湘军元气损伤颇大，谥忠武。

此时，因母亲去世在湖南老家丁忧守制的湖北巡抚胡林翼给李续宾的信件送达，要他谨慎进兵，不要贸然行事。李续宾部将劝其退兵桐城，等待援军到达后再攻三河。但李续宾屡胜气骄，虽知取胜不易，却不肯后撤。15 日深夜，派兵 7 营，分左、中、右三路，夜袭金牛镇，企图侥幸取胜。陈玉成抓住湘军冒险出击的有利战机，以少数兵力正面迎战，主力则从左翼抄湘军后路。次日凌晨，大雾弥漫，咫尺难辨，陈玉成部迅速击溃左路湘军，并乘势切断了中、右两路的归路，将其围困在烟墩岗一带。这时，李秀成部赶来参战，吴定规亦自三河镇出城突击，形成三路大军合围态势。李续宾闻大队被围，急率兵 4 营往救，连续冲击数十次，均为太平军所阻，只得撤回。太平军很快将其大营团团包围，攻破 7 座营垒。李续宾突围不成，当夜被太平军击毙（一说自尽）。17 日、18 日，太平军将其余营垒逐一攻破，全歼李续宾部。三河大捷后，陈玉成、李秀成乘胜收复舒城、桐城、潜山、太湖。围攻安庆的都兴阿恐其后路被抄，急忙撤至鄂皖边境，退至宿松。

此役后不久，22 岁的陈玉成和 36 岁的李秀成被封为"英王"和"忠王"，成为太平天国后期的中流砥柱。

三合镇之战，是湘军战史上的一大败绩，对于湘军士气的打击很大。主将李续宾战死，5000 多名将士被歼。湘军主帅曾国藩闻讯"哀恸慎膺，减食数日"，他的六弟曾国华也在三河战役中阵亡，为此，曾氏五兄弟中最小的曾国葆，改名曾贞干投军，后转入曾国荃军中。胡林翼也感叹"三河败溃之后，元气尽伤，四年纠合之精锐，覆于一旦，而且敢战之才，明达足智之士，亦凋丧殆尽"。[①]

就在湘军情绪低迷的时候，湘军新旅"霆字营"却愈战愈勇、捷报频传。

隶属江宁将军都兴阿的"霆军"主要进攻目标是安庆。咸丰八年（1858 年）正月，鲍超率军进攻太湖石碑，太平军藏在城中坚不出战，并且陈玉成前来援助太湖，使得鲍超只能以静制动。4 月，鲍超

① 《胡文忠公全集》（下册），世界书局 1936 年版，第 694 页。

与多隆阿围攻太湖，但是当时湖北兵力薄弱，为了巩固上游的根本，当时不宜拼力打太湖，于是命令鲍超与多隆阿扼守太湖以待敌情之动，不用急于一时。8月16日，"霆军"克复太湖县城，向安庆进发。9月9日，"霆军"在安庆城外摧毁太平军堡垒数座，孙开华"右腿膝下受抬枪子伤。打入对过，验列头等"。①

2. 孙开华救主小池驿

由于李续宾、曾国藩胞弟曾国华在舒城三河镇中了太平军埋伏，战败身死，导致围攻安庆的湘军被迫仓皇撤出。清廷为皖鄂形势十分担忧。咸丰九年（1859年）八月，清廷令曾国藩出兵援皖。曾国藩与湖北巡抚胡林翼商定攻皖军略——先进攻太湖，后进攻安庆，自己由湖北进驻宿松，令福州副都统多隆阿、湖南绥靖镇总兵鲍超从宿松进军八里冈（今太湖城西乡境内，与宿松县交界）。

孙开华因克复太湖再立新功，六品军功孙开华以千总尽先拨补，并赏戴花翎。9月，鲍超札委其带"霆军"营新中营中哨。② 中哨，也是全营的核心力量。此时的孙开华，作为哨官统10个队官，领兵100人，而且因军功作为"千总"一级军官将优先提拔，极大地鼓舞了这位来自澧水河畔农家子弟的战斗士气。

11月，多隆阿移营太湖新仓，鲍超由太湖棋盘石渡河，移营岔路口，互为掎角之势，以困太湖城内的太平军。

1859年6月，年仅22岁的陈玉成因击破清军江北大营和取得三河镇大捷封为"英王"。12月15日，陈玉成由安庆统军至桐城，捻军首领张行洛及龚得等亦自怀远、定远、庐州、舒城一带率部前来会师，联合西进，号称20万，实则六七万人。同日，清军方面，多隆阿与候补道蒋凝学③商调鲍超之"霆字营"急趋小池驿抵御。

太湖自古有驿道一条，横贯东西，东经潜山、桐城而至庐州，西

①　许雪姬：《抗法名将孙开华事迹考》，《台湾文献》1985年第36卷第3—4期。

②　同上。

③　蒋凝学（？—1878），字之纯，湖南湘乡人，湘军将领，太平军兴起后在家乡招兵训练，组建"湘左营"2营，先后追随罗泽南、胡林翼围剿太平军，因军功由知县、知府、道员记名而布政使衔、按察使，光绪四年（1878年）病逝于陕西布政使任上。

经宿松而至鄂省。境内小池驿（今名小池镇），为邻近几县知名的驿站。位于太湖县东 20 千米，东有一带小山，邻街有一条小河。相传原是小湖，后淤为陆地。据旧志记载，唐代开始建驿站，明嘉靖年间，有屋 37 间，清代嘉庆年间，有马 90 匹，马夫 72 名，有一条小街，虽不足百户人家，但是个非常重要的驿站，历来为兵家所必争。

11 月 16 日，鲍超营垒未成，英王军大队人马骤至，鲍军拼死苦战，才得以扎营于小池下街头的蛇形山。英王军从潜山地灵港至小池后山和罗山冲一带，连营数十里，清军望之，无不胆寒。18 日，太湖城内太平军得知援军大至，从城内而出，夹击"霆军"。

24 日，陈玉成以主力军专打"霆字营"，更番迭进，昼夜环攻。"霆字营"篷帐皆为炮裂，士卒伤痍，樵汲几断，危在旦夕。鲍超鞭笞士卒，死守营垒。据传，鲍超不识字，只能自书其姓，于是在纸上大书一"鲍"字，外加圈数重，派人火速送往曾国藩。曾国藩阅后大叫："老鲍陷重围矣。""霆字营"乃湘军精锐之旅，曾国藩视为王牌，于是飞檄各路驰援。湘军或派马队运送盐米火药给鲍军，或分兵袭扰英王军的前后左右。

27 日，福州副都统多隆阿绕到英王陈玉成部背后，与之战于后冲花山尖，被击败，伤亡 1300 余人，副都统衔西林布、喀尔库及参将吴明亮等均被杀毙。

12 月 15 日，孙开华所部驻扎小池驿。20 日，孙开华奉派督队攻打木子堡太平军垒三座，一律踏平，大获胜仗。

咸丰十年（1860 年）正月二十五日，多隆阿卷土重来，选精骑从新仓渡河，与英王军战于余贯嘴，多隆阿佯装失败，引诱英王军进攻，候补道蒋凝学、总兵朱品隆的伏兵从两翼杀出，曾国藩又派候补道金国琛、天头山总兵余际昌从潜山红土山袭击英王军背后，鲍超军此时亦突围而出，几路清军与英王陈玉成部展开了一场血战。孙开华督队随军削平小池驿一带堡垒，追杀十余里，右腿被太平军长矛击伤，验列二等。①

---

① 许雪姬：《抗法名将孙开华事迹考》，《台湾文献》1985 年第 36 卷第 3—4 期。

　　清军组织兵力，专攻山上英王陈玉成部。时值东南风骤起，清军火器"触处立燃"，山上树木起火，风助火势，冲向英王军。太平军大小营垒"百有数十"都陷入火焰中，"烟尘不绝者十余里"，林焦山赤。英王陈玉成虽英勇奋战，无奈寡不敌众，前后受敌，伤亡数千人。陈玉成不敢恋战，于是夕撤出小池驿，率余部回安庆。

　　翌日晚，太湖城内太平军亦撤走。

　　小池之战，"霆字营"虽未覆没，但已受重创，鲍超死里逃生，战后常存余悸，"见军士必垂涕"。湖北巡抚胡林翼在奏疏中陈述：小池驿之战，实为"军兴数年以来仅见之大战"。

　　1860年4月，孙开华以战功免补千总，以守备尽先补用，并赏换花翎。这一年，湘军劲旅"霆军"进行第一次扩军，组建"霆军新营"五营。6月，鲍超因孙开华护主有功，令其管带"霆军"新中营事务。① 这样，孙开华在不到一年时间里，由一名统领百人的"哨官"升迁为中营营官（又称"管带"），统领湘军600人，这一年，孙开华20岁。

　　9月，孙开华随鲍超攻打安徽休宁。解救当时腹背受敌的曾国藩。曾国藩当时正率军在皖南与太平军对峙，太平军黄文金部从浙江攻入江西，忠王李秀成部则由芜湖攻入皖南。曾国藩腹背受敌，太平军趁机攻占宣城，围攻曾国藩大军的总指挥部祁门，曾国藩在祁门兵力不多，情况十分危急。这时鲍超行军到休宁，闻讯后急行军前往支援，一天走一百里路，赶到战场将太平军击退。

　　12月，孙开华随鲍超于20日克复黟县城池。

　　3. 霆字营清剿安庆外围敌

　　咸丰十一年（1861年）4月17日，孙开华免补守备，以都司尽先补用。②

　　这一年，太平天国当局决定从大江南北再次调集大军，直接进攻围困安庆之清军。4月下旬，陈玉成率主力万余人由鄂东黄州返抵安

---

① 许雪姬：《抗法名将孙开华事迹考》，《台湾文献》1985年第36卷第3—4期。

② 同上。

庆集贤关，逼近围城湘军。5 月 1 日，自天京来援之干王洪仁玕、章王林绍璋、前军主将吴如孝率军 2 万余人，进抵桐城附近之新安渡、横山铺至练潭一带，连营 30 余里，拟进抵安庆与陈玉成会合，力解城围。2 日，遭福州副都统多隆阿部阻截，洪仁玕等败退桐城。定南主将黄文金又自芜湖率军七八千人来援，会同林绍璋军并约集捻军 2 万余人，于 6 日再攻新安渡、挂车河清军，又为多隆阿部击败，退守天林庄，后撤至孔城镇。时陈玉成得知清总兵鲍超、成大吉率所部万余人将赶到集贤关，便留靖东主将刘玱琳等数千精兵守卫赤岗岭等 4 垒，自带五六千人于 19 日撤至桐城。5 月 21 日，鲍超奉命驰援安徽，尽管陈玉成于桐城会合洪仁玕、林绍璋、黄文金等军共 3 万人，分路进攻挂车河之敌，以进援安庆，但是最终由孙开华将安庆集贤关外贼垒全行削平。太平军赤岗岭各垒也因孤立无援，先后为鲍超、成大吉部攻陷，刘玱琳没有同为陈玉成部将的吴定规运气好，他及所属数千精锐太平军在清军"霆字营"等部的合围下全部阵亡。

安庆克复以来，湖北省郡县都次第恢复，舒城、宿松、黄梅等地也接二连三被攻下。但是浙江地区自从严州（今杭州属地）失守以后，多处沦陷。于是十月调鲍超部队于青阳。青阳乃是宁国的重要门户，太平天国军对此极其重视。12 月，鲍超部队在青阳的四战皆胜，尽毁城外太平军垒。同治元年初，湘军猛将鲍超领重兵攻打青阳。鲍军在围攻青阳的数月之中，断了太平军的粮道，军中缺粮，士兵们肠腹不饱，饿馁难受，疲惫交瘁，见到士气旺盛的鲍军，胆怯心寒，无心恋战。3 月 20 日，鲍超收复青阳，古隆贤退至石埭，在广阳城中坚壁死守，城外挖战壕多条。鲍军直逼城下，填壕而进，势不可当。古隆贤手下虽仍数万兵卒，但不敢出城交战。于是，放火毁城，连夜从西门逃出，直奔太平县的甘棠。在甘棠，古隆贤重新布置力量，阻击鲍军。22 日，鲍军兵分三路，直取甘棠。其中一支突然从山后冲杀而出，太平军防不胜防，一战既溃，逃往仙源城中，溃散之兵，如乌合之众，一败如水。鲍军很快夺得仙源西门外的防御工事，俯瞰城中，准备第二日攻城，谁知古隆贤与江会义连夜从东门逃出，过黄华岭，走三溪，至泾县，与赖文鸿会合。鲍军收复太平后，乘胜追击，于 28

日收复泾县。古隆贤与赖文鸿皆退至广德。

同治元年（1862年），1月5日，都司衔孙开华，著免补都司，以游击尽先补用，并赏加参将衔。2月26日，补参将。①

湘军攻陷安庆后，曾国藩即设大营于此。同治元年正月初一（1862年1月30日），清廷任命曾国藩为协办大学士，仍统辖苏、赣、皖、浙四省军事。曾国藩立即筹划以东征金陵为主要目标的全盘军事行动。具体部署是：曾国荃部自安庆沿长江北岸直趋金陵；曾贞干部由池州攻芜湖；彭玉麟等率湘军水师沿江而下，配合两岸陆师行动并负运输接济之责；鲍超部由赣入皖，攻宁国府；左宗棠部攻浙江，李鸿章部淮军攻上海周围的太平军，尔后西进。

5月，鲍超领兵攻打宁国府，太平军辅王杨辅清拥兵十万踞守府城，城外的团山、寒亭等处均有重兵驻扎。鲍超率兵进攻寒亭，埋伏兵于山后，断其归路。太平军四万人迎拒鲍军，摆长阵围攻。鲍超手下总兵宋国永表现英勇，领兵将太平军的长阵冲成数段，使之首尾不能相顾，而向山后退去，山后伏兵如神兵天降，太平军大乱，纷纷退守府城，寒亭、管家桥、狮子山等处太平军的营卡被鲍军一律铲平。鲍军接着攻打府城，环绕府城结营一百三十余里，围城一个多月，太平军多次出城交战，均大败而回。因为府城周围被鲍军围得水泄不通，粮草早断，军中缺粮，马匹无草，士兵们饥饿疲惫，早想投降。杨辅清在万般无奈之下，率领大队人马冲城而出，且战且走。鲍超摆圆阵包围，冲在前面的太平军忽然回阵反扑，将鲍军冲散，混乱之中，杨辅清冲出重围，单骑而走。

杨辅清突围后，在城内的太平军群龙无首，是守是降拿不定主意，而此时鲍军已经兵临城下，太平军只能投降以求活命。鲍军随即拿下府城，往广德方向逃走的保王洪容海到达广德后，率六万兵向清军投降。投降之兵留下三千人编为六营，其余全部遣散。

至此，皖南中部各县又一次全部克复。

7月28日，孙开华以克复宁国府城有功，奉谕免补游击，参将，

---

①　许雪姬：《抗法名将孙开华事迹考》，《台湾文献》1985年第36卷第3—4期。

以副将遇缺尽先补用。①

同治二年（1863 年）正月，太平军进逼泾县，孙开华随鲍超驰援，击破之，城围立解，乘胜长驱，又战于黄村大坑，歼敌甚多。

### 4. 攻陷天京

1862 年 3 月，湘军曾国荃部离开安庆东下，拉开进攻太平天国首府天京的序幕。各地太平军在敌人的全面进攻下节节败退。5 月，湘军攻占当涂、芜湖、板桥、秣陵关、大胜关、三汊河。5 月 30 日，彭玉麟率水师进泊金陵护城河口，曾国荃部直逼雨花台，曾贞干也率军赶到。天京处在湘军直接威胁之下。

湘军迅速进抵天京城下，大出洪秀全意料。洪秀全于是一日三诏催促李秀成从上海前线回援，李秀成只得停止进攻上海，退回苏州，派一部分兵力赶回天京加强防务，自己则仍留苏州。

1862 年 7 月，天京外围形势更加严重。7 月 11 日，西南屏障宁国府被清军攻破。杨辅清、洪仁玕从皖南回援天京，夜袭湘军，也被湘军击退。8 月 6 日，洪秀全严诏催逼李秀成火速回援。9 月 14 日，李秀成由苏州出发，督率 13 王、领兵 10 余万，在东坝会齐，回援天京。

10 月 13 日，天京外围的攻守战开始。李秀成率军与天京城内守军配合，对湘军发起猛攻。湘军坚壁固守。11 月 3 日，太平军集中力量攻湘军东路，轰塌曾国荃雨花台营附近的湘军营墙两处。湘军拼命抵抗，太平军往返冲杀五六次，终不得入。太平军又用地道向湘军进攻，湘军以挖对挖，每挖通一处地道，或熏以毒烟，或灌以秽水，或以木桩堵洞口，使太平军的地道连连失效。11 月 26 日，李秀成、李世贤围攻雨花台曾国荃军营月余不下，只得下令撤围。李世贤率部退秣陵关，李秀成率部入天京。至此，李秀成率 13 王回援天京并在外围与湘军血战 46 天的作战完全失败。

天京解围战失败后，李秀成被"严责革爵"。面临严峻的形势，他向天王洪秀全一度提出"让城别走"，遭到天王的严词拒绝。不得

---

① 陈昌：《霆军纪略》卷五，第 340 页。

已，他提出了"进北攻南"的策略，即从长江北岸进攻上游湘军的后方，迫敌人不得不调南岸的军队去救北岸，调下游的军队去救上游，其目的是要解救天京的围困。天王同意了这个方案。

1862年10月27日，李秀成统领大军昼夜赶渡，冲过江浦、浦口。其后连克含山、巢县、和州。时骆国忠在常熟叛变，李秀成回苏州定乱。到1863年2月18日，始得赶到巢县指挥进军。李秀成留来王陆顺德、戴王黄呈忠、首王范汝增、梯王练业坤等太平军牵制清军，而自率大军打算从安徽舒城、六安、英山、霍山疾趋湖北麻城宋埠市，分兵一出黄州，一出汉口，合攻武昌省城，然后进取荆州、襄阳，与远征陕西的扶王陈德才军队连成一片。3月29日，大军赶到六安州，正逢青黄不接，没有粮食可购，不得不回军，从寿州附近东归。寿州被练匪苗沛霖①扰害，正闹饥荒，李秀成军队没有粮食，吃草充饥，饿死很多，回到天长等处。

1864年2月28日，天京钟山要塞天保城失守，3月2日湘军突破太平门和神策门。

5月1日雨花台失守，京内惊慌，天王召李秀成回京。李秀成奉诏立即回军。这时候正逢长江水涨，路道被水冲崩，无路行走。而此时孙开华接到调令随主帅鲍超前去增援湘军围攻天京，连占巢县、含山、和州（今和县）等地，使李秀成的"进北攻南"以救天京的计划落空。

6月1日，天王洪秀全病逝。

7月3日，地保城失守。天京守军仅剩三四千人。湘军在天京城墙下埋放火药3万斤。19日（清同治三年六月十六日）中午，湘军点燃炸药，轰开20余丈城墙，蜂拥入城，各城门都被敌军攻占。太

---

① 苗沛霖（1798—1863），字雨三，安徽凤台人。秀才出身，原为塾师。1856年，在乡举办团练，与捻军作战。后势力日盛，截留两淮钱粮税收及厘金，控制凤台周围数十州县，割据称雄。次年，投靠清将胜保，后又随袁甲三在宿州等地围攻捻军、官至道员。1860年，趁第二次鸦片战争之机，将翁同书、傅振邦、袁甲三等部清军驱逐安徽。1861年举兵抗清，被太平天国封为奏王，1862年暗中降清，诱捕英王陈玉成献胜保。旋又举兵反清，1863年在安徽蒙城被清军僧格林沁部击败后，为部下所杀。

平天国都城陷落。湘军入京，"见人即杀，见屋即烧"，把天京洗劫一空，付之一炬，大火七日不熄。

6月5日，处于天京外围战斗的孙开华因克复宁郡，进援泾县，叠复西河等隘，在事出力，奉谕副将缺出，先行拔补。[①]

## 五　擢勇巴图鲁

### 1. 孙开华瑞金驱汪

天京沦陷后，太平军从龙湾、婺源进入江西，后之续至者络绎不绝。曾国藩调石埭、青阳防军入岭援徽，檄鲍超率全军援江西。

孙开华随鲍超进剿建平县的太平军后，奉命援助句容。曾国藩写信给鲍超，说句容最为扼要，并要他从东坝起兵，进攻句容。太平军句容守将领是方海宗，当他得知湘军即将进攻的消息之后，即邀金坛、宝堰太平军协助防守句容城。

同治三年（1864年）三月，湘军鲍超部破三岔，逼近句容县城，驻镇江清军也派兵驻五里岗、周家边等地，参与围攻县城。县城内的太平军组织三四万人与清军展开大战。同年三月十二日，困守县城的太平军出了内奸徐邦本，发生内讧。内奸徐邦本在云龙岗策应，打开小南门引清兵入城，方海宗弃城而逃，退守宝堰、金坛一线，鲍廷部趁机占领县城[②]。

鲍超的"霆字营"占领句容后，太平天国汉王项大英、列王方成宗均被诛杀。方海宗逃到金坛、宝堰后，与显王袁得厚合谋阻断鲍超的进兵之路。随即，鲍超向他们发起了进攻，他们却紧闭城门不出来，于是鲍超发动猛烈进攻，将其占领，而方海宗则逃向金坛。于是鲍超进攻金坛，在茅山设伏，大败方海宗，使其闻风丧胆，从南门逃走，终于将金坛克复。孙开华督军擒斩最多。4月2日，奉旨加总兵衔，并赏给"擢勇巴图鲁"名号。

"巴图鲁"（满语：baturu），与蒙古语的"巴特尔"（6aaтap）同

---

①　许雪姬：《抗法名将孙开华事迹考》，《台湾文献》1985年第36卷第3—4期。
②　《句容县志》第六章第二节"太平天国"。

源，亦音译作拔都。意为"英雄""勇士"，为满洲传统封号之一。在元、明时期有"拔都""拔都鲁""把都儿"等不同汉语音译。到了明朝末期，"巴图鲁"成为女真人的称号，此后又逐渐发展为清朝时期赏赐武将的封号。一般而言，"巴图鲁"勇号有两种：第一种只作巴图鲁，不再加上别的修饰词语，是为普通勇号；第二种在巴图鲁之上还添加其他字样，是为专称勇号。普通勇号仅见于清前和清初。起初直接加于获封之人的原名之下，后来则改加于本人原名之上。专称勇号可见于清朝各个时期。开始仅上加满语词冠于巴图鲁之前，清中后期开始使用汉字，仅限两字，通常称作"某勇巴图鲁"。"巴图鲁"之称在于表彰战功，获此称号者遍布各个等级，因此常有小官可得，大官却不可得的情况。然而在康熙至乾隆初年，虽然也有诸多大规模战事，但当时之名将却未有获此殊荣者。直至乾隆二十年（1755年），开始复授巴图鲁勇号，虽功勋卓著之人仍不易获得。到了咸丰、同治年间，巴图鲁勇号的赏赐逐渐变得非常频繁，比起之前的风气已截然不同。比如：鳌拜（oboi）（约1610—1669年），瓜尔佳氏，满洲镶黄旗人，清朝三代元勋，康熙帝早年辅政大臣之一。鳌拜前半生军功赫赫，号称"满洲第一巴图鲁""满洲第一勇士"。后半生则操握权柄、结党营私，结果被生擒之后，老死于囚牢中，为影响清初政局的重要人物。

再如：僧格林沁（蒙古语：Sengge Rinchen，西里尔字母：Сэнгэ Ринчен；1811—1865年），博尔济吉特氏，蒙古族，晚清名将，科尔沁左翼后旗（今属内蒙古自治区通辽市科左后旗双胜镇）人。他是道光皇帝姐姐的过继儿子，道光五年（1825年）袭科尔沁郡王爵，历任御前大臣、都统等职。封爵科尔沁郡王、博多勒噶台亲王。封号"湍多巴图鲁"。

晚清时期，由于内政腐败、国力衰弱，朝廷不得已将原本授予满族勇士的荣誉称号也开始向那些英勇善战的汉人赏赐，借此笼络人心，平定天下。孙开华获得皇帝御赐的"擢勇巴图鲁"称号，既是对他在平剿太平军中赫赫战功的肯定，也是孙氏家族的无上荣光，他在后来单独领兵打仗时就组建了以自己封号打头的"擢胜营"。更有来者的是他的儿子孙道义也获得了皇帝亲赐的"胜勇巴图鲁"称号（见本书第八章）。

同治三年（1864 年）四月十三日，孙开华获得皇上封号第 11 天，他接到命令率部火速前往江西参加围剿太平军余部的战斗。六月二十五日，孙开华所率"霆军"新中营到达江西东部的抚州。

此时太平军康王汪海洋①、听王陈炳文也进入了清军防御空虚而又粮物较丰的赣水东区，与不期而至的侍王李世贤一起，分踞金溪、东乡、宜黄、崇仁和南丰五县。侍王率部居前，对抚州、建昌两座府城形成长围之势，汪海洋等扎营金溪县西 60 里之许湾镇一带，为后路援军。

已授"总兵衔"的孙开华面对强敌展开了一系列军事行动，率部于 7 月 1—5 日削平双凤岭、许湾一带太平军垒。7 月 10 日，进攻金溪，克复之。7 月 14 日，克复南丰。7 月 21 日，克复新城县城。这一系列的军事行动，有力地推动了湘军对入赣太平军余部的军事围剿，也为孙开华晋升为"霆军"副五营统领奠定了坚实的基础。

8 月 4 日，"霆军"主帅、浙江提督鲍超在宿松知县黄开元向导下至许湾相度地势，乘夜分路设伏于灵谷山、黄鳝岭各要隘。次日天明，水陆马步大举入犯，直攻营门；汪海洋自恃兵多将广，当即摆开阵势迎拒。鲍超遣军从间道出富塘冈，袭汪军背后。汪海洋亲赴前线指挥，将鲍超先头部队击败。战斗异常艰苦，双方死伤严重。此时大雨倾盆，汪海洋统领的太平军驻处低洼，水涨没营，鲍军乘势攻入，双凤岭营垒先破。接着，硫璃岗、九子岭、北岸岭、神岭各垒亦毁。由于营盘被淹，约 2 万多名太平军被迫出垒接战，被敌冲为数段，人

---

① 汪海洋（1830—1866），太平天国晚期著名将领，有太平天国后期"擎天一柱"之誉。安徽全椒人。早年参加太平军，隶属石达开，1857 年随石达开出走。1860 年随保王童容海、朱衣点等脱离石达开，从广西取道江西与忠王李秀成会师，进军浙江，攻克杭州，镇守余杭，受封为康王。1863 年击败清军蒋益澧部。1864 年杭州失陷，随侍王李世贤进军福建，攻克漳州。1865 年，在镇平刺死李世贤，独领其军，与清军转战于闽、赣、粤边界的平运、长宁、定南、平和、兴宁各县，后在嘉应州战死，史学家范文澜认为标志"太平天国彻底地失败。"

马杂沓蹂践，伤亡惨重，雨水和着"赤血泉流，浩浩有声"。许湾一战，汪海洋72座营垒被毁，损兵至半，遗弃军械米粮山积，元气大伤。

就在康王汪海洋与鲍超苦战之时，近在咫尺的太平军听王陈炳文却拥兵不救。不仅如此，他还乘汪海洋新败，串通宁王张学明、奖王陶金会等40多名将领打起白旗，8月13日，以6万部众、7000杆洋枪的实力在金溪之白杆村投降清军。鲍超对陈炳文的降军进行了遣散和整编，利用7000杆洋枪，封陈炳文位为参将，组建洋枪队三营，跟随"霆军"继续南下闽、粤，参与了追剿侍王李世贤、康王汪海洋的战斗。

许湾惨败，汪海洋率领余部5万余人南下，于9月攻占瑞金，其时，与之呼应的侍王李世贤、来王陆顺德等已离开赣南，转战粤、闽边界，汪海洋势孤难立。9月13日，湘军主帅曾国藩、水师统帅杨岳斌①颁给孙开华奖武银牌一面。15日，鲍超授命孙开华统带"霆军"副五营，并追汪海洋至瑞金城下。汪海洋遂于10月初放弃瑞金，北攻宁都，拟迎接已进至铅山、新城一线的太平天国幼主洪天贵福和受命扶孤的干王洪仁玕等。惜干王、幼天王相继兵败被俘，未能如愿。

年仅24岁的孙开华已经升为"霆军"分统领，率领副五营官兵追敌于宁都，并亲手擒斩太平军120余人。

2. "霆军"转战闽粤

1864年10月以后，自江西相继转战至福建的太平军江南余部有侍王李世贤部，天将丁太洋、林正阳部，来王陆顺德、东平王何明亮部，康王汪海洋部。其时，由于接纳了不愿跟随侍王入粤的三江两湖

---

① 杨岳斌（1822—1890），原名载福，湖南善化（今长沙）人，晚清湘军水师统帅。杨岳斌行伍出身，曾参与镇压新宁李沅发起义。咸丰三年（1853年），随曾国藩创建湘军水师，任右营营官，此后多次与太平军交战，屡立战功，累升至福建水师提督，赐号"彪勇巴图鲁"。同治年间，与曾国藩、曾国荃定计合围南京，围剿长江两岸，镇压太平天国，授陕甘总督，赏一等轻车都尉世职。光绪元年（1875年），杨岳斌受命与彭玉麟整顿长江水师。光绪十一年（1885年），率军赴援台湾，协同刘铭传共御法军。光绪十六年（1890年），杨岳斌病逝，赠太子太保，谥勇悫。

籍战士，加上入闽时沿途又接纳了他部被打散的部队，汪海洋部众"共有一百八十五队，每队五百人，合计亦九万有余"。时人云，入闽太平军，以"李世贤之众为最盛，而以汪海洋之众为最强"。

太平军在福建声威浩大，清廷急令闽浙总督左宗棠南下镇压。1864年11月26日，左宗棠自杭州至福建浦城督师。派帮办福建军务提督刘典、记名按察使王德榜为西路，统兵12000多人由江西建昌入汀州；派提督黄少春、副将刘明珍为中路，统兵5000人由浙江衢州往延平；派提督高连升、知府魏光邴为东路，统兵4500人，从宁波乘轮船赴福州。其后续之道员康国器的子弟兵数千人，归入西路。

12月17日，左宗棠之主力刘典部绕赴漳平，进图南靖。汪海洋在南阳马洋塘设伏，由径道抄其后，大败之，毙清军副将以下官员多名，生擒同知李光莹。不料李光莹口舌若簧，说动天将罗章仙，于1865年1月5日率众1000余人叛逃连城，汪海洋追悔莫及。罗章仙还密告福建军务提督刘典，说太平军康王汪海洋想重返江西，却与侍王李世贤"不甚相洽"。

1865年春节之后，刘典大军再来进攻太平军，汪海洋接战不力，苦心经营的南阳等地失去。时值春荒，又复行军于荒僻之地，给养匮乏。2月22日以后，接连败于连城新泉、上杭等地，损失巨大。是以急图由永定去漳州，与侍王合力御敌。李世贤要汪海洋守卫龙岩，以抽出原守军来王陆顺德部攻打福州。但由于汪海洋执意北上江淮，一直不赞成李世贤的下海之计。不过，应李世贤之请，汪海洋于4月上旬拨精悍3000人赴漳州协助侍王打仗。4月10日，刘典等败汪部于永定、南靖间之下奎洋、梅林。4月22日以后，刘典、康国器分兵连日进攻龙岩、永定、南靖间之下奎洋等处汪海洋部。攻破下奎洋、中奎洋，以及茅畲、石祭等地营垒，汪海洋损兵6000余众。处于自己兵力吃紧之时，汪海洋亲赴漳州商议率原来相助之师折回本部之事。侍王李世贤强留2000人，不肯放行，因而产生不睦。不过，大敌当前，又有佑王李远继等从中调解，一度紧张的关系有所缓和。5月6日，康国器等攻奎洋、苦竹、梅林等处，汪海洋自大溪回援，败于东坑。苦竹、湖坑、大溪均失。5月8日，汪海洋率部南走广东大埔。原拟拿下大埔以为入粤门径，旋因攻之未下，遂返军奔回福建，"由平和间道趋永定以俟李世贤"。5月23日，李世贤大队来到永定，因清军阻于流经县治之大洲溪，不敢北上，退驻下洋中坑。5月24日，汪海洋撤离永定，会李元茂等走上杭中都。5月26日，清军刘典部、康国器部大至，兼之溪水迅涨，所搭浮桥三座被水冲毁，李世贤部主力抢渡失败，队伍大乱，在清军的进攻下，迅速土崩瓦解，被杀害、淹没者万余，降者数万。李世贤只带了10余名亲随，落荒而逃。

汪海洋在中都停留，等候侍王李世贤，可是久候不至。6月4日，提督刘典率部进攻中都，汪海洋退走武平。不久，仍遵李世贤前议，汪部及其他各部太平军全部退出福建，进入广东。

永定塔下战后，李世贤部众溃散，主帅下落不明，统率全军继续抗战的重任，几乎全落到了汪海洋肩上。

1865年6月14日，汪海洋率主力自福建武平的下坝涉河抢渡进入粤东。15日，大败粤军郑绍忠、周升部，毙郑营骁将徐桂祖以下1000多人，攻占镇平（今蕉岭县）。是时，先期入粤的来王陆顺德等部正在大柘、石正、超竹一带，恰好与镇平成掎角之势。16日，曾经投降鲍超的太平军将领欧阳辉、黄矮子率领义勇数千，亦由湖北经江西，千里迢迢赶来归附汪海洋。汪海洋命他们驻守镇平西南，以卫城池。汪海洋的老对手康国器上书左宗棠称汪"虽临败势而不馁，犹作困兽之斗。此悍贼用兵诡黠，忽退忽攻，飘忽无定，颇有昔日四眼狗（清军对英王陈玉成的污称）之故技，不可轻敌矣。若汪贼一军谙熟闽粤边区地形，又得莠民会匪援助，则更难剿灭也"。

镇平地处万山丛中，两河夹绕，可据险为关，因河为堑，易守难攻。但地瘠民贫，军食难济，不宜常驻。侦知嘉应州敌军稍单，汪海洋遂于7月10日、11日，集兵强攻白渡敌营，拔之。都司林保只身逃往嘉应。15日，汪海洋进攻嘉应州城未克撤回。

是时，清军大至。左宗棠定长围坐困之策。令贵州按察使席宝田、提督娄云庆由大柘以断其西；提督高连升、黄少春壁分水坳以截其北；道员康国器扎营高思以绝其东；粤军总兵方耀等扼新埔以御其南。他们分地筑围，坚壁清野，力图把太平军困死饿死。但由于来王陆顺德等活跃于粤赣闽边，与镇平通声气，使清军难以合围。

为与陆顺德部相呼应，汪海洋自东线回撤之后不久，转攻北线。7月28日晨，汪海洋亲率大队出征：一由分水坳出广福乡攻岩前黄少春营；一由分水坳出左路山谷剿猪股坳高连升垒。由于左路受挫，汪海洋自岩前驰来援助。7月30日，汪海洋偕李远继、李明成、何明亮以及霆军"叛勇"，众约数万，仍逾分水坳，裹粮以进。但清军躲在营盘里坚壁不出，太平军逼近攻垒，清军排炮轰之；太平军后辙，敌军又寂然不动。太平军与之对峙至晚，不料"后院失火"，不得不连夜退军赶回镇平。

原来，在汪海洋等出征时，留陪王谭富负责守城。可是谭富早有降敌之意。此时，乘汪海洋等出征之机，密遣亲信赴康国器营输款，谋献城以降；康国器令其图汪以报。汪海洋连夜赶回，控制了局面。谭富阴谋败露后，拥众3000余人，于8月12日离城出走。汪海洋派兵遣截，将其打散，谭富仅余1000多人逃至敌营缴械跪降，当了可耻的叛徒。吸取这一事件的教训，亡羊补牢，汪海洋留城坚守，暂不出击，并采取一系列防患稽察措施，以稳定内部。

3. 李世贤镇平遇刺

就在此时，一度战败的侍王李世贤闻讯而至。汪海洋喜出望外。原来，永定大败，时在上杭中都的汪海洋曾派员四处打探侍王下落，并以"救护不力，应即议罪"，锁拿了侍王部下老王宗李元茂。汪海洋是6月15日攻占镇平的，时至7月5日仍不见侍王踪影，以为必死，遂治李元茂之罪，将其按律处死。但出人意料的是侍王并没有死。永定溃败之夜，他逃匿山中，蓄发变服，昼伏夜出，竟于8月19日只身来到镇平。汪海洋得报，当即带领众将，列队郊迎，并马入城。当时，康王府设在荣录第，而将李世贤安排在隔壁之大禾坪下榻，相待甚优。据清方情报，"嗣李世贤旧伙各头目闻李逆至，纷纷往见。李逆复屡次索还旧党，汪逆不许，始怀疑忌。李逆与旧党以汪逆不肯分兵，必怀不善，又畏其狠鸷，密谋刺害，为汪逆所觉，于七月初三（公历8月23日）夜间，饬令心腹将李逆刺毙，并杀其旧党伪王宗、天将、朝将五人"。复将其首级传示各部，宣告："侍王心怀二意，欲投降妖头，吾不得已而下令诛之，以绝后患。"

　　显然，汪海洋派人刺杀李世贤，有着迫不得已之苦衷。至于他宣称侍王"心怀二意"，看来亦非无因。前此，陈炳文等40多名将领在金溪投降鲍超的禀帖中谈道："伪侍王李世贤及各逆首均欲投入帐下，以效犬马。"稍后，天将林正扬捆绑来王陆顺德作为见面礼投降高连升时亦谈道："侍逆久欲丢旗归顺，只求赦死罪，愿回广西故里。"他们与李世贤共事多年，其言应属实情。发人深思的是：刺死侍王，并未发生大的分裂，更未像1856年天王诛杀东王那样，陷入内战，血雨腥风。相反，偕王谭体元等重要的两广籍将领均表示理解和支持。谭还"斡旋将士间者十数日"，做了许多团结内部的工作。大家决心同汪海洋合力与"清妖"决一死战。汪海洋对李世贤亦仍示敬重。在此后转战至江西定南厅所发布的安民告示里，仍尊称李世贤为"侍王"，尊称李部为"侍王大军"。

　　不过，太平军的内部纷争毕竟给镇平战事带来了不利的影响。一个失利接连另一个失利。9月3日，汪海洋督奉王黄十四、东平王何明亮、天将胡永祥率大队猛攻程官埠、高思，苦战一日，未分胜负。次日再战，汪海洋在高思中伏，战将汪大力阵亡，黄十四伤腿坠马，汪海洋左腕中枪受伤，全军大乱，亡2000余，汪海洋痛哭败回。不久，来王陆顺德被叛徒捆缚献敌的消息传至军中。

　　来王陆顺德、天将林正扬、列王黄宗保、洪桂芳等数千人，是作为先遣部队率先由闽入粤的。汪海洋攻占镇平后，令其为游击之师作战镇平外围。先在赣闽粤边。8月28日夜，奔袭成功，攻占长乐（今五华县）。长乐居嘉应州城西南，与镇平对峙，是当时的战略要地。闻陷，潮州总兵卓兴①当即自嘉应卷甲奔来，昼夜攻城，并于暗中诱

① 卓兴（？—1879），又名卓花开，广东揭阳县棉湖卓厝巷人。少年身材高大，喜结朋友，常耍拳弄棒，武艺出众，成为群首。清道光年间（1821—1850年）到钦州投军，由于胆智过人，骁勇善战，在广东、福建、江西一带作战中屡立成功。历任本镇营平司、虎门水师副提督，受朝廷赐顶戴花翎和"格良叶巴图鲁"的勇号。后封为潮州总兵，并赏赐三代一品封典。同治元年（1862年），建卓府于潮州（现为潮州市文物保护单位），同治七年（1868年）他告病辞官，光绪五年（1879年）终老于潮州。

降。守军一面坚守抗击，一面"以蜡书乞援于汪。是时，镇平之围方急，汪虑出而致败，复书嘱其固守，而缓其援"，处置切实合理。但黄宗保、林正扬则心理上承受不住压力，决定降清。9月16日，黄宗保降敌。9月20日，林正扬击杀陆顺德、洪桂芳之亲兵100余名，将二人捆缚献敌，肉袒跪城下降于卓兴，做了千古罪人。11月9日午刻，陆顺德、洪桂芳被清军押解至广州凌迟处死。

长乐失势，镇平势孤，清军并力压至。9月27日，清总兵方耀①来攻，天将刘添保战死。9月28日，清军大败天将胡永祥于石古排，天将张祥顺降敌。是夜，胡永祥诈降，清军佯许之，乘夜薄营，胡退，清军直逼县城。

先是长乐不守，汪海洋知长围必合，即裹粮捆载，做好了转移的准备。到了湘军围城之夜，汪海洋乃偕谭体元、黄十四、李明成、何明亮等王以及天将胡永祥率大队分三拨向西北撤离。胡永祥前驱先路，诸王护卫辎重老幼居中，汪海洋率亲兵精锐断后，出走平远。佑王李远继向梅子畲、"霆军"反水"义勇"经大寨，均如约赴平远。

1865年9月29日，清军重新占领被太平军天国康王汪海洋苦心经营了百余日的军事要地镇平县。

**4. 汪海洋兵败嘉应州**

退出镇平，汪海洋率部经平远至和平。和平知县钱延寿闻风弃城出逃，太平军不战克之。旋弃和平转入兴宁县境。途经平远时，尾追之敌咬得很紧。汪海洋于谷口设伏，张两翼待敌进入伏击圈，一举挫之。清军执迷不悟，仍以大队人马穷追，自以为可以一举全歼。6天6夜之后，敌已疲惫不堪，汪海洋在当地老百姓的支援下，于兴宁之黄陂墟、罗冈隘、白水寨等山径丛杂之地，设下埋伏，张网以待。

原来，自入粤以来，汪海洋就与这一带的土匪有联系，互相扶掖。此次转移，更得到他们的直接配合。10月2日，黄陂墟土匪打了清军的运输队，毙敌100余名，将敌辎重军火，尽行截获。10月3

---

① 方耀（1834—1891），又名方辉、方照轩，广东普宁县洪阳西村人。出身行伍，以剿太平军发迹，官至广东水师提督。

日，高连升仍率队先行，康国器之子康熊飞继之。他连发探马向前侦探，不见太平军踪影。"询之土人，佥称贼众连夜狂奔，已至崖下，相隔六十余里"。康熊飞等疾驰十余里，见沿路山势峻恶，树木阴翳，人马不能并进，遂且疑且行，未数里，忽闻前面炮声大作，康熊飞知高连升一军业已被围，即催其军速进。正在这当儿，太平军数千从两边山坳冲出，汪海洋率黄衣、红衣精锐层层逼裹而上，将清军分割包围，歼其大半，余部沿来路败退，忽埋伏在白水寨及沿途各土堡的太平军尽起，后面土匪亦齐声呐喊，声势如潮，直抄清军后路。康熊飞策马突围，狼狈而逃。高连升军死亡数千，康国器军死亡精悍数百，受伤更多，士气顿丧，不复成军。

重创强敌，割掉尾巴，汪海洋缓辔而进。由兴宁县经龙川县跃入江西定南厅。据说，汪海洋再度入赣，仍有绕道湖南北上之意。但因敌已派重兵设防，难达目的，遂改变初衷，折而回粤，经和平、龙川、兴宁，10日行程千里，转攻清军防御空虚的嘉应州①（今梅州市）城。

1865年12月8日黎明，闻太平军将至，嘉应州知州程培霖弃城而逃。太平军前锋马队百余人至城下，见城上空无一人，呐喊而入，擒斩游击英秀，安抚黎庶。日暮，汪海洋大队人马到达。当夜，四面出击：东路至西洋、分水、金盘、丙村等乡，南路至水南、南砂嶂、长沙圩、白水石祭等乡，西路至南口、大乍、小乍、大坪、龙虎圩等乡，北路至象村、石扇、癸岭等乡，扫荡团练、征集军粮。此后，又接连数日，鸡鸣而出，日落而返，在城周方圆20里至30里内，"穷搜大索"。与此同时，修城浚濠，建栅实隘，竖立望楼。抓住难得之机，备战休整。

汪海洋统领的太平军攻占嘉应州府之举，可谓"兵贵神速""出

---

① 嘉应州，清雍正十一年（1733年），程乡升格为直隶嘉应州，统领兴宁、长乐、平远、镇平四县加上本属的程乡县称"嘉应五属"，直属广东省辖。嘉庆十二年（1807年）升嘉应州为嘉应府。嘉庆十七年复为嘉应州，仍领兴宁、长乐、平远、镇平四县。宣统3年（1911年），嘉应州复名梅州。民国3年（1914年）废州府制，梅州改名梅县。嘉应州自建县以来就是粤东北的政治、经济、文化中心。

其不意"，过了半个月，清军才摸清汪海洋部的行踪并追了上来。1866 年 1 月 7 日，汪海洋乘清军乍到，立足未稳，率部袭击白宫市，打败粤军。1 月 10 日，又在双桥重创高连升、刘清亮部清军，击杀知县汪遇元等文武官员 17 人，连拔清军营盘多座，给了清军一个下马威。

　　1 月 16 日，清闽浙总督左宗棠衔命率亲兵 800 人，由福建漳州星夜赶至广东大埔，越境督剿。鉴于前车，左宗棠令行"锁困聚歼之策"。并密授机宜，令各路人马"营垒宜若断若续，若即若离，毋使贼觉，俟各军齐聚，克期并进"。约 1 月下旬，大包围之势形成。左宗棠亦由大埔移驻松口，就近督队。

　　面对日益严峻的态势，汪海洋依然沉着应战，乘隙出击，与敌迭次血战。此时，清军不断肃清嘉应州的外围营垒，迫使汪海洋放弃外围防御，退守州府城内。1 月 28 日，汪海洋决定"破釜沉舟"与围城清军决一死战，分兵三路出兵：汪海洋督率数万大军，猛攻塔子坳；另派一军潜入深坑、蔡岭等处，抄敌后路；再派一支由黄抗出击，牵制丙村、井塘之敌。湘军主力刘典部全力抵挡，太平军前仆后继，英勇奋战，鲜血染红了道路和溪涧。但由于作战计划事先已被叛徒奉王黄十四泄露，并潜于军中，刘典又从叛将丁太阳处得知汪海洋每战必身先士卒的内情，命丁太阳带领清军设置枪炮侧击。当汪海洋骑马督前队，丁太阳一眼望见康王汪海洋出现在队伍前面，指示清军集中抬枪数十击之，"枪炮齐施，子如雨注"，子弹从头左穿出两眉之间，当即坠马，战马将其驮回州城。

　　这是一次做了认真准备的关键性战斗，事关太平军能否扭转战局。由于军情事先被内奸泄露，清军有备而战，使太平军的战斗处处失利。

　　次日，即 1866 年 1 月 29 日，汪海洋不治身亡，年仅 36 岁；殁后，四门出殡，葬于嘉应。

　　汪海洋牺牲后，清军再度围困嘉应。太平军诸将推举偕王谭体元继主军事，击败来攻的清军。终因孤城难以久守，太平军遂乘隙潜师而出，东南走黄沙嶂。黄沙嶂丛山菁密，太平军在山中迷路，数日不得出，将士皆饥疲不堪，遂为鲍超统帅的"霆军"追及。

在这场追击太平军余部的系列战斗中，孙开华战功卓著，于同治五年（1866年）1月23日，孙开华交军机处记名，遇有提督总兵缺出，请旨简放。26日，李鸿章上"霆军"肃清江西匪徒之摺。4月13日，赏加提督衔，给封典。5月8日，补授漳州镇总兵。6月11日，兵部递到孙开华任漳州镇总兵文件。

这一年，孙开华26岁。

### 六　结怨尹隆河

尹隆河①之战又称"尹隆河战役"，是清军围剿捻军的一次关键性战役。这场战役对于我们的主人公来说无足轻重，但是，却是湘军与淮军结下梁子的重要转折点，因此本节的标题用了"结怨"二字，对于孙开华的影响是在他指挥湘军取得沪尾大捷之后，受到淮军将领刘铭传的严重打压。这是后话。

#### 1. 曾国藩主导剿捻

捻军是伴随着太平天国起义在长江以北地区兴起的一支农民武装力量。清廷对于捻军围剿初期，因主要进攻方向在于太平军，而对剿灭捻军投入不够。一旦太平天国势萎，清廷即将重心转向两淮捻军。僧格林沁指挥剿捻全局，一改以往双管齐下策略，对于旧日首鼠两端的苗沛霖也坚决剿除。于两淮之地大施屠戮，对捻军穷追猛打，曾于霍山黑石渡大破捻军和太平军余部联军。僧格林沁更加骄狂，自以为倚仗满蒙马步队便可剿灭捻军，一再拒绝调动湘淮军增援，曾、李等人也以满臣轻视汉臣之故，有意掣肘。僧格林沁所部为新捻军牵着鼻子于豫皖鲁地区打转，终于自取兵败杀身之祸。1865年4月，张宗禹率领捻军全歼僧格林沁马队一万余人，杀僧格林沁及内阁学士全顺、总兵何建鳌、额尔经厄等文武官员多人。此为捻军史上最大一次胜利。清廷大骇，急调曾国藩为钦差大臣，命其率湘、淮军北上攻捻。

---

① 今湖北省京山境内，又名永隆河。

曾国藩接任钦差大臣主持剿捻大局后，其根据剿灭太平军的经验，认为新捻军已是不同于以往他所遇到的对手，决不能重蹈僧格林沁盲目穷追的覆辙，而改为"以静制动"的方略。

其一，重点设防。强调应在新捻军"必经之途，驻扎重兵，变围追之举为拦头之师，以有定之兵制无定之贼"。使新捻军的行动受到限制，阻止其流动。

其二，建立马队。对付快速机动的新捻军，唯有以建立具有相同机动能力的马队才能奏效。以骑兵为主的几支游击之师，加上洋式枪炮的装备，利用经常调换、相互交替，或为守军，或作游击的特点，不断地打击、骚扰新捻军。

其三，修筑圩寨。在新捻军活动频繁之地，强调利用地方士绅组建团练构筑圩寨，坚壁清野，清查捻余。

这几个方面，有战有守，相互呼应，遏流清源，密切配合，甚是狠毒。然而，计划虽佳，执行起来却是困难重重。所隶各部多非曾国藩旧部，指挥不灵，多方掣肘。作战地域多是平原地带，不利于各部驻守防御。曾国藩鉴于此种情况，又重新修改方略，提出"聚兵防河"的计划，以地利阻遏新捻军的往返流动，逐步缩小作战区域，以便形成包围圈。怎奈计划尚未完全实施，所谋划的河防即被新捻军突破。

1866 年（清同治五年）10 月 21 日，新捻军为打破曾国藩"以静制动，重点防河"的平捻计划，联络各路反清义军，实施经略根本的决策。于河南许州（今许昌）兵分两路：梁王张宗禹率领所部西入陕西，联络回民义军，称之西捻军；遵王赖文光、鲁王任化邦等率部东向山东，前往运河以东地区，以便筹粮扩军，称之东捻军。至 12 月 2 日，历经数十战，东捻军无法攻破清军的运河防线，只得转趋河南。12 月 3 日攻打归德府不成，旋即南下，一路转战，突破曾国藩原设的贾鲁河—沙河防线，12 月 22 日到达湖北麻城地区做休整补充。这时，东捻军的战略企图是以主力循荆州、宜昌挺进四川，以一部屯驻湖北为声援，另一部攻占豫、陕交界之荆子关，联络西捻军，然后以图川蜀之地为根基，可北出汉中、东向湖湘、西入云贵，逐步扩展力量，重建太平天国；若各部皆不得手，则入荆子关以趋陕西，结合西捻军和回民军在陕西建立基地。

2. 李鸿章主导剿捻

清廷鉴于曾国藩劳师无功，已于12月7日将曾国藩撤回两江总督原任，另委李鸿章为钦差大臣，节制湘淮两军，专办剿捻军务。李鸿章上任伊始，仍遵照曾国藩的攻剿方略，但加以改进。提出"扼地兜剿"的策略：将东捻军"困于山深水复之处，弃地以诱其入，然后各省之军合力，三四面围困之"。他将各部分为堵击之师和兜剿之师，加强围追堵击。同时加强对捻军内部的分化瓦解，以执行其平捻方略。眼看东捻军进入湖北，李鸿章议定"重整沙、贾两河之防，困之西路山多之处"的计划，在大洪山、桐柏山、大别山以南和长江、汉水以北布下天罗地网，调动不下十万人的部队进行堵击。具体部署为：

（1）北路：以其六弟员外郎李昭庆部淮军驻汝宁、信阳，阻住东捻军北上通道。

（2）西面：令提督鲍超率霆军由河南南阳进至湖北襄阳，总兵宋庆与副将蒋东才率豫军防守枣阳，将军巴扬阿部马队、提督江长贵和蓝斯明部、水师总兵左光培部自汉水沿岸布防，防止东捻军西渡入川或西北入陕。

（3）东面：安徽巡抚英翰、总兵张得胜等督率皖军驻六安、霍山一带，扼住趋皖之路。

（4）南面：以前任湖广总督官文驻防武昌，兵部右侍郎彭玉麟率长江水师守备黄州一带，防东捻军南下。

（5）以提督刘铭传、按察使刘秉章、总兵周盛波和张树珊部自河南分路入湖北，与湖北巡抚曾国荃、提督郭松林、记名布政使彭毓橘、记名提督伍维寿、熊登武部湘军组成兜击部队，决定在湖北消灭东捻军。根据李鸿章的部署，各路清军对东捻军形成了"三面兜围，南阻江、汉，笼山络野，已入阱中"之势。

3. 东捻军两败淮军

东捻军面对清军强势，还是采取快速机动的战术，经黄冈、黄安南下新洲、黄陂，1866 年（同治五年）12 月 26 日威逼武汉外围后，转而疾走孝感。次日连克云梦、应城，随后转向德安，伺机歼敌。12 月 29 日，郭松林所部淮军 8 营人马尾随而至，东捻军于当夜三更出兵劫营，以作试探性袭击，郭松林分兵三路打退了东捻军的进攻。东捻军见敌势颇强，便用老战法"以走疲敌"。次日转据天门，郭部紧追不舍。1867 年（同治六年）1 月 1 日，东捻军在天门皂市设伏打击了郭部追兵后，又于应城、京山、钟祥地带与追兵兜圈圈，拖疲郭松林所部。1 月 5 日，郭部进至京山臼口。6 日，双方有所接仗，东捻军前锋被击退。同日，彭毓橘部也至卢家寨和东捻军一部交仗，东捻军被击退。8 日，东捻军与郭松林、彭毓橘、伍维寿、熊登武等部清军战于臼口及附近地区，阵毙总兵张凤鸣、副将钟光斗、游击杨爵发等。9 日夜，彭毓橘出兵袭击，东捻军将领陈槐邦率马队 153 人、步队 400 余人降清，东捻军放弃臼口，佯败退走罗家集。

郭松林领军占据臼口后，具此判断东捻军已成惊弓之鸟，便乘胜追击。1867 年 1 月 11 日，兵分三路直奔罗家集。在行进途中，遭到东捻军伏击。东捻军魏王李蕴泰率领马队包抄两翼，赖文光率部袭击清军后队，任化邦正面挡住清军。"马步抄裹，越集越厚"，经半日激战后，左路清军首先溃败，总兵曹仁美、谢连升相继阵亡。郭松林自率中路大军来救援，也被包围。战至夜间，郭松林身受七处刀枪伤，为东捻军所生俘。因左脚被打断，无法行走，又不识他身份，而将其弃于路边。三更时由其部下背负逃走，其弟副将郭芳鉁被击毙。除右路沈鸿宾部退入村庄筑垒防御数日后，为老湘军彭毓橘部解救得脱外，郭部被歼灭近 4000 人。

东捻军乘胜逼近安陆，于钟祥县至臼口间结筏抢渡汉水，被清军一部阻击未能渡过。1 月 16 日，东捻军于钟祥沙港与彭毓橘、熊登武、谭仁芳部激战，击毙清军副将颜光杰、左得胜、参将邓志鳌等；但清军拥有劈山炮等强大火器，东捻军伤亡 3000 余人，只能败退。次日，转进至安陆新河又与总兵刘维桢所部激战无果，返回天门、京山，20 日于应城和提督姜玉顺部遭遇，转至云梦。26 日，东捻军于德安胡家店遭遇淮军周盛波、刘秉章两部，鏖战八个小时，马步队轮番冲击，不能取胜。只得转向西北方向的应城杨家河东岸屯扎。淮军总兵张树珊部赶至王家湾，求战心切。淮军诸将领"皆言贼悍且众，不可轻发"。张树珊此次由豫入鄂，只因不愿做驻守之师，坚请所部为游击之师，因而急于求战，大斥诸将"畏贼如虎"。遂不听诸将劝告，带队急追至杨家河。见东捻军屯营于河对岸，便将所部6营分为左、右两翼，自率步队居中，马队游护于外，擂鼓过河攻击。东捻军一见淮军有轻敌之态，便佯败而走。张树珊率部恃勇轻进，追至舒家埠，东捻军以大军抄其后路，分割包围。树军久战无援，前后分割，陷入重围。战至深夜，张树珊率亲兵营200余人尤死战不退，所乘之马立于积尸之中竟不能行，其转而下马搏斗至死，所部皆败亡于杨家河倒树湾。张树珊为淮军勇将，有"血性忠笃，治军精强，作战凶悍，常为军锋"之誉，其部的覆灭使淮军各部莫不心伤。郭松林及张树珊两军相继被歼，对清军各部是教训深刻。曾国荃即言："子美（郭松林）受挫于前，海柯（张树珊）阵亡于后，二人皆戎行健将，悉中贼之诡计。各军于勇锐之中，仍寓稳慎之意，庶可以策万全也。"

东捻军倚仗连胜之势，人员装备均得到大量补充，军力急增，号称10万。清军各部则胆战心惊，不敢撄锋。然而，刘铭传所部淮军入鄂后赶至德安，自逞其勇，试图报复。2月5日和东捻军遭遇，东捻军被刘部击退后走襄阳王家集，转至霸王山等地，仍旧不能渡河，再经枣阳折回钟祥，屯扎于京山尹隆河附近。尹隆河在汉水东岸，臼口镇一段江面较窄，水流较慢，适于渡江。且土地肥沃，物产丰盈，粮食供应容易解决，东捻军决计与此稍做休整，待机消灭追兵后，渡过汉水。清湖北巡抚曾国荃根据当时态势，依照朝廷上谕所提出的"歼贼于唐白河、襄河之间"的要求，调遣彭毓橘、熊登武、谭仁芳、刘维祯等部防守东路皂市、九里冈、永兴市、天门一带；豫军蒋东才部守备北路随州茅茨畈；淮军刘秉章、周盛波部守京山，淮军李昭庆部由河南信阳赶赴京山宋河镇，防备东北方向；总兵左光培率水师巡防江汉水路；以淮军主力刘铭传部20营10000余人和湘军霆军鲍超部32营16000人为攻击部队，企图将东捻军围在臼口地区，四面夹击，聚而歼之。

### 4. 尹隆河之战

1867 年 2 月 18 日，铭军追至京山下洋港，侦察到东捻军驻地，鲍超亦率霆军到达臼口镇。刘铭传致函鲍超相约次日兵分两路，霆军从臼口自西向东、铭军从下洋港由北向南，两面夹击以收全功。东捻军也探知清军动向，利用湘淮两军之间的矛盾和刘铭传求胜心切的心理，遵王赖文光便设计以箭射书于刘铭传："鲍妖勇略，非汝所及，汝何不与鲍妖合，至明日辰刻同来战，顾以孤军驻下洋港，宁非送死?"[①] 刘铭传得信大怒，以为捻军轻己，又与鲍超积不相能，遂不听右营统领唐殿魁苦劝，决计爽约先战。

19 日清晨，刘铭传指挥淮军提前一个时辰全军尽出，以前后马队，夹护步兵辎重，浩荡南下。到了一处名叫宿食桥的地方，刘铭传驻马等候谍报。两三拨哨探接踵报告，说是捻军仍在尹隆河对岸，未见动静，似乎对官军提前出击，尚无所知。刘铭传立即下令，以王德成、龚元友二营兵力留在宿食桥守护辎重，余下十八营的依照原来的计议，全数渡河，分作三路，齐头并进。右军攻击尹隆河北岸的杨家洚任务最重，刘铭传特派他最为倚重的记名提督唐殿魁担当。左军统带是记名布政使刘盛藻，中军则由他自己亲自率领。这一带湖泽纵横，楚天辽阔，又当冬季水浅，更便驰驱。刘盛藻的左军先到河边，人马涉水而过，接着中军也渡了河，拉开队形，向前直冲。东捻军以少量步队正面迎战，刚一接战，又作不支而退之状，引敌来追，千余马队向北包抄袭击铭军后路。刘铭传唯恐后路辎重有失，遂抽出三营马步队回援，仍以十五营兵力分三路攻击，使得力量更加分散，首尾不能相顾。捻军也分作三路迎敌，荆王牛宏升在西、鲁王任化邦在东，遵王赖文光和魏王李蕴泰居中策应。铭军中刘盛藻的左营部队较弱，而东捻军以任化邦一股马队最强悍。这最强的正好碰着最弱的，刚一接触，刘盛藻左营就稳不住阵脚向后退了。左军一退，导致中军侧翼暴露。刘铭传一看这情形，急从中路调派黄桂兰、张士元、李锡

---

① 程郢秋:《翠岩馆笔记》，转引自盛巽昌《尹隆河之败真相——兼谈赖文光在捻军中地位》，《安徽史学》1990 年第 1 期。

增三营救援，但无济于事，刘盛藻部被打退过河，增援的副将李锡增也中枪而死。东捻军中路的赖文光和李蕴泰所指挥的步队竟也一时攻击不动铭军的中营，正在有些踌躇之时，忽见东面尘烟大起，捻军之众亦无不精神大振。东面来的正是任化邦的马队，一部分渡过尹隆河去追击刘盛藻的败兵，一部分由任化邦亲自领着来攻刘铭传的中军。拦腰侧击，形势最利，等刘铭传发觉，已颇难应变——任化邦的马队飘忽如风，转眼迫近，铭军中营被拦腰冲为两段。后一段溃散，前一段恰好遇着赖文光和李蕴泰指挥的东捻军步队迎头痛击。中、左两军都垮了，右军唐殿魁却打得很好，轻易夺下杨家泽，渡河击退牛宏升一股，正遇着任化邦侧攻中军，便率部火速来援，阻遏了东捻军的攻势。然而这一挡却使他自己成为众矢之的，中、左两军死的死、逃的逃，捻军三路合而复分，一半渡河去追残敌，一半对付唐殿魁一军。东捻军数万人，重重包围，渐渐逼紧，唐殿魁率部拼力死战，直至短刀肉搏，身负重伤倒地为东捻军马队踩死，麾下记名总兵田履安，副将胡衡章、吴维章、刘朝珣等也力战阵亡。铭军整个儿崩溃了，刘铭传此时方寸大乱，只由两百余亲兵拼死保护着，欲在乱军中夺路而走，然而始终突不出去。刘铭传和他的幕僚及亲兵，陷在重围之中，以为无法逃生，索性脱下冠服，退入废窑，"俱脱冠服坐地待死"①……

　　忽然间有人大喊道："霆军，霆军！"但见北来的霆军，如大海潮生，初看不过一线，等听出人喊马嘶，已如怒潮澎湃，转眼迫近。鲍超的性格跟宋朝党太尉是一路人物——胸无点墨、口无遮拦，但要是以为鲍超作战鲁莽就是大错特错了。霆军其实已按时到达战场外围，鲍超发觉淮军和东捻军已经开打，他对战况也还不甚明了，只从探马的不断回报中，得知铭军逐渐处于下风。作为指挥员，鲍超有一个独特的习惯就是临战视察地形和了解战况，他会合手下的几个将领策马上了一处小岗，大家拿千里镜四处搜索，勘查战场态势。鲍超发现铭

---

① 薛福成：《书霆军铭军尹隆河之役》，中国史学会主编《捻军》（第一册），上海人民出版社、上海书店出版社 2000 年版，第 364 页。

军此刻纷纷溃败，"辙乱旗靡，驼马满野"。这时捻军两翼的马队渡河的还不多，大部分在尹隆河南岸对付唐殿魁右营残部，以及追杀四下溃散的左、中营铭军，但中路捻军渡河逐北的人数已有一两万，乌合蚁聚，遍野皆是。

而此时赖文光一见霆军将近，遂振臂高呼："今日斩刘捉鲍，长驱西上，一入四川、据巴蜀之利，一上荆子关、合梁王张宗禹攻陕西，洪天王事不足为也！"[①] 东捻军将士不由得士气大振，随即不顾疲劳，不整军阵，分兵三路猛攻霆军。"万马潮涌，奔腾而上"。鲍超见状也分兵三路应战，但每路又分主攻和策应，以提督唐仁廉部为左路，提督邓训诰部为援军；提督谭胜达部为右路，总兵杨谦万部为援军；他自领提督宋国永部为中路，提督曾成武部为援军；而以总兵杨德琛的马队为游击之师，迂回包抄东捻军的后路。唐仁廉为霆军中第一骁将，军中人称子龙、敬德再世，鲍超作战"专倚此人，不忍令其冲锋，每战只做接应，能打人所不能打，为人所不能为"。这次，事关全军安危，鲍超也顾不得了，一开战就拿出了自己的"撒手锏"。接着便是惊天动地的杀声，三路齐发，如排山倒海般压制东捻军。霆军纪律一向不佳，但赏罚极其分明，"临阵怯退者必斩！"各级将佐皆身穿头戴能表明自己品级的补服和顶子冲杀在前，士卒也个个奋勇争先，挺矛舞刀，迅如疾风，当者披靡。双方左、右两路最先接战，东捻军左、右两路接战不力，然中路军尤是拼命向前。鲍超亲自率领的洋枪队看东捻军将到射程以内，便即施放排枪，两排枪放过，中路的捻军阵脚就已支持不住。左、右两路的步队也涌上前去增援，还是无法取胜。任化邦和牛宏升的马队也渡河驰援，中路捻军越集越多，鲍超的开花炮左右交替着往疾驰而来的捻军马队中轰击，顿时人仰马翻，捻军的阵法大乱。这时杨德琛的马队已从远远两侧兜了回来，两翼齐张，千骑并发，不久便合而为一包抄截断了东捻军后路。东捻军前面迫于炮火，后面又有归路被断之虞，军心动摇。鲍超趁势督率各

① 张仲炘、杨承禧等撰《湖北通志》志七十三，武备十一，京华书局 1967 年版，第1685 页。

部冲击，会同杨德琛的马队，前后夹击。东捻军阵势大乱，由胜转败，全军溃逃，撤退时慌不择路，损失惨重。东捻军的营垒多在尹隆河南岸，东起洪水转折之处的多宝湾，以西是拖船埠、张截港等处共数百座。于是鲍超一面分兵翻回尹隆河北去追敌，一面扫荡营垒，东捻军的补给物资，除掉毁于炮火的，便都落在霆军手里了。东捻阵势全乱，转胜为败，全军溃逃，一万余人阵亡，八千余人被俘。霆军在十五日击败东捻后，接连几日昼夜不停追击东捻，又杀死东捻军一万数千人，俘虏四千余人，赖文光、任化邦、李蕴泰三人之妻也在被俘之列。东捻军自湖北再次进入河南，入川计划未能实现。尹隆河一战对东捻军军事上是个无法挽回的巨大打击，但东捻仍有相当实力，人力、物力的损失还在其次，更为重要的打击其实是在心理上使东捻主要首领认为自己无法击败霆军，丧失了实施入川联陕计划的决心，索性放弃了这一的正确战略方针，转而进入河南，继而进入山东运河区，最后招致覆灭。"此次尹隆河之役确为剿捻军兴十五年以来清方最大的一次军事胜利，当无疑问。"①

　　尹隆河战役，双方损失都很大，东捻军先胜铭军，后败于霆军，阵亡或溺死者几达万人，被俘八千有余。清军方面，刘铭传部损失大半，战后李鸿章将树军剩余 6 营兵马尽数补充铭军，铭军修整达两月之久。霆军阵亡将校有：候补总兵陈永康、王开国、副将刘金山、参将张金魁、游击李宏胜、李占彪等人。战后清点结果，霆军夺还铭军在宿食桥所失去的骡马数千头，洋枪四百余支，号衣八千多套，还有各种杂色军械，再加上十几颗红蓝顶子，二十多支花翎、蓝翎。另外两千多名陷入重围的铭军也被救了回来。

　　5. 战后余波

　　尹隆河之战是清廷围剿捻军的一次重大军事胜利，但是，这场胜利也为湘军和淮军两个派系造成了更大的裂痕。此前，湘淮军将领之间颇有芥蒂，湘军中战力最为强悍的是"霆军"，淮军诸营自程学启

---

　　① 李恩涵：《剿捻期间湘淮军间的合作与冲突》，《中央研究院近代史研究所集刊》1980 年第 8 期。

战亡后，"铭军"跃为劲旅。自淮军郭、张部相继败北，鲍超甚为轻视淮军，他"自谓宿将，自剿灭长毛以来战功最多。刘省三（刘铭传字）后起，战绩不如霆军远甚，乃亦比肩为一军总统?!"刘铭传自负"才气无双，不居人下"，认为"鲍春霆有勇无谋，仅偏裨之才，唯靠胡、曾所护至此耳，闻其名出己上，心尤不甘!"战前，刘铭传召集众将计议："度我军之力可以破贼，若会合霆军而获捷，霆军必居首功，人亦谓我因人成事，不如先一时出师，待歼此寇，使彼来观，亦当服我铭军之能战也。"① 正是因为刘铭传要争首功，遂使赖文光的激将法成功。刘铭传的战术指挥确实不怎么样，自以为是，分兵多路，后路空虚，一见东捻军分兵包抄后路，又慌不择路，再次分兵回援，削弱前军实力。鲍超虽是一赳赳武夫，却进退有据，虽也是三路对阵，但是每路又加强了接应部队，以防护侧翼的安全。一旦接敌，也非全是逞血气之勇，采用洋式枪炮以挫东捻之气势。加强两翼的攻势，以收钳形攻势之效。结果铭军惨败，霆军大胜。战后鲍超派人押着铭军失去的辎重和两千多名被救出的兵士，外加上在战场上捡到的刘铭传的顶戴送还到铭军大营，以此羞辱刘铭传。又致函李鸿章："省三殉矣。省三得头品顶戴，穿珊瑚细珠为帽结以示异于众，今获于贼手，其殆死乎?"给了淮军系统很大的难堪。刘铭传大丢面子，恼羞成怒，耍起无赖本色。一面参劾本家族侄、左营统领刘盛藻轻敌浪战，以示自己"大公无私"；一面倒打一耙，报称鲍超违约误期，将战败的责任转嫁他人。

主持剿捻军务的钦差大臣李鸿章也因鲍超致函羞辱淮系之故，加之有意袒护刘铭传，按刘所报上奏，以至于清廷严旨斥责鲍超："误由鲍超未照约会分路进剿，致令刘铭传骇退挫败，鲍超更不得辞咎。"鲍超原以为"功高，冀邀褒奖为荣"，根本没想到会受此严责。因此抑郁成疾，心灰意冷，回乡养病。这一年，鲍超年仅 39 岁，而捻军

---

① 薛福成：《书霆军铭军尹隆河之役》，中国史学会主编《捻军》（第一册），上海人民出版社、上海书店出版社 2000 年版，第 364 页。

尚未完全剿灭，李鸿章以钦差大臣剿捻统帅身份"六次咨催，五次函劝①"，但鲍超积愤难释，拒不应命，6月18日朝廷恩准鲍超开缺回籍。曾经叱咤风云、所向披靡的"霆军"也招致整编和遣散的命运。

1867年8月（同治六年七月）"霆军"原属32营奉令裁撤马队12营，步队6营，保留14营建制。命娄云庆另行招募步队9营名"霆峻营"，实际上是从其所裁马步18营中招募霆军旧卒，暂归湖北巡抚曾国荃节制，曾成武、杨谦万则调往江宁（南京）归属曾国藩指挥。其余未裁撤的14营步队士兵则由唐仁廉率领前往山东参加剿捻。以后宋国永官至福建陆路提督，娄云庆官至湖南提督，孙开华官至福建陆路提督，唐仁廉官至广东水师提督，曹志忠官至湖南提督，王衍庆进入左宗棠部。唐仁廉、曹志忠、江自康、黄中元等人则被李鸿章延揽入淮军，"霆军"被分解后湘系日渐衰落，淮系蒸蒸日上。

---

① 李鸿章：《筹军援鄂请促催鲍超前进折》，吴汝纶编：《李文忠公全集》奏稿卷十一，沈云龙主编：《近代中国史料丛刊续编》，文海出版社1980年版，第387页。

# 第三章

# 仕宦福建

## 一　漳州镇总兵

孙开华因其在霆军英勇善战、屡立军功于 1864 年加总兵衔，并授予"擢勇巴图鲁"封号。尹隆河之战后，因"霆军"主帅鲍超招致淮军首领的打压和朝廷的忌讳，着将"霆军"32 营裁撤了 18 营。另派"霆军"统领娄云庆赴安陆招步队 9 营，驻防湖北，次年因捻军平息而遣散。而霆军一些著名将领如唐仁廉、曹志忠、谭腾达尽归淮军马队，为淮军所用，独孙开华未归淮军，同治五年五月八日（1866 年 5 月 8 日）孙开华被授予漳州镇总兵一职。6 月 11 日，孙开华接到兵部要他出任漳州镇总兵的文件。在中国第一历史档案馆，我们查阅到"新授福建漳州总兵孙开华"《奏为补授福建漳州总兵谢恩事》①的奏折，时间为同治五年（1866年）十二月二十八日。

"总兵"一词来源于明朝初年，是镇守边区的统兵官，分总兵和副总兵，无定员。总兵官本为差遣的名称，无品级，遇有战事，总兵佩将印出战，事毕缴还，后渐成常驻武官。随着历史发展，其统辖兵士、编制定员、位阶皆无一定明确制度，明中叶后通常为公侯或地方都督兼任。至明末时，总兵是明朝的高级将领，全国不过 20 人左右（用今天的话说，相当于军区司令员，权力是非常大的）。清朝之后，军权归为各省巡抚、提督之文官，而听从巡抚、提督之

---

①　中国第一历史档案馆馆藏文献：03-4725-074

总兵武官则改为正二品，视驻地，统辖兵员多寡相差甚多，于数百名至一万五千名之间。一般来说，清朝于全中国设有总兵定员83名，其中，陆路总兵70名，水路总兵13名，统辖中国18省614防营约63万兵力。

这里的"镇"，不同于我们今天的"乡镇"，明清时期的行政体制，省下面是州府，但不是每个州府都有"镇"，而是在军事要地才设立"镇"这一军事机构，主帅称"总兵"，是古代"藩镇"的延续。

漳州，中国历史文化名城，是闽南文化的发祥地之一，早于一万年前就有先民在这里繁衍生息。唐垂拱二年（686年）建州，迄今已有一千三百余年历史。历史上人才荟萃，俊贤辈出。位于福建省东南部，东邻厦门，南与广东交界，东与台湾隔海相望。如今是中国的"田园都市，生态之城"，生态城市竞争力位居福建第一，为福建省生态先行示范区、国家级闽南文化生态保护区。

经历"尹隆河之战"和"霆军"的分化瓦解之后，主帅鲍超对当朝者极为怨恨，决然离开军营返回故乡。1867年6月18日，朝廷同意鲍超的请求，开缺回籍。临行前，他将几位爱将招至帐中一一话别。勉励继续统领"霆军"余部的娄云庆一定要带好队伍，保住"霆军"无往而不胜的辉煌战绩；告诫唐仁廉、曹志忠、江自康、黄中元等编入淮军系统的将领不要像自己一样过于任性，以免引火烧身；建议孙开华远离是非，趁此机会南下福建，早日就任漳州镇总兵。1867年10月3日，孙开华到达漳州，正式接任总兵一职。也就在到任这天（同治六年十月初三），孙开华以"福建漳州镇总兵孙开华"名义《奏为补授福建漳州总兵谢恩事》①向朝廷呈递了奏折。

孙开华到漳州任上后，因营兵皆为新募，军纪松弛散漫，其上任第一件事就是整顿军纪。孙开华沿用霆军的家法训练新军，即在营制方面，根据曾国藩湘军的营制略加修改而成，与湘军营制类似，但略

---

① 中国第一历史档案馆馆藏文献：03-4731-132

以区别。600 人为一营，另有亲兵营 300 人，初建时共 5 营步队（不包括亲兵营）3000 余人，每营分 6 哨，每哨分 10 队。较湘军营制，一营 500 人，分为 4 哨，每哨 8 队规制略有不同。后来随着规模的扩大又设分统，每一分统节制数营，如 5 营，分统自带中营兼辖左、右、前后 4 营，每营分亲兵及中、左、右、前、后为 6 哨，每哨设哨官 1 员，步队每营有什长 60 名，正勇 540 名，棚夫 180 名，劈山炮夫 8 名，子药夫 30 名，长夫 60 名；马队每营有战马 250 骑，以 50 骑为 1 哨，每哨设正、副哨官各 1 员，每骑正勇 1 名，马夫 1 名，每 10 骑马棚夫 3 名，每营子药夫 30 名；营务处、文案处有总办，有帮办，或两三人或三四人，营务处有亲兵一二百人；另外，亲兵营长夫 80 名，亲兵数百名，以队为单位，一队抬炮，一队刀矛，一队鸟枪。[①]清朝传统上基于满汉之畛域，给绿营所配武器质量低劣，火器大部分配给八旗，尤其是火炮绿营装备很少，而八旗本身以弓马为傲，并不重视火器。同时给士兵配备火器，在火器装备率和质量方面高于传统的八旗绿营，但却远低于以后的淮军，更无法和日后新式的新建陆军相比，这种状况正是处于社会转型时代的特殊产物，既不同于传统军队又有别于新式现代军队。饷章方面，分统每月领银 300 两，营官 200 两，哨官 20 两，什长 5 两，正勇 4 两，夫 3 两；另外，马队每骑月给马干银 2 两；营务处、文案处总办，有帮办每名月给薪水从十两到百两不等。[②]

　　孙开华的练兵卓有成效，很快就遏制了绿营中原来的陈腐陋习，战斗力渐渐加强。但是，让笔者不可理解的是在他新官上任伊始不久，他遭到了总督大人的嫉恨，并奏请朝廷以"整治营武"不力，"调省查看"纪律处分[③]。从孙开华就任漳州镇总兵的1867 年 10 月到有人为他说情的 1872 年 7 月近 4 年时间内，闽浙总

　　① 陈昌：《霆军纪略》卷十四，第 14 页。

　　② 胡林翼：《札鲍游击》，郑敦谨、曾国荃纂辑：《胡文忠公遗集》第八十四卷·批札，沈云龙主编：《近代中国史料丛刊续编》，文海出版社 1976 年版，第 4139 页。

　　③ 台北"故宫"：同治朝月折档，十二年三月十四日，孙开华奏。

督出现了两次人事更替：前任总督马新贻①（1867—1868），继任总
督英桂②（1868—1871）。据查，孙开华遭受处分是在英桂主政福建
期间。

事情是时任福建提督罗大春因进京觐见皇上，总督英桂奏请委令
孙开华统帅省标期间出了问题。

### 奏为委令孙开华接统福建省标八营官兵督率训练事
#### 同治九年（1870 年）三月十日

福建省标八营官兵先经前督臣英桂奏明，令署福建陆路提督罗
大春重加简选，统率练并添演制胜天门炮等阵，嗣以罗大春入都陛
见，复派员暂行接带饬令会督各营员弁恪守定章，逐日练习。兹罗
大春巳陛见回闽，前赴福宁镇新任。所有省标精兵，应行派员接统。
查有本任福建漳州镇总兵孙开华久历戎行，熟习战阵，堪以委令接
统督率各员弁兵丁，申明纪律，常川在于较场。勤加训练，俾精益
求精，咸成劲旅。谨会同福建巡抚臣王凯泰附片。陈明伏乞。圣鉴
谨奏。

按理说，作为镇总兵代理提督训练全省绿营，是一个得到重用的
事情。可是不知是得罪了总督大人还是真的"整治不力"，半年之后
的闰十月，孙开华因未能"整顿营武"，调其赴省察看。此时，孙开
华就任漳州镇总兵一职刚满三年。11 月 29 日，孙开华交卸漳州镇总
兵椽务，启程赴省城福州接受处分。

---

① 马新贻（1821—1870），字谷山，号燕门，回族，山东菏泽人。道光二十七年中进
士，历任安徽建平知县、合肥知县、安徽按察使、布政使、浙江巡抚、两江总督兼通商事
务大臣等职。1870 年（清同治九年）7 月 26 日，马新贻回署衙时遭刺客张汶祥行刺身亡，
成为千古奇案"刺马案"。疑为死于湘军集团策划的政治谋杀。
② 英桂（1821—1879），字香岩，赫舍里氏，满洲正蓝旗人。道光元年举人，以中书
充军机章京，晋侍读，授山东青州知府，迁登莱青道。历任山西按察使、山东署布政使等。
1868 年 8 月接任闽浙总督，1872 年授兵部尚书，兼总管内务府大臣。1875 年协办大学士。
1878 年以病乞休。次年卒，赠太子太保，谥"文勤"。

1871年，英桂调任兵部尚书，福建将军署理闽浙总督文煜①与福建巡抚王凯泰商议，上奏朝廷免除孙开华的处分，起用孙开华训练省标精兵。

### 奏请销去福建漳州镇总兵孙开华察看字样仍令在省督练精兵事②

#### 同治十一年（1872年）八月二十一日

福建漳州镇总兵孙开华先经前督以未能整治营伍，奏明调省察看上年。因省标八营精兵需员标统训练管查，该总兵孙开华久历戎行、熟悉战阵，经臣会同抚臣王凯泰附片，奏派统帅在案。该总兵自标统以来，已历半载，日在校场，亲督训练，无间寒暑，极为认真。现在各兵技艺更有进精。臣于标见该总兵时，询其营务，颇晓畅谈，该总兵年力正壮，遇事勇往，堪胜专闲之。请销去察看字样仍令在省督练精兵，俾成劲旅。臣谨会同福建巡抚王凯泰附片。陈请伏乞。

文煜向朝廷呈递的给孙开华"销去"处分的奏折尚未批复，他本人就履新职去了。不久，李鹤年③就任闽浙总督，他深感东南沿海防务紧要，急需武官人才，再次向朝廷呈递了为孙开华说情的奏折。

### 奏为饬令孙开华仍回漳州镇总兵本任事④

#### 同治十二年（1873年）正月初六

福建漳州镇总兵孙开华先经前督臣英桂以未能整顿营伍奏明请调省察看，旋以该总兵久历戎行，熟悉阵法。经前兼署督臣文煜（附片）奏派统帅省标八营精兵训练事宜。该总兵自接统以来，训练认

---

① 文煜（1820—1884），费莫氏，字星岩，满洲正蓝旗人。由官学生授太常寺库使，历任刑部侍郎、直隶霸昌道、四川按察使、江宁布政使、江苏布政使、直隶布政使、山东巡抚、直隶总督等要职，后曾一度被免职，1864年重新起用，历任福州将军、刑部尚书、总管内务府大臣，1881年授协办大学士，1884年复拜武英殿大学士，不久病故，身后赠太子少保，谥号"文达"。

② 中国第一历史档案馆馆藏文献：03-4751-094

③ 李鹤年（1827—1890），字子和，号雪樵，奉天义州（今辽宁义县）人。道光二十五年（1845年）进士。咸丰、同治年间，长期在河南镇压捻军，增募毅军、嵩武军各万人，出击湖北、直隶，立一等军功。历任御史、给事中、直隶布政使、河南巡抚、闽浙总督。疏劾肃顺跋扈，奏举重用曾国藩。

④ 中国第一历史档案馆馆藏文献：03-4755-010

真，兵皆可用，复经文煜奏请销去察看字样在案。整顿营伍，汰弱募强。臣查该总兵才明年壮，历练渐深，自应饬令仍回漳州镇总兵本任，以专责成，除分别咨行，饬遵外理。合附片，陈明伏乞。

可见，行伍出身的孙开华在福建上任伊始就遇到了一点挫折。

## 二 漳浦平乱

漳浦县是一个千年古县，战国后期前的夏商西周属闽地，后属于闽越地。公元前222年（秦始皇二十五年，另说秦始皇三十三年），列入秦版图，属闽中郡。汉初，以梁山为界，北属闽越国，南属南海国。公元前85年（始元二年），属会稽郡冶县。南朝陈朝年间，在今福建设置闽州，后改名作为丰州，州驻地今福州。隋开皇九年（589年）改名为泉州，大业三年（607年）泉州废，改为建安郡。唐垂拱二年（686年）设漳州，并置漳浦。天宝元年（742年）至乾元二年（759年）漳州曾改为漳浦郡。明属福建漳州府。清朝设汀漳龙道漳州府。

清朝晚期国家内忧外患不断，太平天国起义，英法联军入侵，大清王朝风雨飘摇，民不聊生。当时漳州漳浦县杜浔乡乡民洪若时因联合其他乡民至县衙门口聚众闹事，官府下令将其众悉数缉拿归案。但洪若时及其乡民却抗官拘捕，并杀死官府所派拘捕其衙役5人。因反叛人数巨多，漳州总兵孙开华又交卸了漳州总兵印鉴，至福州接受查看，督练精兵。县衙官兵几乎没有什么战斗力，深感此事严重，遂派人将此事禀告给时任福建巡抚的王凯泰。

王凯泰着孙开华督练省标八营精兵有功，又遂觉将其一直留在福州不可，便命令孙开华统领水路勇营分途前往漳浦杜浔乡进行围剿平乱。水路即是从福建水师中分派一支协助孙开华平乱，勇营即绿营兵的一支。福建水师又称福建海军，是洋务运动兴起后中国第一支近代化海军舰队，由福州船政局节制。同时也是当时装备国产化程度最高的一支近代化舰队。驻防福建沿海，主要舰船由船政工厂自制，因此又称船政水师。

清朝在福建设福州将军，统辖驻省城的八旗兵，并节制陆路提督所辖的绿营兵。其直属的部队称军标。驻福州的闽浙总督、福建巡抚直属的绿营兵，分别称督标、抚标。绿营兵除陆路各镇营外，在福州地区的水师有海坛镇和闽安协。1872年，在这两支部队的协助下，孙开华制定正确的围剿方针：一路从水上对其进行封锁，用船坚炮利为掩护配合绿营从陆上进攻；另一路在陆上对其进行猛烈的攻打。两路军队秘密配合，于8月底抓获叛乱的头目洪若时，叛军解散，叛乱平息。

孙开华在平叛乱的过程中表现了其非凡的军事才能，得到了新任总督李鹤年的青睐。李鹤年是同治十年（1871年）被提为闽浙总督的，同治十一年（1872年）皇帝接见了他，并且允许他在紫禁城内骑马，不久被调兼署福州将军，同治十三年（1874年）兼署福建巡抚。他向朝廷表示：海防工作的任务莫重于练兵、筹饷、制器、用人4件事，四者中以用人为急务，用人更在于专其责。同治十一年（1872年）九月，孙开华奉李鹤年之命回漳州总兵任。孙开华回任后，继续督练新兵，严明军纪。同治十二年，（1873年）李鹤年上任后巡查闽浙各地兵营训练之成效。在巡阅完漳州营伍后，对孙开华训练的军队赞不绝口，曰："各营操练阵势，步伐整齐，施防枪炮，声势联络，藤牌、封械、云梯、长矛等技，亦皆便捷，马步、射箭、鸟枪、抬炮，中靶分数俱多逾额。"[1] 对孙开华的考绩记一等（今A类）。

漳浦平乱后，孙开华坐稳漳州镇总兵一职，终于完成了由一员战将到地方军事主管的身份转化。

### 三　"琅峤事件"

自古以来，台湾就是中国的领土。

19世纪六七十年代，外国资本主义列强纷纷从四面八方向中国边疆侵逼，造成中国边疆的普遍危机。尤其对于台湾，就有美、日、法的先后入侵，造成台澎地区和东南沿海的严重危机，成为当时边疆危机的一个组成部分。尤其以日本最为凶狠。经过明治维新后的日本迅速走上军国主义的道路，表现出对外关系上的极大侵略性。它首先把目光投向邻近的中国，对台湾怀有觊觎之心。

---

[1]　许雪姬：《抗法名将孙开华事迹考》，《台湾文献》1985年第36卷第3—4期。

　　"琅峤"位处恒春半岛南端，隶属屏东县，是台湾最南端的乡镇，东邻太平洋（菲律宾海），西邻台湾海峡（南海），南邻巴士海峡（吕宋海峡），由于气候温暖，从前此地遍布蝴蝶兰，恒春的古名"琅峤"，就是排湾族语"兰花"的音译，另有写作"郎峤""琅峤"等。荷兰人则有记作"Lonkiauw""Lonckjau""Lonckijou"等。1875年（光绪元年），朝廷为了加强对台南的统治，设"恒春县"，取当地常春的气候称之"恒春"，治所在琅峤的猴洞山。

　　1. "罗妹"号事件

　　历史既是人类活动的延续，也是人类活动的重复。"琅峤事件"就是一个不同历史时期出现的一次历史再现。我们走进1867年的"罗妹"号事件，也可以找到"琅峤事件"的某些关联。

　　同治六年二月初七日（1867年3月12日），美国商船"罗妹"（Rover）号在台湾琅峤洋面红头屿遭风触礁沉没，船主赫特（Hunt）夫妇和水手共14人坐着舢板逃生，漂到琅峤尾龟仔角龟鼻山登岸。上岸后，"罗妹"号上的幸存者在与当地排湾族人发生了冲突，死亡13人，仅剩华人水手一名逃出被救，送交旗后英国领事馆收领。英国领事贾禄（Carrol）偕同这个水手乘兵船往出事地点去查勘，但并没有登岸，只遥看到船员们所乘的舢板留在沙岸上。贾禄即于2月18日致函台湾道吴大廷①，请饬地方官员确查情形，照律究办。吴大廷一面饬令凤山营县查办，一面函覆英领事："生番不归地方官管辖，外国商人不可擅入番境，以免滋事。"

　　3月14日，美国驻厦门领事李仙得乘兵船到台湾，照会台湾镇道，请他们拨兵会剿排湾族。吴道台接见了李领事，告以"台地生番穴处猱居，不载版图，为声教所不及"。凤山营县奉檄后委员哨探的结果说："驰赴琅峤，询之该地离龟仔角尚数十里，尽系生番。水路则礁石林立，

　　————————————

　　① 吴大廷（1824—1877），字桐云，湖南沅陵人。咸丰五年举人。1866年（同治五年）奉旨担任按察使衔分巡台湾兵备道，为清治时期阶段的台湾最高统治者，在任期间兴利除弊，多次为胡林翼、曾国藩等所荐而仕不达，卒赠太仆寺卿，有《小西腴山馆诗文钞》。

船筏罕到；无从侦探。"台湾镇总兵刘明灯①等便将这些情形据实照覆李领事。显然，在台湾主政的两位朝廷官员企图敷衍此事。

5月12日，台湾镇道又接李领事4月29日照会，催请剿办。刘明灯"酌带兵勇，相机图之"。这些弁兵人马拖至15日早晨出发，而当天晚上刘明灯等却接到地方官员的报告："花旗国的轮船在本月十二日由旗后开往傀儡山的龟仔角社，有带兵洋官一员和洋兵一百七八十名被生番诈诱上山，结果带兵官被打死了，洋兵伤了数人。第二天，轮船开走了，声言回国添兵，秋冬再来剿办。"吴大廷、刘明灯怕将来闹出大事，就在5月24日奏请"饬下总理衙门照会该国公使，据理辩论，毋得带兵自办"，并将这个奏稿抄呈闽省督、抚。

台湾镇道和闽省督、抚的奏报，在6月17日和7月21日先后经同治皇帝批交总理衙门办理。其实总理衙门在3月19日已经接到美国公使蒲安臣的照会，请速查办，并称"达知本国水师提督，派兵船到台湾会办"。总理衙门也曾咨行闽省督、抚转饬迅速查办，实际的过程毫无感觉地却迁延日久。

总兵刘明灯在督、抚"严饬"之下，于8月13日带兵起程，18日抵枋寮。布置一番，又于25日由枋寮统帅水陆并进，每日步行二三十里，抵琅峤后驻扎柴城，这里离龟仔角"番社"还有40多里。传集各庄头人询问之后，知道龟仔角"番"已经邀结了其他17个"番社"，意图抵抗。又经过一番布置，在9月15日拔营进扎龟鼻山，龟仔角的"番巢"已经近在眼前。

就在刘明灯等正拟分路并击之时，却得到一个意外的消息。原来李仙得在9月16日送来照会，说他已于本月13日与该处总目面议和约，并且已经赎回女洋人（Hunt夫人）头颅和"照影镜"一具。17日，李仙得到清军大营向刘明灯面陈，竟"情词恳切"地代"生番"

---

① 刘明灯（1838—1895年），字照远，湖南张家界永定区人。1861年入左宗棠楚军，由于作战英勇由把总晋升千总、参将、副将、总兵，加提督衔，授福宁镇总兵。1867年任台湾镇总兵，后调甘南各军提督。1878年（光绪四年）为父母丁忧由青海解甲归田，1895年（光绪二十一年）2月12日，病逝于故里。

请清军熄火退兵。刘明灯与吴大廷函商之后，就决定"俯如所请"。刘明灯先回琅峤，待李仙得内渡后，才于十一月初一率队回郡。于是这一案件得告结束。

显然，1867 年的"罗妹"号事件的处理，既得益于台湾镇总兵刘明灯的大兵压境给"生番"形成的巨大压力，更与美国领事李仙得主动跟当地土著头人达成和解有关。而这位李仙得却是几年后"琅峤事件"的高级顾问。

C. W. Le. endre（1830—1899），法裔美国人，1861 年美国南北战争时擢升北军陆军少将，负伤退伍来到中国。1866 年 10 月任美国驻厦门领事。在中国的文献里，他的名字被译为李仙得，或者李让礼、李善得。1867 年（同治六年）10 月 10 日在怡记洋行（Elles & Company）职员必麒麟（W. A. Pickering C. M. G.）的陪同下，他带领通事吴世忠及闽粤头人进入琅峤，亲赴火山地方，与十八社番大头目卓杞笃（Zuok Gei Zuok）谈判，面议和约："嗣后船上设旗为凭，无论中外各国商船，如有遭风失事，由该番妥为救护，交由闽粤头人转送地方官配船内渡。"

1873 年李仙得辞去厦门领事之职，欲在日本过境搭船回美时，受到日本外务省高规格接待，被聘为外事顾问，并替日方准备来年三月的侵台行动出谋划策。

2. "琅峤事件"（又称"牡丹社事件"）

清同治十年（1871 年）十二月，有琉球国贡船两艘，载 60 多名琉球人从那霸出发，船队在向大清王朝行进中遭遇台风，漂流到台湾南部登陆，其中 54 人被高士佛、牡丹两社居民杀害，另 12 人逃脱得救，被中国政府由福州转送回国。那时日本政府为了缓和日益尖锐的国内矛盾和由"征韩论"所引起的政治危机，正在酝酿对外发动战争。当时，琉球是中国属地，所以此事原与日本无关，但日本决计抓住以琉球漂流民在台湾被杀这一事件，并在美国驻厦门总领事、自称"台湾通"的李仙得的协助下，立即向清政府发难，趁机侵略台湾。

同治十二年（1873 年）十一月，日本政府派外务卿副岛种臣出使中国，随员柳原前光到清政府总理衙门询问琉球漂流民被杀事件。柳原前光提出："贵国台湾之地……贵国所施治者仅及该岛之半，其东部土番之地，贵国全未行使政权，番人仍保持独立状态。前年冬我国人民漂流至该地，遭其掠杀，故我国政府将遣使问罪。"总理衙门大臣毛昶熙等回答说："番民之杀琉民，既闻其事……夫二岛俱我属土，属土之人相杀，裁决在我。我恤琉人，自有措置，何预贵国事而烦过问？"柳原前光争辩说，琉球为日本的国土，清政府应惩罚杀害琉球人的番民。毛昶熙说："杀人者皆生番，故且置化外……皆不服王化。"柳原前光说："生番害人，贵国舍而不治，我却将问罪岛人。"清政府得知日军侵犯台湾的消息后，立即向日本政府提出质问，并派福建船政大臣沈葆桢率军直赴台湾。沈葆桢等到达台湾后，一面与日军交涉，一面积极备战。

同治十三年（1874年）二月，日本政府擅自设"台湾番地事务局"任命大隈重信为长官，在长崎设立侵台军事基地，2月6日通过《台湾番地处分要略》。4月4日，日本正式设立侵台机构"台湾都督府"，并组成所谓的"台湾生番探险队"3000人，由陆军中将西乡从道统率。5月10日，日陆军中将西乡从道率3500多人在台湾琅峤登陆，其攻击目标主要是牡丹、高士佛两社。18日，日军开始与当地居民交锋，22日攻占石门，牡丹社酋长阿禄父子等阵亡。6月初，日军1300余人分三路进攻并占领牡丹社，13日进占龟仔角社。7月中旬，日军已完成对各社的征讨、诱降，并以龟山为基地建立都督府，修筑医院、营房、道路，并向后山南北各处番社分发日本国旗，企图长期占领。

清政府起初对日本的一系列侵台活动毫无所知，直到4月19日通过英使威妥玛才知道此事。4月29日，清廷发出密旨："日本使臣上年在京换约时并未议及派员前赴台湾生番地方之事，今忽兴兵到闽，声称借地操兵，心怀叵测……生番地方本系中国辖境，岂容日本窥伺！该处情形如何？必须详细察看，妥筹布置，以期有备无患……着派沈葆桢带领轮船兵弁，以巡阅为名，前往台湾生番一带察看，不动声色，相机筹办。应如何调拨兵弁之处？着会商文煜、李鹤年及提督罗大春等酌量调拨……并着李鸿章、李宗羲随时咨明总理各国事务衙门核办。"① 不到半月，这份朝廷

---

① 香港《华字日报》1874年5月12日。

密件在香港的《华字日报》上全文泄露。

5月11日，清照会日方诘责，并于14日下令派福建船政大臣沈葆桢①为钦差大臣，率领轮船兵弁驰往台湾，并授予他处理日本侵台事件的军事外交大权。6月中旬，沈葆桢到台后，分析了中日双方形势，一方面向日本军事当局交涉撤军，另一方面积极着手布置全岛防务，认为日军有可能扩大侵略范围，高山族山胞是敌不过手持洋枪洋炮、训练有素的日军的。因而台湾首要任务是加紧军事部署。他既反对"一味畏葸，只图置身事外，不恤贻患将来"，也反对"一味高谈，昭义愤快心，不妨孤注一掷，于国家深远计均无当焉"。②据此，他十分迅速地制订了全台的防务部署计划。

陆防方面：拨调北洋、南洋洋枪队5000名来台设防；南路兵力由一营增至六营，由张其光统率；北路兵力由一营增至两营，由台湾道专其任。此外，又令前署台湾镇曾元福"提倡南北乡团，以资保固，并分招后山响导，谕致屯番生番各头人，与之要约"③。沈葆桢继承岳丈林则徐"民心可用"的进步思想，看到渔民"衽席风涛"，"招此辈以易班兵，民间既开生途，防务尤为得力"，深信民众力量的作用，"台地民心可用，当事能拊循而激励之，足以敌忾"。他认为清政府在第二次鸦片战争时期对人民反侵略的自发斗争加以压制，虽然是不得已的，而"今日情形迥非昔比，似宜明饬镇道，如民间受其荼毒，立须声罪致讨，官民同命，草木皆兵"，只要官民同命，便可使

---

① 沈葆桢（1820—1879），原名沈振宗，字幼丹，福建侯官（今福建福州）人。晚清时期著名的政治家、军事家、外交家、民族英雄。中国近代造船、航运、海军建设事业的奠基人之一，是封疆大吏林则徐之婿。咸丰十一年（1861年），曾国藩请他赴安庆大营，委以重用。同治十三年（1874年），日本以琉球船民漂流到台湾，被高山族人民误杀为借口，发动侵台战争。清廷派沈葆桢为钦差大臣，赴台办理海防，兼理各国事务大臣，筹划海防事宜，办理日本撤兵交涉。由此，沈葆桢开始了他在台湾的近代化倡导之路。光绪元年（1875年），沈葆桢回朝廷复命，被任为两江总督兼南洋大臣，负责督办南洋水师。光绪五年（1879年），沈葆桢在江宁病逝于任上，享年59岁。谥文肃，朝廷追赠太子太保衔。

② 董为民：《清季琉球交涉档案——钓鱼岛文献文集》，沈葆桢：《同治甲戌日兵侵台始末》（第二册），南京大学出版社2016年版，第166页。

③ 中国文史网：《沈葆桢与1874年日本侵台事件》。

"全台屹若长城"。沈葆桢这种进步的思想是他能够在台进行"厚集兵力"的政治思想基础。与此同时，增调淮军精锐武毅铭字军13营6500人入台，布置于凤山；陆上防务北路由台湾镇总兵负责，南路由台湾兵备道负责。海上防务，以扬武、飞云、安澜、清远、镇威、伏波六舰常驻澎湖，福星号驻台北，万年号驻厦门，济安号驻福州；同时大力开通部落地区的道路，并派员招抚各处"番社"。清政府也相继运来洋炮20尊，洋火药4万磅，火药3万磅，士气民心为之大振。

海军方面：沈葆桢在大陆时，已了解到日本向西方购买铁甲舰两艘以为侵台之用。该舰是当时一种先进的舰种，在海军中具有决定意义。沈对此有深切了解，奏请设法向西方购买两艘。同治十三年（1874年）九月间，沈葆桢再次要求福建船政局赶造兵船。"多造一船，即愈精一船之功，海防多得一船，即多收一船之效"。他还大胆地提出自造铁甲舰的计划，"购致者权操于人，何如制造者权操诸己"。

修筑西式炮台：同治十三年（1874年）十月，第一座西式炮台在安平海口建成，并在安平厦门间装置海底电线，"外可遥击敌船，内可近卫郡治"，使安平成为防守日军入侵的坚固屏障。同时他在府城与澎湖增建炮台，安放西洋巨炮。

基于此，沈葆桢又命袁闻柝乘船赴后山一带招抚番民。为御日计，袁闻柝乘船登岸，招抚埤南吕家壁等72社，并带番民首领陈安生等数人至郡府。7月，沈葆桢奏请朝廷任袁闻柝代理南路番同知。招募绥靖军500人，土勇300人，向南路挺进，经赤山（今屏东县境），进双溪口至内山埔，击退祖望力社拦路凶番，斩番目武甲。

这些举措渐次推展开来，形成了部署有方、决心强大的声势，使日军不能不有所顾忌。而入侵台湾的日军，陷于台湾人民激烈抵抗的泥淖之中。沈葆桢从大陆调来的精锐部队又将他们团团包围。恰巧这时，台南南部恶性疟疾流行，侵台日军因气候炎热，水土不服，疾疫流行，士气极其低落。日军不适应台湾南部盛行的疫气，"死者日四五，病者不计其数"。日本侵略者见沈葆桢布防周密，在军事上难以取胜，且军心波动，主帅西乡从道亦颇有抱怨，希望早日离开琅峤这是非之地。在进退维谷、内外交困的形势下，日本不得不寻求外交解决的途径，与清政府谈判。日方全权代表大久保利通偕顾问李仙得于是年 9 月到达北京，在前后七次谈判中，日方仍坚执日本进兵的是"无主野蛮"之地，对此清政府予以严厉驳斥。大久保利通认识到，只有在清政府所坚持的"番地属中国版图"的前提下，才能和平解决日本侵台问题。

### 四　驻防厦门

厦门（英文：Amoy），别称鹭岛，简称鹭，位于福建省东南端，西接龙海，北邻南安，东南与大小金门和大担岛隔海相望。是闽南地区的主要城市之一，与漳州、泉州并称"厦漳泉"。晋太康三年（282 年）置同安县，属晋安郡，不久裁撤，并入南安县，直到 600 多年后才再次设县建制。闽国 933 年（龙启元年）时升为同安县，属泉州。唐贞元十九年（803 年）析南安县西南部置大同场，唐光启二年（886 年），王潮克泉州为刺史，至 947 年，南唐灭闽国，同安地为王潮和闽国治地，历时 61 年。王潮、王审知兄弟先后为威武军节度使，同安为其治地，闽国开平元年（909 年），王审知为闽王，立闽国，都福州，大同场为其辖地。949 年，南唐升泉州为清源军（辖今泉州、莆田、漳州）。963 年，宋改清源军为平海军，以陈洪进为节度使，同安县属平海军。北宋太平兴国三年（978 年），陈洪进纳土于宋，同安县始随平海军纳人宋土。同年，宋复平海军为泉州。宋属平海军、泉州。元属泉州路。明属泉州府。洪武二十年（1387 年）始筑"厦门城"——意寓国家大厦之门，"厦门"之名沿用至今。

清顺治七年（1650 年）郑成功驻兵厦门，顺治十二年（1655 年）置思明州；康熙十九年（1680 年）废；康熙二十三年（1684 年）设台厦兵备道，道尹驻台湾府治（雍正六年即 1728 年台湾府改为台湾道）属于福建省，二十五年（1686 年）以泉州府同知分防设厅，雍正五年（1727 年）起属于兴泉道（后为兴泉永道，辖今泉州、莆田、厦门，永春州、大田县）自泉州移驻厦门。

在"琅峤事件"中，面对日本步步紧逼，清政府不得不采取应对措施，积极筹划海防，下诏旧臣八人，共赴国难。这八大旧臣之中，孙开华的"老帅"鲍超是唯一武将，且让四川总督吴棠乃奉命敦促鲍超赴京觐见陛下，怎奈鲍超因为旧伤未愈，不能前行。时任南洋大臣的李宗羲见鲍超无法至闽，乃奏调"霆军"旧将，欲假借鲍超之威名震慑反叛者，并以待鲍超之出山，因此鲍超旧将如宋国永、龚占彪等所募之营乃称"霆庆""霆汇"戍防金陵。而"琅峤事件"日本出兵的对象是台湾，福建与台湾一衣带水，尤以厦门最为甚，向为福建之门户也是往来台湾的要津，历来驻有福建水师提督。

图3-1　孙开华在厦门驻军处
孙培厚摄

1874年5月，李宗羲下令鲍超旧将，现任漳州镇总兵的孙开华移驻厦门，督办海防事务，节制所有练、勇营；并招募勇丁五营，称为"擢胜营"①。擢胜五营，初由总兵孙得友、蔡定成、龚占鳌及副将孙开荣、张兆连为营官，以知县何隆简总理营务，所用之人皆为"霆军"旧部，但兵员却是闽省当地人。

6月13日，孙开华率"擢胜营"驻守厦门黄厝村营内山的塔头城，以防"琅峤事件"扩大化威胁大陆的安全。在兴泉永海防兵备道曾宪德的协助下，孙开华于当年建成厦门武口炮台、鸟空园炮台和龙角尾炮台（龙海）。"擢胜营"的大本营则设立在南普陀寺②。

孙开华的驻军地在塔头，现在的厦门是祖国改革开放的前沿阵地，当年军事要塞的痕迹难以寻觅。但是，因"琅峤事件"而驻军厦门，与台湾守军遥相呼应，孙开华的幕僚专门立碑为记。今天的塔头仍然可见当年孙开华"擢胜营"驻军地，立有一块"驻军处"纪念石，也是留给我们的历史记忆。

位于厦门市东南五老峰下的南普陀寺，面临碧澄海港，是闽南佛

---

① 孙开华于同治三年（1864年）获"擢勇巴图鲁"勇士称号，进驻厦门后单独组建军队，便以"擢胜"为营号。《清史稿·列传·孙开华传》称"捷胜营"有误。

② 陈昌：《霆军纪略》卷十四，第19页，总第915页。

教圣地之一。该寺建于唐代，始称"泗洲寺"，元代时被废寺，于明代重建，改称为"普照寺"，并迁建于五老峰下，明末清初普照寺毁于兵乱。清康熙二十二年（1683年），靖海侯施琅收复台湾后驻厦门，就普照寺旧址复建殿宇，并增建大悲阁，辟为观音菩萨道场，与浙江普陀山观音道场相类比，改称为"南普陀寺"。聘请临济宗三十五世传人慧日法师为开山第一代祖师。

在这里，我们寻见了孙开华当年驻守厦门期间留下的一处石刻文物，石碑位于南普陀寺藏经阁东侧巨岩上，系清同治十三年（1874年）孙开华的楷书题刻。共24行，四面加以宽0.10米。字幅高1.62米，宽2.35米。无题，我们称之为"孙开华安民告示碑"，碑文如下。

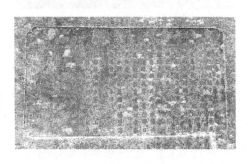

图3-2　孙开华在厦门南普陀寺碑刻
孙培厚摄

甲戌之春，余奉命统师筹防闽桥，镇守鹭江。险要为省会咽喉，往来实海邦门户。绸缪宜急，保卫非轻。楼舰风清，莫万顷而氛趋鲸鳄；戈船日丽，统千艘而令肃鱼龙。阵化烟云，营柳现迎祥之色；兵销日月，节花腾献瑞之辉。我圣朝柔远有文，抚绥有典。畏威怀德，莫不从风；渐义摩仁，常悬捧日。千万户咸归教育，礼乐攸崇；数百处恒庆升平，干戈永戢！来同万国，早扬碧海蜺旌；提督全闽，捧丹墀凤诏。肩兹钜任，绩惭未著于三山；握此重权，心只常盟于一水。矢丹忱而报国，谨酬九陛之殊恩；垂青简以书勋，用勉三军之同志也夫。同治十三年腊月日澧阳孙开华勒石。

值得注意的是，孙开华在厦门的这两处石刻，落款均为"澧阳孙开华"，表明当时的慈利县隶属"澧州"管辖。

当时清政府的内政外交也存在很多困难，于是在英、美、法三国出面调停下，清政府决计让步。另外，日军由于不服台湾水土，士兵病死较多。日本政府考虑到不能立即军事占领台湾，于是转而用外交手段解决问题。经过一番外交斗争后，同治十三年（1871年）10月31日，奕䜣与大久保利通签订了《中日台湾事件专约》（《北京专约》）三条，清政府付给"日本国从前被害难民之家"抚恤银10万两和日军在台"修道建房等"40万两。12月1日，日军撤出台湾。12月20日，日军从台湾全部撤走。

"琅峤事件"，清朝政府以经济补偿的方式得以解决。次年，光绪元年（1875年）十一月，设立恒春县，朝廷加强了对琅峤及周边地区的行政管理。

### 五　泉州赴任

"琅峤事件"结束后，钦差大臣沈葆桢决议展开台湾近代化的工作，即实施了开禁、开府、开路、开矿四大措施。光绪元年（1875年）一月，沈葆桢上奏折又提出三项改革：废除严禁内地人民渡台的旧例；废除严禁台民私入"番界"的旧例；废除严格限制"铸户"、严禁私开私贩铁斤及严禁竹竿出口的旧例。

沈葆桢提出的这些改革，主要是为了推动台湾土地的开发特别是后山的耕垦。有利于巩固海防，同时对促进东部的开发和汉族与原住民的交往都有重要的意义。与此同时，沈葆桢对台湾行政体制也提出并实行了一些改革，主要有：在艋舺创建台北府；增设恒春、淡水两县；改原淡水厅为新竹县，原噶玛兰厅为宜兰县。至于加强海防的具体措施，如建设新式炮台、购买洋炮及军火机械，购买铁甲舰，练水雷军等，在沈葆桢的主持下，都在一一加紧进行。上述改革措施的实行都得到了清政府的允准，因而加强和改进了清政府对台湾的治理，促进了台湾的进一步开发。

但沈葆桢在台湾开展近代化工作的第一步就在于解除后山的禁令，以达到开山播种的目的。由于"开山"政策的实施大大缩减了山胞们的生存空间，使他们的生活受到了严重的威胁。因此由光绪元年

（1875 年）到光绪二十年（1894 年）止，台湾发生的动乱以番害最多①。番害的频频发生，开山的艰难险阻，促使任职福建的武员，常常需要带兵勇奔赴台湾予以支援。同治十三年（1874 年）十二月十五日，苏澳地区因开路引发番害，闽浙总督李鹤年乃咨调当时任职福建陆路提督的罗大春②来台。罗大春奉命赴台到苏澳地区驻防，并进行"开山抚番"。这次台湾之行，罗大春虽然有些不情愿，但却成就了他一生不朽的功勋。

当时日本入侵台南，而罗大春驻防台北，与日本人没有正面接触，因此，他的主要任务就是"开山抚番"。开山，即开辟台北后山的道路；抚番，即招抚当时还未归顺清廷的台北地区的生番（少数民族）。罗大春到任后，立即开展工作。他主要采取的方法有：重用陈辉煌等熟悉当地情况的本土人；改革修路记酬办法（将原来的按天记酬改为按所修路段的难易程度和工程量记酬）；制定优惠政策吸引富绅开垦荒地；推动清廷取消大陆人赴台和台湾人进入生番地区的禁令、对垦荒者给予资金支持等。在修路的同时，修筑兵站炮台。增加护卫的兵勇和修路的民工，最多时兵勇达到 15 营，既巩固海防又保障道路畅通。对生番则采取剿抚兼施、以抚为主的策略，道路修到哪里，抚番工作就开展到哪里。

由于措施得当，台北地区的"开山抚番"进展十分顺利。仅四个多月就修通了苏澳至花莲的二百里道路。这就是"苏花公路"的前身，这条路现在仍然发挥着巨大的作用。大力进行招商垦荒，1874 年仅宜兰地区就垦荒 800 甲，可开垦荒地几乎开垦殆尽。同时，罗大春还捐资在苏澳地区兴办义学，开台北兴学教化之先河。为"淡、兰文风为全台之冠"打下了良好的基础。1875 年 7 月，经罗大春一年来

---

① 许雪姬：《清代台湾武备制度的研究——台湾的绿营》，台湾大学博士学位论文，第 85 页。

② 罗大春（1833—1891），字景山，原名大经，贵州省施秉县人。被清廷授予"冲勇巴图鲁"称号，被晚清国学大师俞樾（章太炎的老师）誉为晚清"中兴名将"。他 17 岁当兵，27 岁任参将，28 岁任总兵，41 岁担任福建陆路提督、福建船政轮船统领、代理福建水师提督。光绪十七年（1891 年）病逝在福建建宁总兵任上。

的招抚垦荒，加上道路通畅，台湾北部的开发已粗具规模。清廷为加强管理，决定在台湾北部设一府三县。将府治设在艋舺，并将艋舺改名为"台北"。下辖"淡水""新竹""宜兰"三县。至此，台湾北部从苏澳到岐莱（花莲），就全面纳入了清廷的有效管理之中，对台湾经济社会的发展和巩固海防都有十分重大的意义。《台湾通史》对此做出了高度评价："开山之役，为台大事。而能聿观厥成者，则沈葆桢创立之功，而闻析、大春、光亮疏附之力也。"①

由于罗大春调往台湾，主持"开山抚番"的工作，致使福建陆路提督的职位出现空缺。而清廷鉴于孙开华在霆军以及漳浦平乱中的卓越表现，加上李鹤年、鲍超等人的极力举荐，就在罗大春奉命赴台的同日，"才具开展，勇敢有为"的孙开华受命署理福建陆路提督印，及时奔赴泉州提督府就任。

同治皇帝爱新觉罗·载淳于同治十三年（1874年）十二月初五（1875年1月12日）驾崩于北京紫禁城养心殿，终年19岁。次年，光绪登基，文武官员各赏加一级。光绪元年一月初五日，孙开华在泉州接陆路提督印。

泉州，简称"鲤"，别名"鲤城""刺桐城""温陵"，地处福建省东南部，北承福州，南接厦门，东望台湾宝岛，辖4个区，3个县级市，5个县和泉州经济技术开发区、泉州台商投资区。泉州是座历史文化名城，中国古代海上丝绸之路的起点，唐朝时为世界四大口岸之一。泉州也是闽南文化的源头，自三国时期吴永安三年（260年）建安东县至今，已有1700多年历史。泉州更是一个军事要地，明洪武元年（1368年），泉州置卫指挥使司，领左、右、中、前、后五千户所，隶福建都指挥使司。这是明朝在泉州设置的第一批海防军卫所。洪武二年（1369年），福建全省八路先后改为福州、建宁、延平、邵武、兴化、泉州、漳州、汀州八府，这也是福建有"八闽"之称的来源。泉州路改为泉州府，隶福建行省；泉州府仍领晋江、南安、同安、惠安、安溪、永春、德化七县。洪武三年（1370年），明

①　连横：《台湾通史》卷33。

廷在泉州设立福建市舶司，管理对琉球的贸易。

洪武二十年（1387 年）明廷命江夏侯周德兴到福建沿海福、兴、漳、泉四府经略海防。改永宁寨为永宁卫，于浯洲置金门守御千户所，另筑峰上、田浦、官澳、陈坑、烈屿、祥芝等处巡检司，屯兵驻守，以备倭寇。祥芝巡检司并造司城，周一百五十丈，高二丈，寓铺六，有南、北二门。始筑厦门城。至洪武三十一年，在泉州沿海先后增设：永宁卫、福全、崇武、中左、金门、高浦 6 个守御千户所，巡检司 45 个，筑卫所司城 16 座，以加强海防。

清承明制，泉州府为闽八府之一。雍正十二年（1734 年），永春升为直隶州，德化归其所辖。泉州府辖晋江、惠安、南安、安溪、同安五县。清设兴泉永道，辖泉州府、兴化府之莆田县、仙游县、永春直隶州和厦门。

明末清初的民族英雄郑成功、施琅都诞生在泉州。

提督为武职官名，全称为"提督军务总兵官"。负责统辖一省陆路或水路官兵。提督通常为清朝各省绿营最高主管官，称得上封疆大吏，但是在管理上隶属总督、巡抚的调遣。福建陆路提督署没有设在福州，而是设在战略位置极为重要的泉州。孙开华在泉州的住所称为"陆路提督衙门"，现在已经荡然无存。据考证，该衙署即为今泉州市"中山公园"所在地，泉州市气象台一带。向北文胜巷、执节巷一带有条"营房街"，顾名思义就是驻扎军队的地方。公园内已经没有一幢古代建筑，唯有两棵数百年树龄的古榕树矗立在田径场一旁，它们也许就是曾经风光无限的孙开华提督府的最后见证者。

关于孙开华在泉州的历史遗迹，目前我们寻找到的资料非常有限，在几次探访中，有一个叫作"旧馆驿"的地方，为我们提供了一点线索。

开元寺位于泉州市鲤城区西街，是中国东南沿海重要的文物古迹，也是福建省内规模最大的佛教寺院。该寺始创于唐初垂拱二年（686 年），初名莲花道场，开元二十六年（738 年）更名开元寺。开元寺布局，中轴线自南而北依次有：紫云屏、山门（天王殿）、拜亭、大雄宝殿、甘露戒坛、藏经阁。东翼有檀越祠、泉州佛教博物馆（弘一法师纪念馆）、准提禅院；西翼有安养院、功德堂、水陆寺；大雄宝殿前拜亭的东、西两侧分置镇国塔、仁寿塔两石塔，俗称东西塔。开元寺双塔是中国最高的一对石塔，经明万历年间泉州八级地震以及多次台风的考验，仍屹立不倒。"旧馆驿"就在开元寺双塔附近。

旧馆驿是泉州古代一驿站，在旧泉州古城肃清门外，今西街中段南侧、东塔脚斜对面，南端为东西走向的古榕巷横断。宋代，原泉州大路驿站——晋安驿，设县治西（今中山北路驿内巷）。元代，晋安驿迁至宋南外宗正司故址（即今旧馆驿内），易名清源驿。驿站西侧、古榕巷西北隅一带是宋南外宗正司。明天启年间（1621—1627年）知府沈翘楚更迁于城外。旧驿站废了，此处便演变成为地名和巷名。

旧馆驿巷巷长约200米，是泉州闻名的古街巷，时人讹称"牛仔驿"。南宋宝庆初年（1225—1227年），巷西侧为

图3-3 泉州旧馆驿古街巷碑 孙培厚摄

泉州行衙所在地。巷中历史积淀丰富，文物史迹众多，有水陆寺、天室池、南外宗正司、元代驿站、明代染织房；有明嘉靖间御史汪旦、户部侍郎庄国桢府第；有清道光间翰林龚维琳胞弟举人龚维琨、刑部主事王海文、嘉庆间进士杨滨海故居，清末状元吴鲁的读书处，有汪氏宗祠以及一些近代著名的民居。

在旧馆驿众多名人故居中，有一位叫王海文的故居与孙开华有过关系。王海文，学名王登瀛，光绪年间为刑部浙江司主事。其父为王廷高（1813—1905），湘军右营把总，负责水利事宜，1905年终老，享年92岁。老家在格后村，现南安美林街道，由于晋江县志断档102年，《南安县志》有关于王海文的记载颇为简短。孙开华、黄仲训与王海文是同时期人物，黄仲训在厦门有"瞰海""观海"别墅。王海

文 82 岁时在"瞰海"别墅留有题刻。

据王海文的后人描述，时任刑部主事的王海文有一天在各地官员呈递的奏折中，发现了一本关于孙开华治军不严的奏本，措辞非常严厉，并且奏请皇上将孙开华革职查办。这个王海文平日里与孙开华有过交往，对孙开华的治军和为人也较为了解，认为参奏者实为刁难他，于是决定救他一把，将奏折某处进行了巧妙的改动，致使孙开华躲过一次政治上的灾难。后来孙开华得知此事，感激之情无法言表，在旧馆驿拜访王海文家人时发现王府的寓所比较寒酸，便动用自己的积蓄对王海文公馆进行了一次全面修复。王海文知道孙开华的感恩之举也就默许了。现在这栋孙开华亲自设计、亲自监工的古朴小院，由于历史的变迁已经开始坍塌。他的后人在古建筑旁新修了一幢现代化小楼，但是当我们第二次探寻王海文故居时，王海文的第六代后裔王继辉等人均改口称这栋老屋不是孙开华所修了。莫非担忧孙开华的后人找他们要分享这栋祖辈们留下的遗产？

从同治六年（1867 年）十月就任漳州镇总兵，到光绪元年（1875 年）一月署理福建陆路提督，孙开华完成了由一名战场猛将到主政地方的军事官员的转化。上任伊始，尽管由于某种原因他受到闽浙总督英桂的参奏，受到"查看"处分，但是继任的总督文煜、李鹤年等人对他颇为器重，分别上奏朝廷为他说情，使得他很快就能官复原职。在其后的岁月里，他不仅顺利地平定了漳浦县洪若时的叛乱，而且还成功组建了拥有自己番号的"擢胜营"，配合朝廷处理"琅峤事件"，驻守军事重地厦门，为成功化解日本第一次图谋台湾的阴谋做出了重大贡献。

"琅峤事件"之后，朝廷在一定程度上增强了对台湾的统治和管理意识，新设了"恒春县""淡水厅"等行政建置，并派出时任福建陆路提督的罗大春领兵赴台进行"开山抚番"工作。孙开华以漳州镇总兵实职，署理了福建陆路提督职务，为日后成为统领全省的军事大员迈出了可喜的一步。

# 第四章

# 戍守台湾

## 一 镇守台北

基隆市，是台湾省的省辖市，位于台湾岛东北角，三面环山，一面临海，是台湾万商云集的重要港口。曾旧名鸡笼，那是因为最早居住在此地的为凯达格兰族（ketakalan）。"鸡笼"是"凯达兰"的闽南方言译音。"格兰"的谐音近似台语之"鸡笼"，加上此地有山形似鸡笼，因而得名。1617 年（万历四十五年），张燮著的《东西洋考》里就有鸡笼社、鸡笼港、鸡笼城、大鸡笼街等记载。1626 年西班牙殖民者入侵基隆，1642 年被荷兰殖民者所取代，荷兰人北上攻占社寮岛后，将"圣萨尔瓦多城"改名为"北荷兰"。1667 年才被郑经（郑成功之子）率部赶走。1668 年郑经派军讨伐荷兰人，荷兰人兵败。

基隆有街市始于 1723 年，1851 年开始与外国通商，1860 年《天津条约》签订后，正式辟为商埠。1887 年建筑基隆至台北铁路，1891 年通车。可见基隆是台北地区水陆交通便捷、经济开发较早的城市。

光绪元年（1875 年）设基隆厅时，清政府才把"鸡笼"改为基隆，其含义是"基地昌隆"。因基隆地理位置突出，既是台湾对外开放较早的地区也是经济贸易发达的港口城市，历年以来均是兵家必争之地。当时国际局势风云动荡，西方国家如英、法、意等大都因为资产阶级革命，政治经济均高速发展，老牌殖民大国如葡萄牙、西班牙因种种原因国力衰退。而新兴的资产阶级国家需要更多的海外殖民地来满足其国内日益增长的物质文化需要及机器化大生产的需要。19 世纪中期以来，清政府因为政治腐败，外交失利，对外战争的连连败北，并由此签订了一系列不平等条约，使中国的领土主权、海利关税主权等遭到严重侵犯。鉴于此，清政府于光绪元年（1875 年）下令积极促进海域防令，沿海督抚妥办防务，加紧训练陆军，实行汰弱留强制度，一兵得一兵之用，不以人数凑兵数，用以填补海防之不足。

湘军不仅是大清王朝摇摇欲坠的守护神，而且也是晚清戍守台湾的主力军。基隆港自然也是当时驻军的重点要塞。

署任陆路提督的孙开华深感肩上责任重大，遂以在"霆军"之训练手法训练新军，并严格纪律。在训练"擢胜营"时，还不时向时任福建巡抚的丁日昌①讨教练兵之法和火器与传统兵器的配合，以达到训练之成效。

光绪元年九月，在沈葆桢的推荐下，丁日昌出任福建船政大臣。10 月 23 日，原福建巡抚王凯泰开缺，次年初，丁日昌又奉命兼署福建巡抚。此前，沈葆桢已经奏请朝廷同意，在台湾没有建省之前，福建巡抚要在大陆和台湾两地巡回办公，即冬春在台，夏秋在大陆。

光绪二年十一月十八日，署理福建巡抚丁日昌抵达台湾。其在台湾巡阅期间，先巡视了台湾北路，由基隆到后山再到苏澳，然后折返至艋舺。再行南下，历新竹、彰化、嘉义等处。后又至台湾府，继续查看南路新设立的恒春县，并巡视澎湖诸岛。丁日昌在台湾巡阅期间几乎走遍全台湾，不仅对台湾地区的地势营务有所了解并提出一些兴革之意，同时深觉台北地广兵单，非得调遣勇敢善战的专职大员率领数营勇丁赴台不可。尤其是台北，在光绪元年才设府，一切防御事务皆属新创，并没有达到妥善之处，更要积极部署不可。于是，丁日昌乃上奏朝廷，咨调果敢善战的孙开华来台，以部署台湾防御事务。

孙开华接到朝廷调离命令后，赶紧部署交接事宜，于光绪二年十

---

① 丁日昌（1823—1882），字持静，别名禹生，广东省丰顺县人。历任广东琼州府儒学训导，江西万安、庐陵县令，苏松太道，两淮盐运使，江苏布政使，江苏巡抚，福州船政大臣，福建巡抚，总督衔会办海防、节制沿海水师兼理各国事务大臣。是中国近代洋务运动的风云人物和中国近代四大藏书家之一。

二月二十六日交卸陆路提督印，带领"擢胜营"两营启程赶赴台湾，于十二月三十日抵达台湾基隆①。

这是孙开华第一次踏上宝岛台湾，主要任务是加强台北门户基隆的军事部署，修筑防御工事。其间，他于光绪三年（1877 年）十月领兵赴台东县平定阿棉、纳纳社的叛乱。评判之后率"擢胜营"返回大陆。光绪四年（1878 年）率领"擢胜营"前往花莲县平定巾老耶、加礼宛社叛乱。

**图 4-1　刘明灯书写的"雄镇蛮烟"**
**孙培厚摄**

历史回溯 10 年，与孙开华同属澧州的永定人刘明灯总兵在戍守台湾期间，就曾开辟过一条"草岭古道"。同治六年（1867 年）冬天，刘明灯率军北巡淡（水）（宜）兰，在距草岭顶前约 1 千米处的山腹间，突遇瘴雨，阴霾密布，黑雾弥漫，不辨方向。刘明灯即书"雄镇蛮烟"四个大字，并命石匠摩崖刻于巨石上，顷间，雾散雨停，有类神话。其碑摩崖用"压地隐起"雕法，宽 3.5 米，高 1.1 米，以卷草纹及四蝙蝠边框，横幅阴刻行书四字，由右至左，一气贯通，雄浑豪迈，勇而有力。其右上角为"同治六年冬"，下款为"钦命提督军门镇守台澎挂印总镇斐凌阿巴图鲁刘明灯书"。

草岭古道是台湾地区仅存的前清所遗古道，即从淡水直达宜兰，为大陆湘军与当地先人所开辟。虽是官道，但崎岖险峻，行旅困难，且常有阴风黑雾，商旅谓为山魔所致。孙开华领兵开赴花莲、台东，草岭古道也是必经之地。

生番叛乱被平定之后，闽浙总督何璟考虑到福建泉州一带驻军空乏，又将"擢胜营"两营内渡福建，分兵驻守在汀州、漳州和泉州三

① 光绪朝月折档，光绪三年一月十一日，文煜奏。

地。孙开华也于1878年年底回任福建陆路提督，驻守泉州。

## 二 攻剿阿棉社、纳纳社

孙开华到达台湾后，积极开展军事部署工作。一方面他依靠台湾士绅民众，自力更生。他向清廷表示"传同将士惟拼死守，保一日是一日"。同时他没有消极地坐待援兵，号召他们出钱出力，保卫家乡。在此期间，台湾民众纷纷组织起来，协同官军作战。致使台湾依然是"将士奋发，土勇甚好，人人思战"，而且"米粮充足，市价如常"。另一方面他复入埤南以北沿山、沿海平地及高山各村寨，招民垦荒耕种，广设学堂，普教番黎。

光绪三年（1877年）十月，台东附近的阿棉、纳纳两社叛服异常，清廷恐其再生事端，以免事态扩大化，便下诏让福建巡抚丁日昌派兵去平乱。丁日昌则把这项任务交给刚到台湾不久的孙开华去台东平息两社的叛乱。于是乎，孙开华率领"擢胜营"的右、后两营抵达成广澳，考察当地的地势，察看番情进展，并且率兵进驻在水母丁。

经过一番站前考察后，孙开华开始部署平乱相关事宜，决定先平纳纳社的叛乱，再取阿棉社，采用逐个击破战略。平乱战争打响后，纳纳社的番贼分路迎拒孙开华的"擢胜营"，孙开华麾军鏖战，阵斩数人，土著纳纳社的叛乱军溃不成军。孙开华趁势率军进入高嵌，直捣纳纳社的老巢。纳纳社的叛军见自己的大本营被毁，心有不甘，但又无计可施，遂带着残留步队并入阿绵。因阿棉社所在地地势险要，水流湍急，两边悬崖峭壁，易守难攻，大有一夫当关万夫莫开之势。孙开华在考察了阿棉社所在地的地势后，结合自己"擢胜营"的情况，依实具事。在其地势险要之地架起炮台炮，以炮火助攻，减少攻打平剿之阻力。孙开华以西洋大炮轰击之，并且辅以火箭。在战斗中，孙开华短衣草履卧山野，每战辄亲自出战当先锋。在平乱的过程中他的马突然弯腿躺在地上，子弹从他头顶飞过，差一点儿被打中。尽管如此危险，他仍然与将士们同甘共苦。主帅的精神感染了将士，人人用命。同时派遣时任台湾知府袁闻柝①调中路各村寨丁壮四百名，并随总兵吴光亮②绕道从阿棉社的背后攻击，使阿棉社腹背受敌，番贼大败逃走，于是，孙开华攻克了阿棉社的基地，并擒获了叛乱的魁马腰兵等将其斩首，头颅悬挂于城门之上以示警示。

光绪四年（1878年）二月，孙开华彻底扫平了纳纳、阿棉两社的叛乱。朝廷对平乱一行人进行论功行赏，赏孙开华黄马褂，赏袁闻柝戴花翎。

### 三　攻抚加礼宛社

台湾因为中央山脉的阻隔，西部较为平坦，得到早期开发，称之为前山；东部崇山峻岭、交通不便，称之为后山，基本上处于原始部落形态。同治十三年（1874年），牡丹事件之后，清廷采纳沈葆桢对台湾"开山抚番"策略，加快台湾地区的近代化进程。拟透过修筑贯穿中央山脉的北、中、南三路，打破台湾东、西两部的隔绝，招抚后山原住民，取得全岛的控制权。与此同时，随着道路的开通，汉人纷纷涌到后山，不断挤压原住民的生存空间，激起了原住民的反抗和斗争。

光绪四年（1878年）六月，因阿棉、纳纳社叛乱平息，而朝廷国库空虚，不得已对"擢胜营"进行第一次裁撤，仅留下其后营添募作为"海字营"，作为留守台北的常备力量。孙开华率领大部分"擢胜营"内渡福建，就地进行裁撤遣散。当时，原"霆军"统领宋国永

---

① 袁闻柝（1821—1884），字警斋，江西乐平接渡镇袁家村人，其父迹山是饶州府学秀才，精研医理。袁闻柝自幼秉承父志，专业行医。咸丰年间太平军多次攻打乐平，乐平士绅兴办团练，以图自保。他从此弃医习武，致力于军事。咸丰十年（1860年），他亲率乡勇，协助左宗棠与数万太平军在乐平北郊激战获胜，深得左宗棠赏识，被保荐从九品官阶。光绪初年任台湾同知。七年（1881年），被正式任命为台湾知府。九年，奉召入京，补授福建福宁府知府。十年五月在福宁府任上病故。

② 吴光亮（1834—1898），字霁轩，名家霁，广东英德黎溪松岗村人，历任福宁镇、漳州镇总兵，官至记名提督（二品），是一位具有崇高民族气节、开山抚番、捐资办学的抗倭名将。同治十三年（1874年）奉命渡台湾，统领全台军务，督办"开山抚番"之事，指导山民开垦荒芜，耕田织布。《马关条约》之后，他弃官回乡，病逝于家乡。

因病去世，孙开华接受他的部众，接统了"霆庆营"，随即于7月3日返回台北任所。在中国第一历史档案馆，我们查到了闽浙总督何璟于光绪四年（1878年）七月六日呈递的相关奏折。

### 奏为酌派总兵孙开华归并"霆庆"两营统领事①

上年因闽省内地防勇太单，谘商两江督臣沈葆桢调江南"霆庆"两营来闽协防。本年五月间，据报该营统领、记名提督宋国永在营病故，业经专折奏恳。天恩敕部议恤在案。现在"霆庆"两营统领乏人，经臣等檄饬营官提督曹志忠、副将罗天贵加意训练，不得稍涉疏懈。查统领"擢胜军"记名提督、本任漳州镇总兵孙开华，原系"霆营"宿将，现虽调驻台北，而声气可期，联络即归并统领一事，权除缴饬遵照外，谨令词附片，陈明伏乞。

光绪四年八月十一日，军机处。

显然，孙开华收编"霆庆"两营得到了闽浙总督何璟与两江总督沈葆桢的极力推荐，并得到了朝廷的批准。

在当时渡海条件下，孙开华可谓马不停蹄地往返于台湾与大陆之间，究竟什么原因让他如此匆忙呢？原来后山的番民再次聚众造反了。

首先是道光年间才从宜兰移居花莲的噶玛兰族加礼宛社人与阿棉社、纳纳社早有勾结，密谋联合袭击官兵，不料纳纳社和阿棉社被孙开华的部队平息了，但是加礼宛社的实力没有受到损伤，而且"贼心未死"。不久，有个叫陈辉煌的"土棍"到处招摇撞骗、按田勒派、榨取钱财，激起加礼宛社少数番民奋起防抗，并多次包围营垒，杀害民勇，还有一位下级军官杨玉贵（哨官）遇害。他们还联合附近的盟友阿美族沙奇莱亚人反抗清兵。总督何璟一面责成台湾道派人先赴台北察看真相，一面调集军队前往征讨。

此时，"擢胜营"已经招致改组，仅有一个后营留在台北，而且主帅孙开华尚在海峡对岸。因叛军会集了加礼宛、巾老耶畔的全部青壮年，盘踞在鹊子城，台湾府衙多次派兵攻打，但终不能攻破。闽浙

---

① 中国第一历史档案馆文献：03-55795-069

总督何璟以军事紧急，急招孙开华，下令让他火速赶往花莲进行平乱，并许他便宜行事之权。孙开华带着战舰从水路进入花莲。舰队登陆后，为了能澄清番乱，孙开华亲自带上亲信，伪装成台湾的当地居民，详细考察，掌握分寸，回营果断采取措施，对番乱采取亦剿亦抚政策。从敌人的后方攻打，攻其一个措手不及。又利用叛军双方的内讧，斩杀敌人200多人，噶玛兰族战败后，遭到总兵吴光亮"破庄灭族"的扫荡，幸存的族人往南逃跑，在今花莲县丰滨乡建立新社（即今新社村）。后孙开华率领的擢胜营又火攻撒奇莱雅部落，致使其内部发生分化。番社头目将叛将首领姑乳斗玩、姑乳士敏绑缚之后献给孙开华，孙开华将他们枭首示众，起到了杀一儆百的作用。然后，孙开华抓获另外两位叛将头目龟刘武乬、武乬洛洛，就地正法。对于其他投降者，一律免予处罚。用我们今天的话讲：首恶者必办，随众者从轻发落。孙开华在四日内平息叛乱，获得全胜。番乱平息为台湾百姓根除了内患。

孙开华发布告示：该社叛乱的番众凡能及时悔悟，并且积极投降者，本军门承诺既往不咎，并妥善安置地方从事生产活动，使之安居乐业。孙开华依据当时的情况对该社进行了安抚政策。孙开华与时任福建陆路提督的驻苏澳地区罗大春一起联合进行安抚工作。他们主要采取以下措施：重用熟悉当地情况的原住人；改革修路记酬办法（将原来的按天记酬改为按所修路段的难易程度和工程量记酬）；制定优惠政策吸引富绅开垦荒地；推动清廷取消大陆人赴台和台湾人进入生番地区的禁令、对垦荒者给予资金支持等。在修路的同时，修筑兵站炮台。增加护卫的兵勇和修路的民工，最多时兵勇达到15营，既巩固海防又保障道路畅通。对生番则采取剿抚兼施、以抚为主的策略，如将番目姑乳斗玩等人搜获正法，使其他人都有所畏惧，道路修到哪里，抚番工作就开展到哪里。

闽浙总督何璟以孙开华平乱有功，且连战皆捷，恳恩破格奖叙，以励戎行，并等报表彰，赏赐了许多物件。孙开华名声大震，百姓安居乐业。朝廷为嘉奖孙开华之功，除赐以黄袍马褂外，还对他的功绩刊于书报，百姓都尊他为"孙九大人"，佳话传扬海外。叛乱平息后，清政府对加礼宛社的幸存族人采取了宽大政策。为了其幸存族人的生计，使他们融入了阿美族的生活中。

10 月 22 日，朝廷奖赏孙开华白玉炳小刀一把，白玉四喜扳指儿一个，荷包一对，火镰一把。

光绪五年（1879 年）二月，由于后山番情趋于稳定，孙开华乃回泉州接署陆路提督印，有事方渡台办理。

## 四 "琉球事件"

琉球群岛，位于台湾岛和日本列岛（及其附属岛屿）之间，呈东北西南向，包括大隅群岛、吐噶喇群岛、奄美群岛、冲绳群岛、宫古群岛、八重山群岛等。北距九州岛约 340 千米，距中国沿海的上海、宁波、温州约 700 多千米。历史上琉球群岛长期处于中国文化和日本文化的熏陶之中。

琉球群岛上过去存在着琉球国，并有着自己的语言。琉球王国的都城为首里，在今日本冲绳县那霸市的东郊。历代琉球国王及王族居住和处理政务的首里城和其他琉球文化遗迹在 2000 年被联合国教科文组织定为世界文化遗产。关于琉球国的最早文字记载见于中国古代《隋书》中"琉求传"。到明代洪武五年（1372 年），明太祖朱元璋派使臣杨载携带诏书出使琉球，诏书中称其为琉球。从此"琉球"正式成为中国的附属国。明、清时代，琉球国不断向南京和北京的国子监以及福州的琉球馆派遣留学生学习中国的语言，因此琉球语受到了汉语闽语尤其是福州话的影响，而且琉球国官方文字为汉字。然而，日本明治维新后，迅速走上对外侵略扩张的军国主义道路。

明治五年（1872 年），日本借琉球使者到访日本之际，突然强制"册封"琉球国王为藩王，并列入所谓"华族"。这是维新政府强行改变日琉关系的第一步。而这些行径当时都是暗中进行对中国隐瞒的。从此，琉球便成了所谓"日清两属"。1875 年日本借口以"牡丹社事件"企图侵占台湾的阴谋失败后，转而武力占领琉球国，禁止琉球进贡中国和受大清册封，废除中国年号，改为日本明治年号。1875

年 7 月 24 日，日本强迫琉球国王停止向清朝中央政府朝贡。

面对日本政府的百般逼迫，琉球国在不断向日本"请愿"要求保持中琉关系、不变琉球国体政体的同时，还向西方各国公使发出外交求援信。日本恼羞成怒，1879 年 1 月 10 日日本《朝野新闻》竟称"琉奴蔑视我日本帝国甚哉"！于是，日本决定不顾国际公法，不顾琉球国臣民的意愿，加快吞并琉球。1879 年 3 月，日本向琉球秘密派出军警人员，采取突然行动，在首里城向琉球王代理今归仁王子命令交出政权。4 月 4 日，日本悍然宣布"废琉置县"，即将琉球国改为冲绳县。随即大肆抢掠中琉往来的文书、文物和宝印，以及琉球国的政府档案，企图销毁和隐匿历史见证，并强迫国王尚泰王等前去日本，对琉球开始实行同化和殖民政策。

光绪五年（1879 年），清朝政府与日本政府就琉球问题开始谈判，清廷方面提出把琉球群岛分成三部分：挨近日本方向的庵美大岛作为日本领土；琉球本岛及其附近岛屿作为一个独立的琉球王国存在；在南部的先岛群岛则作为中国的领土。日本方面建议把琉球划分成两部分：琉球本岛及其北方岛屿作为日本的领土，而南部的先岛群岛则作为中国的领土。中方未同意。"琉球事件"一直拖延至 1894 年中日甲午战争，最后因为中方战败，不了了之。

"琉球事件"的发生，使得大清王朝不知所以，朝野上下顿感日本人的觊觎之心不可小视。8 月，闽浙总督何璟以海防吃紧，台北兵少，仍咨调孙开华"擢胜营"渡台戍守。当时，"擢胜"三营的布防情况是：前营由参将孙开富（孙开华胞弟）管带驻守泉州，分防德化、田南各州县；右营由龚占鳌统带，曾随孙开华赴台湾剿藩，内渡大陆之后驻守漳州，其中两哨赴汀州属的武平县驻扎；后营由张照连统帅，驻守泉州一带①。10 月 4 日，孙开华率"擢胜"前、右、后及练勇三营赴台，分别驻守基隆、淡水两个要塞。这是孙开华第三次赴台。

光绪六年（1880 年），孙开华所部在基隆、沪尾建筑炮台，7 月，

① 光绪朝月折档，光绪五年十月二十日，孙开华奏。台北"故宫博物院"存。

因台湾防御兵力单薄，总督乃令孙开华到湘楚一带招募精勇，编为
"擢胜营"中、左两营①，加上原来的前、右、后三营，共计 5 营，加
强训练，以固海防。这是孙开华第四次赴台。这一年的冬天，新募的
两营湘勇抵达台湾。按照当年湘军的编制，"擢胜营"的前、后、左、
右、中 5 营全部配备完毕，成为湘军"后时代"的劲旅之一。当时孙
开华在艋舺居中调度，帅府选择的地点就在五虎岗的第五个岗头（今
圣本笃修道院）附近，居高临下的特殊位置得以俯视鼻仔头区区域及
淡水河岸的所有景物。

　　而此前孙开华兼任的"霆庆营"统领之职，改由管带"霆庆营"
中营的记名提督曹志忠接任②。孙开华则专门致力于"擢胜营"的训
练和基隆、淡水的防务。

　　也许是因为水土不服，也许是建设炮台期间发生了事故，孙开华
有几位部下在台湾"非战"死亡。由于路途遥远，这些湘勇只能埋在
军营附近。这个湘勇古墓位于淡水镇中正东路与竿蓁一街交叉口斜坡
上，1998 年经台北县政府指定公告（县定古迹），面积约 721 平方公
尺，古迹范围内计有古墓六座、墓碑六方。2010 年 8 月，出席
"2010 年台湾湖南周"活动的中共湖南省委副书记梅克保前往淡水湘
军古墓群进行了凭吊。2014 年 10 月，笔者应邀赴台湾参加"清法战
争之沪尾大捷 130 周年学术研讨会"，我们专程到该古墓地进行了拜
谒和勘查，在杂草丛中，依稀可以辨认出如下墓志铭：

　　　故勇李有章，湖南善化县人

　　　故勇袁致和，湖南善化县人

　　　故勇张月升，湖南善化县人

　　　故勇胡芳之，湖南善化县人

　　　故勇严洪胜，湖南善化县人

　　　故勇李佑佺，湖南永定县人

---

① 光绪朝月折档，光绪七年一月七日，穆图善片。台北"故宫博物院"存。

② 光绪朝月折档，光绪七年一月七日，何璟片。台北"故宫博物院"存。

光绪六年（1880 年）十二月二十三日，福建巡抚勒方锜①按例巡视台湾，首先在台北地区察看了军事防务，立刻了解到基隆、淡水两港的重要性，在向朝廷汇报的奏折中陈述道："四海口之中，则基隆最为险要，臣登岸后，与提臣孙开华周巡履勘，该口西南面稍北岛屿，前错左

图4-2　刘铭传题写的"北门锁钥"遗址
孙培厚摄

右，缭长中凹，宽敞而深，巨舟二三十可以联泊；且随时均能进口，不须守候风潮。今靠东岸建设炮台，扼险迎击，尚得形要，刻已拼力赶筑，开春即可竣工。基隆以南七八十里，至沪尾溪海口，其南岸名八里坌，从前舟行皆傍南岸，近因沙壅，又皆依北岸行，然亦不甚深，潮涨时，仅一丈六七尺，难驶大船，北岸旧有露天炮堤，不足以避风雨，臣与孙开华商度，他日能筹经费，当作炮台，盖泥沙时有变更，目前虽浅，异时未必不深也。"②

可惜的是，由于当时经费紧张，勒方锜与孙开华商议的兴建淡水炮台事务没有尽早落实，直至中法战争爆发之际，朝廷意识到该处的军事重要性，才仓促动工急建，为时晚矣。所幸的是基隆炮台在孙开华的主持下得以顺利完成，为日后抵御法国舰队的进攻发挥了作用。

勒方锜此次巡台，虽是按照当年沈葆桢奏请朝廷制定的旧例：福建巡抚冬春在台，春秋在陆。他除了巡检全台的防务外，还有一项秘密使命，那就是有人上奏"台湾兵勇总统无人，各军俱不相下，且多吸食洋烟，亟宜实力整顿"折，军机大臣密令勒方锜趁到台湾巡查的

① 勒方锜（1816—1881），原名人璧，字悟九，号少仲，江西南昌人。清代词人、书法家。道光二十四年（1844 年）中举人，翰林学士，中丞，历任江苏按察史、广西布政史，江苏、福建和贵州巡抚，官至河东河道总督。精通星卜术相之学，洞达玄理，工诗能文，对词造诣极深，享名于时。光绪五年、六年巡视台湾期间，先后建淡水县儒学和台北府儒学及登瀛书院。光绪七年（1881 年）逝于任上，终年 65 岁。

② 光绪朝月折档，光绪七年二月二日，勒方锜奏。台北"故宫博物院"存。

机会，认真查勘并复命。当时，全台驻有楚勇（湘军）、粤勇及练兵
17 营，其中台北 6 营，分防苏澳、沪尾、基隆、台北府城，由孙开华
统领。巡抚勒方锜经过明察暗访，并没有发现上述奏折中的乱象①。

光绪七年（1881 年）五月，勒方锜逝于任上，岑毓英接任巡抚
一职。是年冬，岑毓英来台湾巡阅，随行带了 2000 名黔军登陆台湾，
拟接防台北军务。孙开华率领"擢胜营"内撤回大陆，于 11 月 29 日
回泉州②。次年 1 月，因防务渐松，为了节约军费开支，孙开华裁撤
"擢胜营"左营，保留下来的中、后、右三营，分别驻防在兴化、永
春和泉州等处。孙开华本人于 4 月正任漳州镇总兵。

由于孙开华自同治五年到光绪八年间因军务繁忙，没有按照三年
觐见皇帝一次的体例进京觐见，现在防务稍松，经上奏朝廷，请求觐
见。光绪八年（1882 年）7 月 8 日，他启程离开福建进京陛见。8 月
29 日，年幼的光绪皇帝觐见了孙开华，孙开华请假三个月回老家
修墓。

孙开华的父亲去世得较早，兄弟仨都由母亲一手拉扯养大。由于
史料的缺失，目前我们没有找到其母 1862 年去世时孙开华是否回家
奔丧的证据，倒是在《霆军纪略》中没有间断他的军功和升迁记载。
据初步考证，孙开华曾于 1876 年秋冬之际，也就是第一次赴台之前
回过故乡慈利，随行的闽军参军张恩爵欣然为孙氏老家旁边的泉眼题
写了"珍珠泉"，刻碑在泉边。由此看来，1882 年进京觐见皇上之后
的回乡修墓，应该是孙开华自 1856 年离开家乡后的第二次省亲。关
于这次荣归故里的行程，虽然没有史书记载，但是我们尚能从《孙氏
族谱》《慈利县志》等地方文献和柳林铺当地的历史文化遗存中寻找
到一些踪迹。如孙开华出钱在柳林铺新建了一个义渡，以缓解澧水两
岸交通问题，时任县长朱耀奎专门题写了《将军渡记》刻于将军渡
旁，详情请见本书第九章。

从光绪二年（1876 年）十二月（公历已是 1877 年 1 月）第一次

---

① 光绪朝月折档，光绪七年二月二十七日，何璟奏。台北"故宫博物院"存。

② 外纪档，光绪七年十一年十二日，孙开华奏。台北"故宫博物院"存。

赴台，到光绪八年（1882 年）七月赴京觐见皇帝的这 5 年多时间内，孙开华算得上是往返台海两岸间最频繁的官员之一。当时的台湾尚未建省，隶属福建省管辖，作为福建的一位军事大员，孙开华支援台湾也是分内之事。在此期间，孙开华主要做了两件事情：一是在台北地区"开山抚番"，先后平定了纳纳社、阿棉社、加礼宛社等"生番"部落的叛乱，惩办了部落首领，安抚了其他民众，使之服从官府的管理。二是加强了台湾特别是台北地区的军事防御，在日本吞并琉球国之后，不敢悍然南下台湾，保持了清朝在台湾的军事存在。与此同时，他还先后对驻防所在地基隆、淡水都进行了海防军事建设，今天我们在这两地尚能见到孙开华当年驻军留下的历史遗存，也是中国政府强化台湾管理的历史见证。

# 第五章

# 沪尾大捷

## 一  台北名镇沪尾港

沪尾，旧港名，即今台湾省淡水港。淡水港位于台北县（今新北市）西北隅的淡水镇，南隔淡水河与八里乡对峙，东以大屯山与台北市北投区相隔，北与三芝为邻，隔台湾海峡与福建省福州市相望。淡水镇位处台北盆地淡水河系出口，扼守北台湾大门，是台北地区的军事重镇。

据考证，距今七千年来一直有人类入居于此，早期先民以部落形式过着渔猎、放耕的生活。"沪尾"一词来自当地原住民的语言。沪尾原住民皆属居住于台北一带的凯达格兰平埔族住民，早期中国大陆和日本的船只经常停泊淡水，和他们从事贸易。

咸丰八年（1858 年），清朝与俄国、美国、英国签订《天津条约》，允许将台湾辟为通商口岸；在与法国签订的《天津条约》中则增开淡水为通商口岸。对于英美而言，条约中的"台湾"就是全台，当时清朝在台湾设有"台湾府"，治所在台南，因此咸丰帝批示"淡水及台湾地方"予以开放。福建官员据此谕旨，派遣候补道区天民①为淡水通商委员，主持口岸工作。同治元年（1862 年 7 月 18 日），在区天民主持下，淡水正式设立税关，次年 10 月 1 日，英国人满斯文（Willian Maxwell）出任海关署税务司。与此同时，在福州海关税务司美利登（Meritens）的建议和努力下，鸡笼也于同治二年（1863 年）10 月 1 日正式设关（1875 年改名为基隆关）。1864 年 5 月 5 日，

---

① 区天民，字觉生，生卒年不详，广东香山人，清道光时期举人。

设打狗（高雄）海关于探险者号（Pathfinder）开关征税；1865年1月1日，平安关设立。按照大陆行政管理体例，上述台湾四个海关口岸以淡水为本关，其余为分关，均由洋人主持关务，统归英籍税务总司赫德（Robert Hart）管辖。

由于海关的设立，沪尾（淡水）既是台湾北部最早开发的港口，也是全台开放最早的地方，一度成为全台最大的港口。

这也是一个充满历史传奇的小镇。16世纪西方海权强国开始逐鹿亚洲，台湾优越的地理位置引起了他们的注意。西班牙人为了确保菲律宾的经营，并为了和荷、英、葡对抗，最先占领北台湾；西班牙人于1628年的秋天筑圣多明哥城、建教堂，作为殖民和宣教的基地与赴中国、日本贸易及宣教的跳板。他们由淡水溯河入台北平原，降服诸部落，并扩张势力到新竹和宜兰一带。

1644年荷兰为防止中日贸易路线被西班牙截断，遂驱逐西人并重新筑城（即今之"红毛城"）。红毛城，古称"圣多明哥城""安东尼堡"，位于中国台湾省新北市淡水区文化里中正路28巷1号。1867年以后曾经被英国政府长期租用，被当成英国领事馆的办公地点，一直到1980年该城的产权才转到台湾当局的手中。红毛城不但是台湾现存最古老的建筑之一，同时也是台湾当局所颁订的一级古迹。荷兰人除了镇抚平埔族，也招聚汉人来此拓垦，并致力于硫黄、鹿皮及土产的运销，更利用淡水为港口和中国大陆互市。1661年郑成功渡海东征，驱逐南台湾的荷兰人，淡水也暂归明郑。此后，淡水除了原有"汉番交易"之外，汉人已渐渐到此从事拓垦，直到明郑降清。渐渐地，淡水因与大陆最近，本身又为良港，"沪尾"由渔村渐成街庄和通商港口。康熙年间淡北开治设防，淡水由番社渐成村庄，山区也逐渐开拓。早期港口发展在南岸之八里，1792年清廷才正式开放八里坌与大陆对渡，但因泥沙淤积腹地有限，港埠遂又逐渐移至北岸淡水。1808年水师守备由八里坌移驻淡水。此后，淡水街民环福佑宫形成街衢。

嘉庆年后，淡水不仅成了附近聚落的日常生活消费和物产集散地，也成了地区文化和祭祀的中心，主要庙宇也都先后建立。鸦片战争之后，淡水逐渐为列强所注意，各国船只私下到淡水港贸易，渐被视为具有潜力的市场。

《天津条约》之后，淡水港已成为国际通商口岸，1862 年 6 月 22 日正式开关征税。茶、樟脑、硫黄、煤、染料等土产的输出和鸦片、日常用品的进口，不只使淡水成为全台最大之贸易港，也让淡水跃升国际舞台，不仅英国人在红毛城设领事馆，各国洋行也都到淡水设行贸易，因此"年年夹板帆樯林立，洋楼客栈阛阓喧嚣"，淡水进入黄金时代。淡水不但在贸易上独占鳌头，也成为西方文化登陆台湾的门户。

1872 年 3 月 9 日，加拿大牧师马偕①博士抵达沪尾，以此为其宣教、医疗和教育的根据地。西式医院和新式教育得以在淡水创设，对早期的台湾开通思想、启迪民智均有深远的影响。1884 年的清法战争更肯定了沪尾在经济、国防和政治上的重要地位。

因为古镇邻近淡水河，清朝治理时期的此地，"沪尾""淡水"两个名称交叉使用。1895 年日本占领台湾之后，"淡水"之名正式取代"沪尾"。1945 年中国政府收回台湾、澎湖列岛，成立"台北县"。2010 年 12 月，台北县更名为"新北市"，淡水镇升为"淡水区"，亦为新北市的市府所在。

就是这样一个地理位置特殊的港口，在 130 多年前的晚清时期，中国军队以极为低劣的装备，抵御了西方列强之一法兰西"远东舰队"的进攻，取得了清王朝自鸦片战争以来难得的一次军事胜利，指挥这场战役的爱国将领就是本书的主人公孙开华将军。

让我们走进这段历史。

---

① 乔治·莱斯里·马偕（George Leslie Mackay，1844—1901），汉名叫偕叡理。父亲是苏格兰佃农，逃到加拿大后于安大略省生下马偕。1870 年毕业于美国普林斯顿大学神学部返回加拿大，同年底前往英国爱丁堡大学研究科深造。1871 年受加拿大长老教会派遣到东方传教，他先到香港，之后辗转经过广州、汕头，最后到达台湾，在沪尾开始传教，并终老于此。他留下的《马偕日记》是我们研究晚清台湾地区的珍贵史料。

## 二　"西仔反"

当年，"西仔反"是台湾人民对"中法战争"的称呼，"西仔"是指法国人，"反"是指"叛乱""侵害"之意。

法兰西第三共和国是19世纪中叶以来较为强大的西方强国之一，为了确立"霸主"地位，列强之间先后爆发了"英法战争""普法战争"，但是，法国并没有如愿以偿。为了重新攫取大国地位，法国政府把侵略的重点放在东方战场上，目标瞄准了软弱无能的清王朝。

### 1. 觊觎越南由来已久

中国与越南山川相连，唇齿相依，自古以来关系密切，也是大清王朝的附属国。19世纪以前法国天主教势力已侵入越南。英法对华第二次鸦片战争期间，法国开始武力侵占越南南部（南圻，西方人称为交趾支那），使越南南部六省沦为法国殖民地。接着就由西贡出发探测沿湄公河通往中国的航路，在发现湄公河的上游澜沧江不适于航行后，即转向越南北部（北圻，西方人称为东京），企图利用红河作为入侵中国云南的通道。1873年11月（同治十二年十月），法国派安邺率军百余人侵袭并攻陷河内及其附近各地。越南国王阮福时请求当时驻扎在中越边境保胜地方（今老街）的中国人刘永福率领的黑旗军协助抵抗法军侵略。同年12月，黑旗军在河内城郊大败法军，击毙安邺，法军被迫退回越南南部。1874年3月15日，越南在法国侵略者的压迫和讹诈下，在西贡签订了《越法和平同盟条约》，即第二次《西贡条约》，越南向法国开放红河，并给予法国在越南北部通商等多种权益。1875年5月25日，法国照会清政府，通告该约内容，意在争取清政府的承认，从而排除在历史上形成已久的中国在越南的影响。6月15日清政府复照，对该条约不予承认。

1881年7月，由法国总理茹费理主导的法国议会通过了240万法郎的军费用于越南。1882年3月，法国政府命交趾支那海军司令利维耶（李维业）指挥侵略军第二次侵犯越南北部，4月侵占河内城砦，进而以兵船溯红河进行侦察，直到河内西北的山西附近。次年3月，又攻占产煤基地鸿基和军事要地南定。越南朝廷一再要求清政府速派军应援。清政府鉴于形势变化，命令滇、桂两省当局督饬边外防军扼要进扎，但强调"衅端不可自我而开"。1881年5月19日，刘永福率黑旗军在怀德府纸桥进行决战，李维业及副司令卢眉以下30余名军官、200余名士兵被击毙。法军被迫退回河内。

法军总司令李维业和副总司令卢眉战死，让法国人感到很没有面子。法国当局发誓要报一箭之仇，随即宣布要"为她的光荣的孩子复仇"，拨给东京法军350万法郎，竭力煽动全面的侵越战争，除增援陆军外，成立北越舰队，调兵遣将，积极部署。8月间，法军一面在北越加紧攻击黑旗军，一面以军舰进攻越南中部，直逼越南都城顺化。1881年8月25日，迫使越南签订《顺化条约》，取得了对越南的"保护权"。法国侵略者为实现对越南的殖民统治，及早达到据越南而侵入中国西南的目的，开始以全力来对付中国。

越南向法国签订屈服的《顺化条约》之后，中国成为法国占有越南的唯一障碍，法国决定消除这一障碍，立即禁绝了越南与中国的一切关系，并强迫越南撤退包括黑旗军在内的武装力量。1882年9月15日，法国政府向中国提出一个解决越南问题的方案，即以划出一个狭小的中立区的办法使中国撤出驻越军队，承认法国对整个越南的殖民统治，并向法国开放云南的蛮耗为商埠，为法国打开云南门户。方案被清政府拒绝，谈判毫无结果。

这时，鉴于中、越两国的特殊关系和法国侵越给中国造成严重威胁，清朝统治集团内部以左宗棠、曾纪泽、张之洞为代表的主战派，力促朝廷采取抗法方针，但掌握清政府外交、军事实权的李鸿章却一意主和。清朝最高决策机构举棋不定，在军事上一面派军队出关援助越南，一面又再三训令清军不得主动向法军出击。在外交上，一面抗议法国侵略越南，一面又企图通过谈判或第三国的调停达成妥协。这种自相矛盾的举措，大大便利了法国的侵略部署。1882年10月25日，法国东京海域分舰队司令孤拔受命为北越法军统帅。12月初，决定向红河三角洲中国军队防地发动攻击。

2. 清军节节失利

中法战争是从1883年12月的越南山西之战开始的。法国的军事行动第一个目标确定为山西。山西的防军主要是黑旗军，同时也有七个营正规的桂军和滇军。法军于14日发起攻击，中国驻军被迫实行了军事抵抗。法军依靠优势的装备，16日占领山西。

1884年2月，米乐继孤拔为法军统帅，兵力增至16000人，图谋侵犯北宁，筹划给中国军队更大的打击，从而迫使清统治者完全屈服。时清政府在北宁一带驻军约40营，但由于将帅昏庸、怯懦，互不协调，军纪废弛，兵无斗志，3月12日，法军来攻，北宁失守；19日，太原失陷；4月12日，法军进驻兴化。法国利用军事胜利的形势，对越南和中国都展开了进一步的政治胁迫。6月，法国政府与越南订立了最后的保护条约。

清廷得悉前线军事挫败的消息后，以撤换大批疆吏廷臣掩饰败绩。全面改组军机处，恭亲王奕䜣等被黜退，以礼亲王世铎代之。贝勒（后为庆亲王）奕劻主持总理各国事务衙门，而实际大权操在醇亲王奕譞（光绪帝生父）的手中。授权李鸿章与法国代表举行和谈。5月11日，李鸿章与法国代表福禄诺在天津签订了《中法会议简明条约》（又称《李福协定》）。主要内容是：中国同意法国与越南之间"所有已定与未定各条约"一概不加过问，亦即承认法国对越南的保护权；法国约明"应保全助护"中国与越南毗连的边界，中国约明"将所驻北圻各防营即行调回边界"；中国同意中越边界开放通商，并约明将来与法国议定有关的商约税则时，应使之"于法国商务极为有利"；本约签订后三个月内双方派代表会议详细条款。17日，福禄诺交给李鸿章一份节略，通告法国已派巴德诺为全权公使来华会议详细条款，并单方面规定在越南北部全境向中国军队原驻地分期"接防"的日期。李鸿章没有肯定同意这个规定，又没有明确反对，亦未上报清朝中央政府。

1884年6月23日，法军突然到谅山附近的北黎（中国当时称为观音桥）地区"接防"，无理要求清军立即退回中国境内。中国驻军没有接到撤军命令，要求法军稍事等待，法军恃强前进，开枪打死清军代表，炮击清军阵地。清军被迫还击，两日交锋，法军死伤近百人，清军伤亡尤重。这次事件史称"北黎冲突"或"观音桥事变"。

法国以此为扩大战争的借口，照会清政府要求通饬驻越军队火速撤退，并赔偿军费两亿五千万法郎（约合白银三千八百万两），并威胁说法国将占领中国一两个海口当作赔款的抵押。清政府虽然认为这是无理勒索，但仍派两江总督曾国荃于 7 月下旬在上海与巴德诺谈判，以求解决争端。谈判未有结果，法国重新诉诸武力。

3. 法国远东舰队

法国并没有满足在越南取得的军事和外交上的胜利，而是将战火扩大到中国东南沿海。法国政府派驻华大使巴德诺 (Jules Patnotre) 与曾国荃进行谈判的同时，继续制造事端，再次挑起战争。法国将它在中国和越南的舰队合成远东舰队，任命孤拔为统帅，伺机侵占中国东南沿海的港口或者岛屿，以增加在谈判桌上的政治筹码。

孤拔 (Amédée Anatole Pros–per Courbet, 1827 年 6 月 26 日——1885 年 6 月 11 日)，法国海军中将，也是一个老资格的殖民军队将领，指挥过北非中亚法属殖民地的多次侵略战争。1883 年被任命为法国驻交趾支那（北越）舰队司令，率海陆远征军攻入越南，强迫越南王府订立第二次《顺化条约》，当年年底，又升任法国远征军总司令，率 6000 名士兵攻打驻扎越南山西的清军和黑旗军刘永福部。

孤拔所统领的这支海军可谓颇有来头。普法战争失败之后，法国政府除了改造普法战争中显得软弱无用的陆军外，也积极谋求建设一支更强大的海军，以此弥补陆军不足的缺陷，在海上力量方面跻身世界强国。为实现这一宏愿，法国海军专门在瑟堡组建了海军实验支队 (Division du Essai)，编入新式军舰，实验新兵器、新战法。这个支队的司令就是孤拔将军。他接受海军和殖民地部部长的指挥，目标是建立一支全新的部队，并用越南的城市命名：东京支队 (Division Navale du Tonkin)，其意图可谓昭然若揭。

这是一支颇具实力的舰队。首先被选入列的军舰，就是孤拔在实验支队的旗舰装甲巡洋舰"巴雅"(Bayard) 号，孤拔仍然将其作为到新舰队的旗舰。其后，从其他各舰队、支队又陆续抽调军舰。包括"阿尔玛"(Alma) 级装甲巡洋舰"阿达郎德"(Atalante)、二等巡洋舰"雷诺堡"（Chateaurenault）、"凯圣"（Kersaint）、"阿米林"
（Hamelin），通报舰"巴斯瓦尔"（Parseval），"鳄鱼"级炮舰"野
猫"（Lynx）、"蝮蛇"（Vipere）、"益士弼"（Aspic），运输舰"德拉
克"（Drac）、"梭尼"（Saone）。大军舰之外，曾经担任水雷学校校
长的经历，使得孤拔对杆雷等兵器情有独钟，和中国的北洋大臣李鸿
章一样，孤拔也是个鱼雷迷。东京支队内特别编入了2艘27米型杆
雷艇"45"号和"46"号，这种杆雷艇当时在法国海军中还属于稀
罕物件。小小的杆雷艇载煤有限，无法实现远距离自航，经安排，由
一等运输舰"美萩"（Mytho）和"安南人"（Annamite）从土伦军港
直接载运往越南。此外，为了增加对中国沿海的警戒，装甲巡洋舰
"凯旋"（Triomphante）、一等巡洋舰"杜居士路因"（Duguay Trouin）
也从欧洲被派往远东，加入中国、日本海支队，加大对中国沿海的
威慑。①

　　自报纸诞生以来，新闻传播在近代战争中扮演了极为重要的角
色。当时法国政府已经启动战争机器对东南亚地区实行了扩张，国内
媒体也在密切关注战争的动态，以大量的新闻报道不断吸引着国内读
者的眼球，甚至为政府的行动出谋划策、摇旗呐喊。"观音桥事件"
之后，清政府派出两江总督与法国驻华大使巴德诺进行谈判，法国媒
体坚决反对此时与中国媾和，强烈建议法军占领中国东南沿海的舟山
群岛、琼州岛（今海南岛）或台湾作为谈判筹码，从而迫使清廷放弃
对安南（即越南）的宗主权。②

　　茹费理③政府认为，舟山群岛靠近长江流域，琼州岛离香港不远，
这两个地方附近都是世界头号殖民强国英国的势力范围，如果法军对
这里发起进攻，难免引起英国的猜疑和不满，于是主动表明不攻击海

　　① 金满楼：《百年前的巨变：晚清帝国崩溃的三十二个细节》，五、和为上策：《中法新约》并非"不败而败"，大旗出版社2011年版。
　　② 吕实强等编：《中法越南交涉档》，中研院近代史所1962年版，第1536页。
　　③ 茹费里（Jules François Camille Ferry）（1832—1893），法国共和派政治家。1879年2月，共和派上台执政，茹费理加入了内阁，先后担任过教育部部长和外交部部长。后来两任总理，任内以推行政教分离、殖民扩张、免费世俗义务教育而闻名。

口的声明，以安抚英国。①

19 世纪 80 年代，世界最先进的动力机器是蒸汽机，当时英国、法国的战舰都以它作为动力。而蒸汽机的主要燃料就是煤炭，作为海上航行和战斗的法国远东舰队必须解决的补给问题首先就是煤。在中国东南沿海的港口城市中，基隆既是一个天然良港，同时还有一个煤矿。一位法国军官直言道："在所有担保中，台湾是最良好的，选择得最适当的，最容易守，守起来又最不费钱的担保品……其基隆煤的出售量巨大……占据台湾北部可能提供我们的每年资源总数，当略等于三百万法郎！"②

于是，基隆成为法国远东舰队捕猎的第一个进攻目标。

### 三 基隆失守

#### 1. 刘璈主政台湾

晚清时期的中国可谓风雨飘摇，内忧外患连年不断，世界列强对这个古老的东方大国垂涎欲滴。自道光末年以来，陆续发生的太平天国、捻军、回民叛乱等事件动摇了清廷的国本，元气尚未恢复；俄罗斯、英国在新疆、西藏地区动作不断，东部的日本虽然没有在"琅峤事件"中占领台湾，但是在 1879 年以武力废除了"琉球"国号，直接将其收入自己的版图，更名为"冲绳县"，这对大清王朝来说是一个不祥的信号。两次鸦片战争以来，大清王朝均以失败告终，不敢对外轻言开战，朝廷因为国库空虚，不到万不得已也不希望挑起战端。面对法国咄咄逼人的挑衅，光绪九年（1883 年）十月，军机处通令沿海各省增修武备，以防法军的侵略。

台湾建省之前隶属福建，1874 年"琅峤事件"之后增设了恒春县、台北府等机构，加强了朝廷对台湾地区的行政和军事管理。此时，台湾最高统帅为同为湘军出身的台湾兵备道刘璈。

刘璈（1829—1889），字兰洲，湖南岳阳人。咸丰年间，太平军

---

① 丁名楠：《关于中法战争几个问题的初步探讨》，《历史研究》1984 年第 4 期。

② 罗亚尔撰：《中法海战》，中国史学会编《中法战争（三）》，第 540 页。

进军湘鄂时，秀才出身的他为维护本阶级利益在家乡倡办团练，处处抵抗，颇有斩获，得湖南巡抚骆秉章赏识，遂保荐县丞衔，自此踏上仕途。咸丰十年（1860年），左宗棠奏调浙江巡抚，刘璈自领一军先后参加了遂安、常山、衢县、余杭、安吉、孝丰等十余县城镇压太平军的战斗，他朴勇善战，治军严明，屡战屡捷。同治三年（1864年）六月，与杨昌睿（按后继左宗棠任浙江巡抚）一起在金华孝丰、章村一带，夹击侍王李世贤之部，取得决定性胜利，从此浙境全平。刘璈风光无限，赏戴花翎，保道员衔，实授署台州知府。在台州主政期间，他剿灭土匪，治理武备，尤其是兴办教育，深得当地人称赞。同治十一年（1872年）九月，刘璈讫归侍父，奉旨以道员开缺，加二品顶戴卸任。临行前，台州士绅依依不舍，特地为他竖立去思碑，于府学宫建生祠。光绪初年，他署甘肃兰州道员，六年（1880年）在左宗棠麾下驻防张家口，次年入京朝觐光绪帝，授福建台湾兵备道兼提督学政。在台湾任上，他兴学校，招开垦，理冤狱，整顿盐、茶和煤矿、税务行业，颇有政声。

作为统领台湾军备道台，刘璈就其手中兵力对全台的军事进行了布防：全台分为前、后、北、中、南5个防区，具体而言，前为澎湖，后为花莲、水尾、埤南、三条仑以迄凤山界，北为大甲溪以北到苏澳，中为大甲溪以南、曾文溪以北，南为曾文溪以南地区，每个防区都设立一个统领：前为副将苏吉良，后为副将张兆连，北为总兵曹志忠[1]，中为台湾镇总兵吴光亮、南为刘璈。每个统领既要协同配合，又享有独立作战的权力[2]。

从行政级别上来说，"台湾兵备道"与"台湾镇"同属正三品，一个是文官，一个是武官，二者的权位可以说是此消彼长。刘明灯任台湾镇总兵时期，总兵权力略显于道员吴大廷，但是到了刘璈主持台湾道之后，其权力已经达到极致。道台不仅主持台湾的财政和民事，

---

① 曹志忠（1840—1916），字仁祥，抗法保台英雄，湘乡人（今双峰县杏子铺镇），曾任福宁镇总兵，福建陆路提督、福建水师提督、湖南提督，被封为光禄大夫、建威将军，官至正一品，获"芬臣巴图鲁"勇号。

② 刘璈：《巡台退思录》，《台湾文献丛刊》，第21种第200页。

而且还有一定兵力和兵权，因而导致总兵与道台的关系不和。为了事权一致、统一调度，刘璈请求时任福州将军的穆图善将吴光亮调回省城，换上湘军出身的杨在元①署理台湾镇总兵，负责台湾中部防御。光绪十年（1884 年）年二月，孙开华奉令率"擢胜营"三营来台，刘璈考虑到孙开华曾多次来台，熟悉台北地形和台湾人文，台北的军事统领职务改由孙开华担任，曹志忠协助。

刘璈虽然将全台分为五个防区，并明确了各自的统领，但是他深感兵力的严重不足。于是，他一面奏请同为湘系、时任两江总督的左宗棠派兵援台，一面派次子刘济南回岳州招募湘勇，同时他还在台湾本土招募熟悉地形、英勇善战的"土勇"进行训练，作为辅助性军事力量。刘璈招募和训练"土勇"的工作非常值得赞许，一方面解决了兵力不足的矛盾，另一方面也调动了台湾人民特别是原住民抵御外敌的积极性，增强了民族凝聚力量，而且在日后的战事中台湾"土勇"也展示了英勇善战、保家卫国、可歌可泣的英雄壮举。

2. 刘铭传主政台湾

面对法军咄咄逼人的进攻态势，刘璈深感万一远东舰队开战，督抚大员远在大陆只能对台湾隔海相望，如是多次上奏朝廷速派督抚或者知兵大员来台统领。台湾学者许雪姬教授分析，刘璈此举实则为"一石二鸟之计，一则试探何璟（闽浙总督兼福建巡抚）对其督办台防的看法，二则朝廷若无法调派大员来台，则需给督办军政关防，他才好放手布置"②。光绪十年（1884 年）闰五月四日（6 月 26 日），朝廷任命刘铭传以巡抚衔赴台督办台湾军务，成为全台地区的最高军政首脑。这个结果是刘璈万万没有想到的，也是最不希望出现的。

刘铭传是淮军劲旅"铭军"的主帅，当年曾在淮军首领李鸿章主

① 杨在元，字楚荣，湖南宁乡人。先随楚军刘典，后受左宗棠赏识。道光年间诰授花翎提督，官至一品。历任浙江中衔参将，特授闽浙督标中军副将，署理福州城，守浙江严州等处，协镇漳州，总领两任台湾挂印。奉旨免骑射，封建威将军。

② 许雪姬：《二刘之争与晚清台湾政局》，（台北）"中研院"《近代史研究所集刊（14）》，第 150 页。

持剿灭捻军的行动中，可谓累立战功，并得以重用，出任直隶省陆路提督。刘铭传于 1884 年 7 月 6 日到天津谒见李鸿章，谋划筹饷募兵事宜，然后即率领旧部 134 人赶赴台湾。16 日轻装抵达基隆，翌日便巡视要塞炮台，并召集驻防诸将领研讨防务检查军事设施，并增筑炮台、护营，加强台北防务。19 日进入府城台北，宣布到职任事。

刘铭传抵达台湾之后，发现刘璈的军事布防以台南为重点，部署30 个营，而台湾的防御相对空虚：仅有孙开华 3 营，曹志忠 6 营，以及自己刚从大陆带来的 134 人，南北兵力颇有悬殊①。于是他将已经部署在台中防御的淮系章高元②部所属两营调至台北，并向朝廷奏调四艘轮船来台运用③。

与此同时，法国议会授权政府"使用各种必要方法"使中国屈服，法国政府拟定新条件向中国勒索，要求赔款八千万法郎，十年付清。清政府没有接受，中法外交关系正式破裂。刘铭传在台北的军事布防尚未完成，法军因为中国拒绝签署赔款条约，命令远东舰队展开军事行动。六月十六日（8 月 5 日），舰队炮轰基隆，经过守军顽强抵抗，法军向基隆发起的第一进攻没有得逞。

守卫基隆的将领是曹志忠，他的经历几乎与孙开华相同，出身贫苦人家，投效"霆军"后，屡立军功，官至提督衔，实授福宁镇总兵。1882 年春，清廷命曹志忠率"霆庆军"移驻台湾基隆（与孙开华换防，孙开华率"擢胜营"内渡福建），所部 6 营 4000 人，负责台湾大甲溪至新竹、淡水及宜兰之苏澳的北部防务，与孙开华并肩作战。1884 年 3 月，法炮舰驶入基隆港，强行要求至基隆煤矿购煤，并派兵上岸，妄想进入炮台，遭曹志忠部营官与教习阻拦。适逢一犬在旁吠叫，炮勇驱犬后，法兵亦散去。法舰长借此无理取闹，致函守将

---

① 刘壮肃公（省三）奏议，第 275 页。

② 章高元（1843—1912），字鼎臣，安徽合肥人。早年加入淮军，隶属刘铭传部下，曾参加镇压太平军和捻军，积功至副将，后转战鲁皖，以功擢总兵。1884 年在沪尾战役中表现突出，升简署澎湖镇总兵，赏"换年昌阿巴图鲁"勇号。1887 年擢登莱青（今青岛市）镇总兵，参加中日甲午战争后，先后转任天津镇总兵和重庆镇总兵。1912 年病逝于上海。

③ 刘壮肃公（省三）奏议，第 282 页。

曹志忠，言炮勇以戏狗为由，詈骂法员，要求他惩办。曹志忠义正词严，复函还击："炮台兵勇拦阻闲人，不准混进，当属分内之事，并晤詈骂情形。至于狗吠生人，也是平常之事。"

1884 年 8 月 4 日，法舰直逼基隆，法军远东舰队司令孤拔和副司令利士比派一副官上岸向中国守军下达挑战书，要求守军"于明日上午八时以前将炮台交出"，守军置之不理。于是在刘铭传到达基隆的第 15 天，即接掌台湾防务的第 7 天，即在 1884 年 8 月 5 日凌晨，战争就爆发了。法舰及 400 余人逼近基隆港东海岸，从八时开始炮击基隆港各炮台。曹志忠率部奋勇抵抗，炮弹连续命中敌舰，但因炮弹威力较小，未能给予法舰致命打击。法舰受挫后，利用清军炮台只能直射的弱点，集中火力从侧面轰击。四小时后，炮台前壁被击穿，弹药库被毁，守军 83 人阵亡，清军陷入被动局面，被迫退守后山。曹志忠部靠近海岸，中间隔有一小山，坚守不动，准备血战。法军见清军后撤，即派陆战队乘小艇登陆，占领大沙湾东侧高地，准备继续进攻。8 月 6 日下午两时，法陆战队两百余人沿海滨道路向基隆城进攻，直逼扼守田寮港西侧高地的曹志忠营垒。曹一马当先，率领两百余人出战，给法军迎头痛击，迫使其撤退。这一仗法军大部分被消灭，清军伤亡仅几人。法军第一次登陆战宣告失败。是日，直隶提督刘铭传上报《敌陷基隆炮台我军复破敌营获胜折》，附片请奖出力人员，曹志忠被赏穿黄马褂。

基隆没有得手，法军转向进攻沪尾。六月二十二日（8 月 11 日），法军进犯沪尾，遭到守军孙开华部的反击，也没有得逞。

七月初三（8 月 23 日），孤拔命令以先期驶入福州马江以内的法国兵舰向中国船舰猛烈攻击，中国水师仓促应战，顷刻间，战舰 11 艘或沉或伤，官兵殉难者近 800 人。法舰又炮轰马尾船厂（福州船政局），将其击毁，并连日对马尾至海口间的岸防设施大肆破坏后驶出闽江口，集结于马祖澳。至七月初七日（8 月 27 日），福建水师几乎全军覆没，造船厂也遭到致命的破坏。这场突如其来的失败让朝廷大为震怒，将闽浙总督何璟、福建巡抚张兆栋，以及会办福建军务兼船政大臣张佩纶等一批大员通通革职。

七月初六（8月26日）清廷正式向法国宣战。

3. 基隆失守

八月十三（10月1日），法军在孤拔将军的率领下发起了对基隆的第二次进攻，没有得逞。与此同时，孤拔派出的远东舰队副司令李士卑（Admiral Lespes）少将也率领三艘战舰抵达沪尾港口外，这三艘战舰分别是：La Galissenniere（装甲巡洋舰）、Triomphant（装甲巡洋舰）、D'Esting（一级巡洋舰）。

第二天早晨，法军舰队向沪尾守军开炮，孙开华指挥"擢胜营"官兵奋起还击，没有让法国军舰抵近港口或者靠岸。双方的炮击几乎进行了一天，互不退让。李士卑深感单凭自己的几艘军舰是难以拿下沪尾的，于是他向孤拔发出求援。孤拔乃调 Duguy-Troum（一级巡洋舰）、Chatau-Renaut（二级巡洋舰）、Bayard（装甲巡洋舰）三艘舰艇赶往沪尾支援，《孤拔元帅的小水手》一书的作者 Jean L. 就是在这次增援行动中来到沪尾港口外的①。

这一调兵计划对清军最高统帅刘铭传产生了较大影响，他认为沪尾离台北府很近，一旦沪尾失守，台北地区将危在旦夕，于是决定只留守林朝栋防守狮球岭，其余军队撤离基隆，一部分加强对台北府的防守，一部分加强沪尾的防御。

孤拔将军采用的双管齐下战术达到了目的，10月3日法军占领基隆。

法军小水手 Jean L. 因为脚伤没有参加战斗，但是对于这场战斗进行了绘声绘色的描述。

> 一位老兵把细节都告诉了我们。听说中国人的煤矿和煤炭都在基隆，我们得手之后（不用很长时间），中国人的脸色就会不好看啦……一个很漂亮的国家，有人跟我说，那里有中国人、客家人、平埔人和生番，名称一大堆！
>
> ……

---

① 郑顺德译：《孤拔元帅的小水手》，（台北）"中研院"台史所2009年版。

一个小登陆部队勇敢地登上了船，我从甲板目睹这个，非常生气自己不能去，不过场面还是让我感到心跳不已。你不能想象我们海军的步兵多精灵，特别是由一些经验丰富的水手变成时，我可以告诉你，他们胆大包天。

小艇由划桨的人朝陆地划过去，多壮观啊！刚好阳光绚丽，法国的国旗在空中迎风飘扬。军舰开始炮轰，准备战斗了！……开始冲锋！看起来令人触目惊心，天民四处奔逃，我们追上去给他们补一刀……我们看得到法国国旗在堡垒的城墙上飘扬，同时也看见一大批的中国人像野兔般地逃跑，一座火药库突然爆炸①！

刘铭传下达撤离基隆命令之后，也曾采取了一些阻挠法军的措施，如派人将基隆煤矿的设施进行破坏，使之不能进行正常生产；已经产出的一万多吨煤来不及外运堆放在煤坪，他派人燃烧了一些。然后，他自己乘轿子返回沪尾。此消息被当地乡绅得知，他们组织民众在路上设立哨卡，拦住刘铭传，并将他从轿子里拖了出来，质问他为什么不好好地守护基隆当逃兵，愤怒的民众还对他拳脚相加。幸亏官兵及时赶到，将刘铭传保护起来。

沪尾战役期间，刘铭传的帅府和指挥部设在台北府，他"带领6000大军稳稳地坐镇台北府，法军则掌握七堵以北的控制权"。②

对于某些历史事件，不同的思维自然会形成不同的观点。关于刘铭传是否应该撤基保沪，后人也有过积极的评价。至于刘铭传为什么撤出基隆，除了李彤恩的三次告急以外大致有两个原因：首先，沪尾虽小，但是它的战略位置还是十分重要的，它距台北三十里，为台北的重要门户，并且也是基隆的后路。军资饷械都在台北，沪尾如若丢失，那么台北也将危在旦夕，势必会造成军心不稳，士气低落，那么整个台湾就将岌岌可危。沪尾一带的自然地理条件还十分优越。地方

---

① 郑顺德译：《孤拔元帅的小水手》，（台北）"中研院"台史所 2009 年版，第 33 页。

② ［英］约翰·陶德原著：《泡茶走西仔反——清法战争台湾外记》，陈政三译，台湾书房出版有限公司 2007 年版，第 58 页。

实记曰："（淡水）左拥昆仑之山，右握狮球之岭，溪流交错，金、煤、硫磺之利蕴于上，樟脑、茶、林之富生于山……繁华靡丽，冠于全台。"另外，法国学者罗亚尔在《中法战争》一书中详细叙述了沪尾对于法军的重要价值，"占领基隆和它的煤矿场既决定为我们的目标，对于淡水作军事行动显然是必要的了。这两个城市由一条大路连接起来，它们近在咫尺，所以占据了这一个，就绝对需要占据另一个，这种必要性是由于这两个港口的简单的地理位置所决定的""照我们所有的行动，只封闭两点中的一点，实在是像一个警察要捕拿一个藏在屋子里的坏人，他的行动总是看守前门，而毫不留心到任大开着的后面的窗户"。其次，刘铭传是在运用绞索战略，在法军极占优势的情况下不能对台湾处处觊觎，从而与法军展开拉锯战，消耗法军的有生力量，从而保住台湾沦陷的危机局面。"公又以沪尾离台北府仅三十里，离基隆八十里，台脆单兵，恐后路稍有疏虞，则基隆之兵不战而溃。于是朝战胜而夕退军入山后，使法人聚于基隆，则沿海各边不至处处窥伺，其形似弱而其策万全。"①

美国人大卫逊在《台湾之过去与现在》一书中也认为，刘铭传主动撤出基隆，从军事角度来说是很高明的。他说："刘铭传不像一般华人那样的性格，他灵敏而有决断，听到炮轰立即命令破坏基隆煤矿的机械设备，使煤坑泛滥，并将手中存煤一万五千吨火烧。这样可以让法国舰船无法得到煤炭供应。"大卫逊接着又说："法国人虽然攻占基隆，但不能再前进，基隆至少让法军大败了一次。"

就当时战争攻防双方的力量对比来看，清军虽然在武器装备上略逊法军，但是在兵力人数和士气斗志上要高于法军。再者，法军是从海上进攻，只要登陆，清军就可以居高临下占据地理优势。因此，作为全台最高军事统帅，刘铭传仅凭一个营务官的三次"飞书"告急，没有与战区其他高级指挥官商议就轻易做出了撤离基隆的决定，是有一定责任的。

---

① 朱孔彰：《中兴将帅别传》，岳麓书社 2008 年版，第 265 页。

## 四　沪尾大捷

### 1. 重返台湾

随着中法战争进入第二阶段，即孤拔将军率领他的远东舰队在中国东南沿海耀武扬威，不时派军舰进驻中国沿海基隆、马尾等港口，随时都有爆发冲突的可能。清廷内部原有主战派和议和派之分，面对法军咄咄逼人的架势，此时主战派占据上风，一批主战派官员纷纷派往东南地区，如主战最有力的张佩纶①被任命为"会办福建海疆事宜并署船政大臣"，钦差大臣督办福建军务大臣左宗棠、福州将军穆图善等均为主战大员。

孙开华于光绪七年（1881年）冬天率领"擢胜营"内渡台湾海峡，返回福建泉州一带驻防，次年，由于边防日渐趋缓，"擢胜营"进行了裁撤，仅留三营。同年，他赴北京觐见光绪皇帝，之后向朝廷请假三个月回老家修墓。可以说从1881年冬到1883年年底，孙开华在经历了紧张的台海防御之后，得到了一个短时间的休养生息。

按照朝廷的规定，大臣离开本职的行程必须实行"汇报制度"，孙开华回乡修墓的三个月假期业满，他必须向家乡湖南巡抚通报。时任湖南巡抚卞宝第于光绪九年（1883年）四月十六日向朝廷奏报了《漳州镇总兵孙开华回籍修墓假满起赴任日期事》。② 六月十二日，孙开华向朝廷上奏《奏报回漳州镇总兵任日期事》③ 得到批复后，孙开华启程前往福建泉州接任原职，首先到巡抚衙门"报到销假"，然后由福建巡抚向朝廷禀报孙开华的到职情况。以下就是时任闽浙总督兼福建巡抚何璟的奏折副片：

---

① 张佩纶，字幼樵，直隶丰润县齐家坨人（今河北唐山丰润），同治十年（1871年）二甲进士，授翰林院侍讲，晚清名臣。早年在京城与李鸿藻、潘祖荫、张之洞、陈宝琛、陈宝廷等同为"清流"，以弹劾大臣而闻名。李鸿章女婿，堂侄张人骏历任两广总督、两江总督，为袁世凯之亲家。孙女是近代才女张爱玲。

② 中国第一历史档案馆藏文献：03-5824-063

③ 中国第一历史档案馆藏文献：03-5181-114（录副奏折）

再福建陆路提督孙开华入都陛见钦奉谕旨，著臣兼署。兹孙开华于十月初三日业已旋闽，初四日臣谨将陆路提督印信、王命旗牌等件委署福州城守协副将本任提标中军参将乐文祥赍送提督孙开华接收，任事除恭疏题报外，所有臣交卸提篆日期，谨附片具，圣鉴。谨奏①。

可见，孙开华回任福建陆路提督的时间是光绪九年（1883年）十月初三日，就公历而言已经到了1883年11月。几乎还没让他巡视整个"擢胜营"各个驻地，中法战争已经在中越边境悄然打响。台湾道台刘璈一边加强台湾的军事部署，一边向大陆求援搬兵，孙开华也在调兵之列。

光绪十年（1884年）二月十八日（3月15日）奉令率领"擢胜营"三营"带印赴台成防"，二月二十日（3月17日）抵达沪尾。鉴于孙开华曾经多次渡海来台，并在台北地区多次"开山抚番"，熟悉这里的地形地貌和风土人情，台湾道台刘璈将原来镇守台北的统领曹志忠换为孙开华。孙开华与曹志忠均为"霆军"出身，在政治利益面前没有多少冲突，而且孙开华对台湾的熟悉程度要优于曹志忠，也是不争的事实。在军事部署上，曹志忠统领的"霆庆营"驻守基隆，孙开华统领的"擢胜营"驻守沪尾。

沪尾战役期间，孙开华的"擢胜营"是防守沪尾的主力军，其部署为：右营在龚占鳌统领下驻防于假港，中营在李定明统领下驻防于油车口，后营在范意云统领下作为"擢胜营"的后备队驻守在南路（法军称之白堡）。另有刘铭传从台南调防过来的淮军章高元、刘朝祜各领"武竣铭"中两营，由新竹调防的朱焕明营驻防于炮台山后，防守北路（法军称之红堡），还有张李成（原名张阿火）统领台湾"土勇"500人驻防于北路山间作为后应。

关于基隆、沪尾之战我方投入的兵力，一直以来没有一个统一的说法。法方认为中国驻军2000—3000人。中方的说法则来自前线两

① 中国第一历史档案馆藏文献：04-01-17-0189-029（附片）

位官员在战争结束后弹劾与反弹劾的奏折中有所体现。左宗棠在光绪
十年（1884 年）十月二十九日的奏折中称"我兵之驻基隆、沪尾者，
数目盈万"。刘铭传则反驳说当时基隆、沪尾两地的兵力是"随带亲
兵 120 名，其次提臣孙开华 3 营，曹志忠 6 营，每营精壮只 300 多
人，当由台南调来章高元淮勇两营……仅来 500 人，嗣又添调巡缉营
一营……张李成土勇一营，统计基隆、沪尾两处，共只 4000 人"。左
宗棠再指出刘铭传所言不实，称"沪尾现有孙开华三营，张李成一
营，柳泰和一营及土勇 100，炮勇 100，台北府招募土勇 300。刘铭传
称刘朝祜只带百余人，其实铭军两营，统计已有 4000 之数。基隆有 6
营，陈永隆巡缉营一营，章高元淮勇两营，又军功林泽莹水勇 200
名，几及 5000 人，统核两数，臣疏所称兵且盈万，似尚未失据"。综
合左宗棠和刘铭传的奏折，刘铭传没有把水勇和部分土勇计算在内，
因此统计数目有异。

　　由此看来，守卫沪尾的中国军队应该是 4000—5000 人，其中战
斗人员大约 3000 人，孙开华既是台北地区的防区统领，也是沪尾守
军的最高统帅。

　　2. 战前准备

　　就目前资料来看，孙开华抵达台北地区之后，主要在以下几个方
面进行了战争准备。

　　第一，统率台北。光绪十年（1884 年）二月二十日（公历 3 月
17 日）孙开华率领"擢胜营"抵达沪尾，台湾道刘璈鉴于孙开华曾
经多次来台，并驻守过基隆、沪尾，于二月二十三日（3 月 29 日）
将北部防区的指挥权由曹志忠转交给孙开华，这一军事指挥权的变
更，刘璈及时上报了朝廷，并于 5 月 20 日得到了军机处的批复。

　　第二，整顿军纪。"擢胜营"抵台之后其最初布防是：右营在龚
占鳌统领下驻防于淡水港口，中营在杨龙标统领下驻防于基隆，后营
在范意云统领下驻守沪尾城区，孙开华的卫队（三稍）也驻沪尾。这
个杨龙标是孙开华的亲信，由卫队长升任营官。他倚仗曾经多年跟随
孙开华左右的关系，加之基隆离孙开华的统帅部也相距七八十里，也
就尾大不掉起来。他在基隆守备期间耀武扬威，出门都是八抬大轿，

前呼后拥。当时的坐轿也是有规定的，朝廷专门颁布了法令：武官原则上不能坐轿（以免荒废骑射之术），文官允许坐轿，但是汉人与满人有区别。汉人一品至四品的文职京官，在京城内可以乘坐四人大轿，出京则可以改乘八抬大轿；四品以下的文职京官，在京城内可以乘坐二人小轿，出京则可以改乘四人大轿。外省的汉人官员，诸如督抚、学政、盐政、织造等三品以上的官员，可以乘坐八抬大轿；其余的从布政使到知县，可以乘坐四人大轿。按照规定，营官是基层武官，是不允许坐轿子的，即使要坐，也只能是两人轿子或四人大轿（军功较大者）。那么，杨龙标乘坐八抬大轿的事情就成为基隆街头的一大新闻。士兵们也纷纷效仿营官的做派，时有士兵不住营房，而是留宿百姓民房。法军第一次向基隆发起攻击的时候，杨龙标由于疏于管理，士兵们一时难以收拢，以致贻误战机，幸亏曹志忠部抵抗得力，不然基隆早已丢失。

刘铭传到达基隆后，杨龙标的所作所为被举报上来。刘铭传考虑到自己初来乍到，而杨龙标又是孙开华的部将，便将情况与孙开华进行了通报。孙开华得知情况后，立刻带领卫队直奔基隆，撤销了杨龙标营官之职，换以李定明接任，并将该营带回沪尾驻防。然后，将此情况向刘铭传予以回复。

第三，赶筑炮台。光绪六年（1880年）十二月，福建巡抚勒方锜巡视台湾期间，曾与守军将领孙开华一同勘查基隆、沪尾防务，他在给朝廷的奏折中提道："……基隆以南约七八十里，至沪尾溪海口，其南岸名八里坌，从前舟行皆傍南岸，近因沙壅，又皆依北岸行，然亦不甚深，潮涨时，仅一丈六七尺，难驶大船，北岸旧有露天炮堤，不足以避风雨，臣与孙开华商度，他日能筹经费，当做炮台，盖泥沙时有变更，目前虽浅，异时未必不深也。"[1] 这是一个非常好的建议，第二年，孙开华的"擢胜营"被换防回福建驻守，接防的老战友曹志忠奉令修建了沪尾南岸炮台，法军称之为"白炮台"，但是沪尾北岸的炮台一直没有建设起来。面对游弋在海面上的法军远东舰队，孙开

---

华率领"擢胜营"再次踏上台湾的土地，他立马启动了沪尾北岸炮台（法军称之为"红炮台"）的建设。其速度之快和效益之高令人称赞，这个炮台赶在孤拔舰队进攻沪尾之前胜利完工。

第四，堵塞港口。为了加强台湾地区的"领导力量"，朝廷于光绪十年（1884年）闰五月初四日（6月26日）任命直隶陆路提督刘铭传以巡抚衔赴台办理军务，成为台湾道刘璈之上的最高领导人。刘铭传抵达基隆后，意识到台北地区军事防御的薄弱，一边紧急调兵南方军队移师北部，一边召集相关军事长官商议对策。六月十三日（8月2日），刘铭传到沪尾巡视，与刘璈、孙开华等勘查炮台基地，并任命沪尾海关通商委员李彤恩兼任沪尾营务处职务。

六月十六日（8月5日），法军发起对基隆的炮击，遭到曹志忠守军的顽强抵抗。基隆与沪尾唇齿相依，相距大约40千米，孙开华意识到法军的进攻只是前奏，直取沪尾港、威胁台北府才是他们的真正目的，于是会同营务官李彤恩堵塞沪尾航道，以阻法国军舰的驶入。当时正值茶叶交易的旺盛时期，如果封港，货船自然不能驶入港内，外商纷纷提出抗议。孙开华不顾外商的抗议，征用了一艘民用货船，装满石头，沉入沪尾入港口，强行封港。淡水入海口"只有帆船一条狭小而水浅的航路可以通行。①"这次封港行动非常迅速，使得一艘英国通信船 Cokchafer 号来不及出港也被困在港内，动弹不得。

第五，征用"土勇"。经过设县建府、"开山抚番"等一系列举措，台湾北部和西部平原地区的居民已经适应从大陆带来的农业生产方式和贸易往来，官方称之为"熟番"。即使在台湾中央山脉以东的地区居民，官方称之为"生番"也在清廷强大的军事压力和政策感召下，渐渐地接受了朝廷的管理，国家和民族意识渐渐增强。刘璈在刘铭传来台之前就颁布了命令，动员台湾居民组织起来，共同抵御外来侵略。原住民张阿火是一个唱戏的艺人，由于他的嗓子好，扮相出众，还有一些舞台基本功，深受台湾民众喜爱，因而拥有许多热捧的观众，用今天的话说"铁粉"不少。"西仔"要犯台，张阿火看到了

---

① 《中法战争文献汇编》（三），台北：鼎文书局，第564页。

政府的宣传招贴，在咨询了官方朋友之后，毅然将艺名"张阿火"改为"张李成①"，弃艺从军。张李成来到后山之中进行宣传动员，不料乐意参军的人员还不少，大都是他的戏剧"粉丝"。孙开华派军官对张李成的"粉丝"进行了整编和训练，整编之后的人数按照湘军建制为500人，首领张李成被任命为"管带"，沪尾大捷之后升任为"参军衔游击"②，成为本土台湾人的一面旗帜。

法国小水手 Jean L. 是这样描绘张李成的"土勇"的："野蛮的生番，他们像猴子一样丑，不仅骨瘦如柴而且懒惰。有人跟我说他们宁愿两三天不吃也不愿意去工作。根本就不像人嘛！他们把身体涂得蓝蓝的，从早到晚都在吸烟，至于身上穿的衣服，能省则尽量省，只批着一根绳子……"③ 经过孙开华的简单军事训练，张李成的"土勇"基本掌握了"卧倒""冲锋"等军事术语和战术，手中拿的武器仍然是他们惯用的砍刀、长矛和猎枪等。"山区来的客家人虽然只有原始的火绳枪，但却是被公认为经得起战争考验的勇士。"④ 另外他们还有一个改不掉的习惯，那就是几乎每个"土勇"嘴里都嚼着生槟榔，嘴唇上永远沾着鲜红的果汁。

第六，拜谒神灵。大清时期是一个迷信思想严重的时代，上至皇帝，下至平民百姓，无不信神。孙开华本人对于神灵的膜拜也是坚信不疑的。其孙女婿"平江不肖生"在《江湖奇侠传》中多处介绍他对神灵的敬畏，虽然是一种文学创作，但也不乏含有历史的真实性。沪尾战役期间，孙开华曾向淡水清水岩祖师庙上过香，祈求神灵保佑击败法军。沪尾大捷之后，光绪皇帝钦赐"功资整济"匾额予祖师庙。另外，皇帝也表彰了淡水龙山寺的主神观世音菩萨和淡水福佑宫

---

① 张李成（1842—1894），名达斌，别字炳南，台北木栅人。

② ［英］约翰·陶德原著：《泡茶走西仔反——清法战争台湾外记》，陈政三译，台湾书房出版有限公司2007年版，第54页。

③ 郑顺德译：《孤拔元帅的小水手》，（台北）"中研院"台史所2009年版，第31页。

④ ［英］约翰·陶德原著：《泡茶走西仔反——清法战争台湾外记》，陈政三译，台湾书房出版有限公司2007年版，第61页。

的主神妈祖，分别赐予"慈航普度"和"翌天昭佑"的匾额。这就说明：第一，孙开华在战争期间的确拜谒过神灵，并许下过感恩之愿；第二，皇帝是"天子"，他在表彰将士的同时，也表彰了助战的神灵。

在孙开华的家乡，传说就更加神奇：乡亲们都说孙开华有特异功能，他用手一指，敌人的炮弹就可以转弯。显然，这是民间出于对孙开华的歌颂和神化。

第七，发明"麻雀战"。面对法军的船坚炮利，孙开华深知我军的火炮不及法军的炮火，如果把将士部署在炮台周围，无疑成为法军的炮灰。为了保存实力并且战胜法军，料定法军在强大炮火轰击之后，必然要登陆抢占滩头，我军则可以发挥近战优势将法军歼灭。他对几位营官说："吾军以整旅当敌炮火，即幸胜，伤损精锐亦必多，莫如化整为零，人各为战，伺隙蹈利，分进合击，减少伤亡，方可制敌。"于是将兵勇编组为"麻雀队"，实行游击战术。后来，孙开华将"土勇"张李成部埋伏于丛林之中，就是这一战术思想的指导。淡水税务司法莱特记载了这一情况："10月3日就慢慢可以看到很多士兵埋伏在海滩的丛林那边，等待法军一上来的时候趁胜追击，但孙总兵确实举动自若，有胆量、有勇气，他可以退敌登岸的2000法人。"

第八，稳定民心。沪尾是一个开放较早的港口城市，除了中国人，在这里经商、传教、居住的外国侨民也不少。战争开始之前，孙开华就破获了一起法国间谍案，并将出卖守军情报的间谍抓来枭首示众。为了稳定民心，特别是外籍人员，孙开华利用军事布防的间隙拜访税务总司、天主教堂、教会医院等机构。陶德（John Dodd）在日记中记载道："当清、法两军杀得昏天暗地、死去活来之时，共有91名洋人（含小孩）分据在红毛城、鼻仔头等制高点，以及金龟子炮船上，指指点点地观赏、评论战况……虽然外侨在这边经商都是很愉快的，但是大部分人都希望法国人赢得胜利。尽管如此，外侨都相信英勇的孙开华将军不但不会遭到无情战火的摧残，不管最后胜利与否，都将受到朝廷的赏封……孙将军昨晚向本地士绅保证：决不撤退，吾今誓死于吾汛地内。他计划在埋伏的地方，等法军上来之后，进入射程之内，再予迎头痛击！"①

3. 法军进攻

在法国人看来，"占领基隆和它的煤矿工厂，即决定为我之目标，对于淡水作军事行动，显然是必要的了。这两个城市由一条大路连接起来，它们近在咫尺，所以占据了这一个，就绝对要占据另一个，这种必要性是由于这两个港口的简单的地形所产生的，但是它似乎很长时间没有为人所认识"。② 如果占领了基隆而不去攻占沪尾，法国人形象地比作"一个警察要捉拿一个藏在屋子里的坏人，他的行动总是看守前门，而不留心到听任大开着的后面的窗户"。③

可见，占领基隆之后，沪尾成为法国远东舰队进攻的既定目标。

在基隆尚未占领之前的七月十四日（公历9月3日），孤拔将军派就派 Lutin 号战舰在沪尾港口外面游弋了一个多小时，进行抵近侦察。此时，孙开华正在带领"擢胜营"的官兵抢修炮台。营务官李彤恩将这一情况及时禀报给了统帅刘铭传，刘铭传放心不下，也于七月十六日（公历9月5日）从基隆赶来询问敌舰侦察和修筑炮台的情况，并于当天赶回了基隆驻地。

八月八日（公历9月26日），法军"蝮蛇号"战舰开到沪尾港口，阻止英国商船运载中国士兵。孙开华意识到战争越来越临近。

八月十三日（10月1日），孤拔指挥远东舰队向基隆发起第二次进攻的同时，派出舰队副司令李士卑少将率领三艘军舰进犯沪尾。次日，双方炮战一天，沪尾港口炮声隆隆，浓烟滚滚。但是，法军始终不敢靠岸登陆。李士卑深知单凭自己的三艘战舰是难以攻陷沪尾的阵地的，于是向孤拔将军紧急求援增派战舰。坐镇基隆洋面的孤拔于当日派出三艘战舰向沪尾洋面集结，由李士卑统一指挥，决心一举拿下沪尾港，打开通往台北府的大门。

八月十五日（10月3日），法军集结战舰，并召开了军事会议，

---

① ［英］约翰·陶德原著：《泡茶走西仔反——清法战争台湾外记》，陈政三译，台湾书房出版有限公司2007年版，第50—52页。

② 《中法战争文献汇编（三）》，台北：鼎文书局，第563页。

③ 同上。

商议了进攻沪尾新的战术方略。沪尾领港人是一个双料间谍,他在法军没有到来之前协助孙开华实施了淡水河口的堵港工作,法军到来之后,他被金钱所收买,告知李士卑:法国军舰若要进港,必须先破坏河中的水雷,而水雷的引信就在红堡和白堡之间的小屋内。他们的计划是先由淡水河北岸的一个小湾登上红堡的山坡,突袭红堡成功之后再顺着山岗南进拿下白堡。这个方案就可以避免进入两个炮台之间厚密的丛林,招致清军的伏击。

八月十五日是中国的传统节日,家家户户讲究团圆。但是,孙开华统领的"擢胜营"等中国军队不仅不能过节,而且按照所划区域进行防御,丝毫不能松懈,将士们枕戈达旦,密切关注洋面上的动向,以防法军突然袭击。

计划制订后,法军准备在10月5日(农历八月十七日)向沪尾阵地发起总攻,不料从4日开始海面风浪大作,一艘满载茶叶的货船被强大的海风掀翻在淡水河口。中国守军认为这是老天在帮忙,李士卑将军则感到天公不作美,不便于发起总攻,于是开战时间不得不延期,直到10月7日天放晴朗,乃决定是日进攻①。

这天是法国军舰的"洗涤日"(Washingday),水兵们对自己的军舰进行了清洗和保养。亲法的英国商人陶德记载道:"下午,登陆艇全部下水,数艘法船紧逼阻隔线北端入口停泊,李士卑的将旗从旗舰剌嘉理顺尼亚号暂时移至另一艘军舰,虽然没有任何炮击,但种种迹象显示法军可能会由北端沙滩登陆,攻破山凹守军阵地,血洗淡水。快了!快了!明天将有炮轰,紧接著就是登陆战。"②

4. 沪尾大捷

八月二十日(10月8日)拂晓,法军发动登陆攻势,企图挥军上岸,直扑清军,攻占以沪尾炮台为主的中方阵地。清晨9时许,利士比一声令下,法舰8艘一齐向淡水北岸发射榴弹,猛轰守军阵地及营

---

① 《中法战争文献汇编(三)》,台北:鼎文书局,第568—569页。

② [英]约翰·陶德原著:《泡茶走西仔反——清法战争台湾外记》,陈政三译,台湾书房出版有限公司2007年版,第50页。

房，沪尾各据点猛烈轰击，一时炸弹如雨，烟尘蔽天。躲在沪尾居高点的洋人记录了炮弹落入城内的情况："红毛城、女学堂周围连中数炮，烟雾弥漫，有颗误射中坚固的城墙，反弹到监狱放风处，正中厨房，幸好厨子老早不知道躲到什么地方去了。法舰仍然滥射，海关助理官舍围墙、牧师家、得忌利士洋行、马偕医院、买办阿生店铺或多或少受到损伤。沪尾街一座庙被击中，砖墙飞出……有两枚炮弹快速飞来，将站在高处看热闹的一排农夫炸到半天高。"①

法舰狂轰滥炸了半个小时，"守军大炮并未还击②"，他们以为港口的炮台已全部夷为平地。但结果却出乎他们的意料：当杲杲红日升起之时，法军发现击中的都是炮台边上的物体，沪尾的各炮台依然矗立在那里，而且发出了震天的吼声。第一炮就击中法舰，把"维伯"号战船头樯击成两截；第二炮又将"维伯"号战船的船体击穿，露出了一个深深的大洞。当时沪尾英国领事法来特（Alexander Frates）地登高目睹了这场海陆炮战的过程，事后向英国政府报告说："中国炮台发出炮弹，可命中击打法船，将法国'维伯'战船头樯开成两截，复于其船旁击一大洞，而法船发出炮弹甚不得利，均击中于事无济之他物，独不得打击炮台。"是时，其炮台之完固，与开仗之先，差无几也。

9时15分左右，法舰散开。岸上守军预料这是法军登陆的先兆。就在此时，李士卑下令掩护陆战队分三路于一小时内全部登陆。上午9时35分，法国海军步战队600人在军舰猛烈的炮火掩护下，在"雷诺堡"号舰长波林奴的率领下，每个登陆艇都配备了机关枪，士兵们乘坐登陆艇分成三路开始登陆。法军上岸后见岸边寂然无声，于是在自沙仑东北海岸，也就是今天台北淡水浴场一带登陆，分两路猛扑沪尾炮台。由于在登陆点没有遇到清军的抵抗，求胜心切的法军忘记了李士卑少将为他们制定的战略方针，没有按照计划先攻红堡，再攻白

---

① ［英］约翰·陶德原著：《泡茶走西仔反——清法战争台湾外记》，陈政三译，台湾书房出版有限公司2007年版，第52页。

② 同上。

堡，而是直接扑向白堡。

等待法军的"剋星"正是孙开华将军。10 时 10 分，随着"砰砰砰"几声枪响，守军提督孙开华命令"擢胜营"右营和中营在各自营官的指挥下首先进行火枪射击，一批法军中弹倒地，一批法军端着洋枪排成"一字形"继续前进，埋伏在假港、油车口的两营"擢胜营"官兵沉着应战，继续射击；前排法军有的中弹倒下，后面的法军递补上来，组成新的"一字形"继续冲向清军阵地。每一波冲锋，法军就会前进一段距离，直到抵近到"擢胜营"阵前。

法军凭着他们精良的武器不断向清军阵地冲击，"擢胜营"损失惨重。孙开华调度守备在北路（红堡）的淮军以及"土勇"在章高元和张李成的率领下赶赴过来，配合"擢胜营"的战斗。章高元和一个姓朱的哨官，"见前军不利，裸身衔刀"，大呼突入敌阵，引起敌军内部慌乱。孙开华率李定明、范惠意所部乘机分途截击，法军力不能支，退到一个小山上结阵抵抗。清军进攻受挫，伤亡较重。但孙开华仍然奋勇杀敌，只见他身着短衣，脚穿草鞋，骑在马上。突然一支炮弹飞来，落在他的身边。他身边的官兵数人当即倒地，他心爱的战马也受伤卧地不起，孙开华摔倒在地，众人大惊失色："孙九大人，您怎么啦?!"只见孙开华站立起来，说道："人自寻弹，弹何能寻人?"当满脸、满身血迹斑斑的朱哨官杀到到他面前时，孙开华口授命令，破格提拔朱哨官为都司，也就是由连长一下子提拔到团长。他高声赞道："好男儿就要像朱哨官一样!"将士们立即精神旺盛，士气大振，呼啸着奔向前线。杀出重围法军进入了北路山间，便失去了统一指挥，只得各自为战。突然，法军阵营内传出一片鬼哭狼嚎的叫声，不少人没命似的奔下山来，只恨爹娘少生了两只脚，向着海边溃逃。还在奋勇杀敌的孙开华看到此景，脸上露出了笑容。一旁的朱都司奇怪地问道："大人，法军怎么啦? 他们遇到了鬼吗?""不，他们遇到了天神!"孙开华随机大声地笑道。

是的，法军是遇到了"天神"。这"天神"不是别人，是张李成的"土勇"。也是法军倒霉透顶，应了中国民间的那句俗话："屋漏偏遇连夜雨，船破正逢顶头风。"他们退到的小山正是张李成土勇埋伏的地方。只见这些"天神"兵爷卧在法军看不到的草丛中，以右脚作支撑架，翘起左脚，以脚趾扣动扳机，250支枪齐响，弹无虚发。法军定眼望去，以为遇到了魔鬼，"大骇而退"。还未等他们的魂魄入窍，山后的张李成的另外250名"天神"又杀了出来。他们个个"散发赤身，嚼槟榔，红沫其吻"，配合追赶上来的清军正规部队，作"圆阵包敌"。法军阵营内一片号叫，人人慌忙夺路而逃。

孙开华见战斗进入关键阶段，他深知"狭路相逢勇者胜"的道理，决不能让自己手下的官兵从精神上惧怕法军的"洋枪洋炮"，他传令范意云，预备队准备出击。后营营官范意云集合了队伍，孙开华手持大刀，猛地站立阵前，大喝一声："杀——!"也不管其他官兵们能否跟得上，他如一头下山虎，向法军直奔而去。后据刘铭传向朝廷奏报，孙开华"亲率卫队，奋勇直前，阵斩执旗法酋一名，并夺其旗"。①

孙开华的部将胡俊德，字尧臣，慈利县三官寺人，在家排行第五。少年时骁勇，臂力过人，曾在打猎时单身杀死一只老虎，人称"杀虎胡五"②。光绪三年（1877年）武进士，光绪九年（1883年），孙开华完成在老家的修墓和探亲，准备返程回福建。胡俊德追随孙开华一路同行，并于次年东渡台湾，成为孙开华的得力干将，在这次战斗中，他奋勇杀敌，不幸中弹壮烈牺牲。朝廷闻奏，昭增抚恤予荫。据《慈利县志》记载："部将胡俊德中弹伤亡，孙开华亲自涤血裹尸，涕泣哭祭，将士们深为感动。"③

战斗从上午持续到中午。清军在人数上占据了绝对优势，尽管武器不及法军，但是杀声震天，从气势上压倒了法军。到了下午一点左右，法军的弹药渐渐耗尽，指挥官下令陆续撤退。在撤退中，军舰上不断向清军阵地开炮，掩护残兵登舰。慌乱之中几发炮弹击中了自己的两艘登陆艇，致使艇上的士兵全部葬身海里。

---

① 清朝光绪朝月折档，十年九月十九日，刘铭传奏。台北"故宫博物院"存。

② 慈利大事记要编集委员会：《慈利大事记要》，湖南人民出版社2011年版，第57页。

③ 慈利县志编纂委员会：《慈利县志》，农业出版社1990年版，第592页。

此次战斗，孙开华的"擢胜营"首当其冲，伤亡200多人。至于法军的伤亡人数，一直没有一个权威的数据，有的说300多人，有的说200多人。法军小水手 Jean L. 的记载只有66人，其中死亡17人，Galissonniere 战舰的司令冯丹（Fontaine）也在其中。刘铭传上奏朝廷的战报是：清军阵亡哨官3名，死伤兵勇百余人。法军被斩首25名，内军官2人，被击毙士兵300余人，14人当了俘虏，78人因溃逃抢上舢板溺水身亡。并称冯丹为张李成所杀①。法军舰队击沉自方小艇一只，并遗下格林炮一门。

中国军队在孙开华的指挥下，取得了沪尾保卫战的胜利，法国军舰没有泊近沪尾港口，士兵也没能登上沪尾的土地。这也是晚清时期中国取得的难得一次军事胜利，史称"沪尾大捷"。

这一年，孙开华44岁。

5. 大战之后

在取得八月二十日（10月1日）沪尾大捷之后，孙开华一刻也不能消停，一方面要调整军事布防，以防法军再犯；另一方面要对战争带来的创伤进行善后处理。当天下午，在确认法军完全退出战场之后，他一边命令将士保持高度警戒，一边收拾海滩战场。阵亡将士被抬走，一一入殓，贮备运回大陆；受伤的120多人紧急送往马偕教会医院，"他们几乎全是'北兵'②，50名轻伤，70名重伤，重伤的已经失去战斗能力，全身至少三处以上伤口，惨不忍睹。他们由战友用两块门板从一两英里远抬来。医院各病房很快就填满"。③ 到了傍晚，这些就治的伤员中"已有11人死亡，2名垂危"，其余的伤者情绪极不稳定，有哭的、有闹的，有的根本不顺从医生和护士的治疗，场面有些失控。孙开华闻讯而来，对受伤将士们进行了安抚，希望大家积极配合治疗，早日康复归队，最后留下一句话：凡对抗医护者，医生

---

① 清朝光绪朝月折档，十年九月十九日，刘铭传奏。台北"故宫博物院"存。

② 当时台湾人把讲福建话、广东话的人称为南方人，其他的称为北方人。守备沪尾的部队主要是孙开华统率的"擢胜营"，兵源来自湖南，也被称"北兵"。

③ ［英］约翰·陶德原著：《泡茶走西仔反——清法战争台湾外记》，陈政三译，台湾书房出版有限公司2007年版，第52页。

可以代表他行使"家法"。果真他让卫队长给每个医生配备了手枪，成为"沪尾大捷"之后的一个传奇。"由于有些伤兵情绪相当不稳定，医生们不得不腰配手枪进行治疗，以防万一。"①

在战场上，留下的不仅仅是清军的尸体，还有10多具法兰西人的尸体。愤怒的中国士兵将他们的头颅砍下，用枪挑着到沪尾城区进行炫耀。"一件骇人听闻的事在沪尾街市上演，6颗货真价实的法国兵人头，被高悬于竹竿上公开展示……兵营也展示了8颗法人首级。这种行为或可让原住民及山野拓荒之人满足、兴奋，但较文明的清兵则不以为然。"②关于法国士兵被斩首的情况，淡水税务司法莱特也于10月22日报告中提道："岸上留20法兵尸，惟华军……竟与野人相似……斩取其首，标于枪上，欢呼入城。各以一法兵之首，依诸赏格，请洋百元……华民大有踊跃奋起之势，我海关诸人深恐为所侵害，惟伺孙总兵之军令严明，得保无恙。"此报告经转呈，列入清廷档案。从这两位洋人的记载中不难看出，一是在法军战死的人数上有点出入，二是关于斩首行为何人参与也有点出入。但有一点是相同的，孙开华军纪严明，而且对待外侨是文明的，斩首行为没有扩大到对其他洋人的伤害。

当天晚上，鲍特勒船长与弗里德领事造访了孙开华将军，抗议斩首示众的行为。孙开华表示尊重，承诺此类事件不再发生，并立即下令埋葬法兵首级。同时，孙开华传令下去，要求对俘获的几位法国士兵予以优待，一经发现虐待俘虏行为，将以"家法"从严处置。

1885年10月11日（八月二十三日），法国首相茹费理（Jules Ferry）向李鸿章表示，清廷若欲由第三国调停清法间的纠纷，必须答应法国三个条件：将军队撤出东京（越南）；批准《天津条约》；占领基隆和淡水。此时的法国总理显然不知道他的远东舰队在沪尾根本没有前进半步，而是大败而归，因此，法国提出的第三条自然不成

---

① ［英］约翰·陶德原著：《泡茶走西仔反——清法战争台湾外记》，陈政三译，台湾书房出版有限公司2007年版，第58页。

② 同上书，第53—54页。

立。清廷也抛弃了第三国调停的建议①，法国自称这一次失败，不仅令人丧气，也永远不再做占领沪尾的打算。② 在侵台无望的前提下，法军于 10 月 23 日宣布对台湾海峡实行封锁。1885 年 3 月，茹费理内阁被迫下台，6 月孤拔病死在台湾澎湖。

沪尾大捷是孙开华军事生涯中最为光辉的一笔。他作为镇守台北地区的军事统领，第一，做到了统筹兼顾，运筹帷幄。第二，他在指挥战斗中沉着应战，并且身先士卒，成为取得胜利的关键。英国商人陶德（John Dodd）、法国小水手 Jean L. 均在日记中描述了孙开华坐镇指挥的时候，居然一边喝香槟一边指挥战斗的情景。"洋人……以为守军会丢盔弃甲，突然从低洼的战场冒出，四处逃散。但是事实完全相反，爱喝香槟的孙开华与爱唱戏的张李成，合力重挫来犯法军，写下台湾岛史第一次

图 5-1 光绪皇帝赐给孙开华的福字匾 孙培厚摄

也是唯一一次击败外患的光辉纪录。"③ 第三，他灵活机动，发明的"麻雀战"降低了清军的伤亡成本，有效地歼灭了敌人。因此，自沪尾大捷以来，台北地区的人民流传着"孙九大人保台湾"的民谣，充分说明了人民对于孙开华的敬重和爱戴。战争结束后，刘铭传上奏朝廷对孙开华进行了嘉奖，光绪皇帝亲自赐予孙开华"福"字一张、大荷包两对、小荷包两对、银钱两个、银锞 4 个、莲子参觔半、挂面 10 把、奶饼 500 个、合粉一觔半、藕粉一觔半、荔乾一觔半、南枣一觔半。此时，风雨飘摇的大清王朝对自己的功臣已经拿不出多少金银作

---

① 《中法战争文献汇编（三）》，鼎文书局，第 573 页。

② 《中法战争文献汇编（七）》，鼎文书局，第 266—267 页。

③ ［英］约翰·陶德著：《泡茶走西仔反——清法战争台湾外记》，陈政三译，台湾书房出版有限公司 2007 年版，第 50 页。

为奖励，只能先用一些皇家食品予以赏赐。

光绪十年（1884年）九月二十日，朝廷因孙开华战功卓著，赏"骑都尉"世职，并赏一批物资。十一月八日，朝廷任命孙开华为"帮办台湾军务"，作为刘铭传的军事助手，继续驻守台湾。

# 第六章

# 湘淮之争

## 一 淮军名将刘铭传

太平天国时期，在曾国藩指示下李鸿章招募淮勇编练了一支军队。因为兵员及将领主要来自安徽江淮一带，故称"淮军"。

1861 年（咸丰十一年），太平军向上海进军，上海守备清军不能抵抗，外援英军未到，是时曾国藩为两江总督，总督江苏、安徽、江西三省军务，湘军驻安庆，上海地方官绅派代表向他求援。曾国藩早有用湘军制度练两淮勇丁的计划，即命他的得力幕僚李鸿章招募淮勇，于 1862 年 3 月（同治元年二月）在安庆编成一军，称"淮勇"，又称"淮军"。其后，淮军乘英国轮船，闯过太平天国辖境，前往上海，与英、美各军合作对抗太平军。李鸿章早年曾与吕贤基一起办过团练，但治军不成，逃名远播。后投奔在江西的曾国藩，做幕僚四年，遭到湖南籍将领的排挤，决心建军立业。而后淮军的主要将领多来自李鸿章早年办的团练队伍。淮军营制，出自湘军。每营 500 人，用抬枪、小枪 120 余杆。1863 年，各营于营、哨官外，别延西洋军官充任"教习"，训练洋操，并改抬枪、小枪等队为洋枪队；其劈山炮队亦改为开花炮队。因使用新式兵器需人较多，故每营人数连长夫在内增至七八百人不等。1877 年（光绪三年），又参照德国营制，建立克虏伯炮队。因此，在中国近代兵制史上，由湘军创立的勇营制度到淮军则发展为参用西法的制度。淮军虽承袭湘军制度，但训练用洋操，兵器是洋器，并聘有西洋军官为教习，这和当年湘军用土法土器与由书生自任教练者迥然有别，成为中国军队近代化的开端。但淮军并未改变勇营旧制，因而体制本身存在种种矛盾和弊端，例如，营以上指挥困难，统领与统领之间各不相上下。淮军延聘西洋军官仅用于平时教练，战时调度仍由将弁。淮军的统领、营官、哨官都未习西法，作战时由他们妄行调度，军队平日所学全归无用。

淮军成立时有6500人。1862年4月5日至5月29日，十三营淮军分七批耗官绅18万两租用麦李洋行轮船运兵抵上海后，又以外军的支援和上海海关税收购置洋枪洋炮，扩编部队。至1864年，淮军先与英、法军和常胜军相配合，在上海附近对抗太平军，继配合湘军在苏、浙等地进攻太平天军。太平天国首都天京（今南京）陷落后，1864年秋冬淮军经过裁撤，尚存一百零四营，五万余人。1865年至1868年，作为清军主力，在曾国藩、李鸿章率领下，先后在安徽、湖北、河南、山东、江苏、直隶（约今河北）等地，与捻军作战。捻军被镇压后，淮军担负北自天津、保定，南迄上海、吴淞，南北数千里江海要地的防守。李鸿章以淮军势力为基础，担任直隶总督兼北洋大臣，掌握了国家外交、军事和经济大权，成为晚清政局中的重要人物。

淮军主要将领张树声、刘秉璋、刘铭传、周盛波、潘鼎新、吴毓兰、吴毓芬、吴长庆、丁汝昌、叶志超、卫汝贵、聂士成、程学启等，他们形成的淮系军阀成为统治阶层中一个重要的武装政治集团。其中以在沪尾之战中担任巡抚的刘铭传以及他的"铭字营"与孙开华渊源最深。

刘铭传，清道光十六年七月（1836年9月）出生于合肥西乡（今肥西县）大潜山麓的刘老圩。刘家世代务农，父亲刘惠，生6子，刘铭传最幼，排行第六。儿时患过天花，乡里称"刘六麻子"。刘铭传的性格里却似乎没有多少父母的基因。据说他二目如电，说话嗓门很大，同年龄的伙伴都怕他。后来上了私塾，他也没有像父母期望的那样好好读书，而是喜欢自己身为一方"主帅"，带领一群小伙伴玩开仗的游戏。他不屑以农耕为业，更不想通过科举荣身，对"四书""五经"没有兴趣，而喜欢研读兵书、战阵、五行杂书，传说他曾经登大潜山仰天叹曰："大丈夫当生有爵，死有谥，安能龌龊科举间？"

刘铭传 11 岁时，父亲病故，随后大哥三哥又相继去世，其他几个哥哥各自成家，此后便与母亲周氏相依为命，靠贩私盐为生。刘铭传性情豪爽，同当地青年人相处甚好。有一天，刘家因缴不出团队的粮食，被当地地霸侮辱。刘铭传向地霸警告道："你们不能再作威作福，欺侮乡民，否则，我就要宰掉你！"地霸见是一个赤手空拳的毛头小子，狂笑道："孺子还敢阻挡我吗?"刘铭传夺下地霸的佩刀，手起刀落，劈下那土豪的头颅，跑回乡里大呼："这个地霸侮辱乡亲，我杀了他，愿意听从我的，我们一起保卫乡里。"当即有数百名乡里青年表示拥戴。刘铭传便领着这些青年在大潜山修圩筑寨，开始了团练生涯。①

同治元年（1862 年）二月，李鸿章受曾国藩指派，到合肥招募淮军。刘铭传同张树珊、潘鼎新、吴长庆等各领本部团练投奔。曾国藩对这批新募淮勇极为重视，所有器械粮饷的供应悉仿湘军，手订营制，亲到校场检阅，命刘铭传充任"铭字营"营官。"铭字营"中多为刘家子弟，刘铭传在营中职务最高，辈分也最高，其骨干将领皆为刘家子弟和刘铭传办团练中结纳的"同里敢战之士"，他们绝对服从刘铭传的指挥，成了刘铭传起家的重要帮手。淮军在上海站稳脚跟后，随即奉命进兵苏南。刘铭传与潘鼎新、张树珊等率 3000 名淮军，由水路直扑福山。登岸后，骄兵轻进，在同观山与太平军遭遇激战，被打溃。

后来，在由外国雇佣军组成的洋枪队援助下夺下福山。刘铭传升"以总兵补用"，不久担任江苏狼山镇守使。随后，刘率部同其他淮军一起，连占太仓、昆山，攻下江阴县城。刘铭传又被升为记名提督。十二月，刘铭传乘机向无锡太平军发起进攻，经过一天巷战，俘守将黄子隆、黄德懋父子以下 2 万多人，被清廷"加恩赏头品顶戴"。同治元年（1862 年）十二月，刘铭传奉命率部参加合围常州的战役，

---

① 《清史稿》：刘铭传，字省三，安徽合肥人。少有大志。咸丰四年，粤匪陷庐州，乡团筑堡自卫。其父惠世为他堡豪者所辱，铭传年十八，追数里杀之，自是为诸团所推重。从官军克六安，援寿州，奖叙千总。

由于城内太平军"顽强抵抗，寸土必争"，刘铭传等部淮军数次进攻均被打退，伤亡惨重，经过4个多月激战，才攻下常州这座孤城。淮军入城后，疯狂屠杀了护王陈坤书以下太平军将士近万人。刘铭传被"赏穿黄马褂"。

攻下常州、苏州以后，淮军实力进一步扩展，刘铭传部已独立成"铭军"。辖有左、中、右3军，每军6营，共18营，另有炮营1营，加上亲兵营及幕僚人员，"铭军"拥有9000多人，洋枪4000多支，成为淮军中的劲旅。同治三年（1864年）七月，太平天国洪秀全之子洪天贵福由洪仁玕等护送到广德，后又被堵王黄文金迎往湖州，不久复回广德。刘铭传奉令跟踪追击，攻陷湖州、打下广德，击毙太平军堵王黄文金。洪仁、洪天贵福辗转至江西，先后被俘殉难。刘铭传被清廷"补授直隶提督"。年仅28岁的刘铭传一步步登上清朝军队的最高军阶，成为当时淮军将领中任军职最高的人。①

同治四年（1865年），曾国藩督师剿捻军，刘铭传奉令率军由广德北上。时清将僧格林沁正率精锐骑兵尾随捻军左奔右突，疲于奔命。此时，满蒙出生的官员自恃血统高贵在汉人官员面前飞扬跋扈，使汉人官员产生了"敬而远之"的心态。刘铭传知道僧格林沁平日里瞧不起汉人，如果一味地追随他，可能会自讨没趣，于是他秉承曾国藩、李鸿章旨意，保存实力，驻六安、霍山一带按兵不动。僧格林沁部1.1万多人马被捻军全歼于山东，僧格林沁毙命。清廷闻讯震怒，严旨申饬曾国藩，给刘铭传以革职留任的处分。十一月，刘铭传尾追

---

① 《清史稿》：同治元年，李鸿章募淮军援江苏，铭传率练勇从至上海，号铭字营。招抚南汇降贼吴建瀛、刘玉林众四千人，简精锐隶其军。贼由川沙来犯，击败之，连克奉贤、金山卫，累功擢参将，赐号"骠勇巴图鲁"。又破贼野鸡墩、四江口，擢副将。常熟守贼以城降，被围。二年春，铭传会诸军克福山，大破贼，解常熟围，以总兵记名。进规江阴，杨库为沿江要冲，悍贼坚守，铭传会黄翼升水师进攻，贼由无锡、江阴两路来援，迭受创退。李秀成纠众十余万分水陆复来援，铭传力战败之。七月，乘胜攻江阴，擒斩二万，克其城，以提督记名。寻复无锡，加头品顶戴。是年冬，进攻常州，败贼于奔牛镇。贼目邵小双降，令扼丹阳。援贼以轮船至，犯奔牛，以掣围城之师，奋击，破三十余垒，毁其舟。三年春，合围，破闉而入，擒斩贼首陈坤书，克常州，赐黄马褂。进屯句容，江宁寻下，余党拥洪福瑱踞广德，会诸军击走之。

捻军，冲过周家口，强渡沙河，在宏济桥与捻军赖文光、任化邦、牛洛红等遭遇，"铭军"凭借洋炮队火力杀伤捻军甚众，于次年三月攻下黄陂县城，刘铭传因此官复原职。九月，捻军赖文光部与张宗禹部冲破曾国藩的沙河防线，进军河南中牟，分为东、西捻军。曾国藩河防战略失败，引咎辞职，清廷令李鸿章接任。①

李鸿章趁机扩充淮军，由4万人扩展到7万人，"铭军"马营增加尤为迅速，在淮军28个马营7000多匹战马中，约有13营3500多匹隶属"铭军"。"铭军"负责追剿东捻军，历时三载，最后在杨州瓦窑铺将东捻军战败。清廷授予刘铭传三等轻车都尉世职，赏给白玉柄小刀等物品。刘铭传以封赏太少、告积劳成疾不能坐骑为由，请假回乡养病。在东捻军垂危之际，西捻军闻讯驰援，直逼天津。清廷惊恐，严旨不停催促刘铭传率军护卫。

同治六年（1867年）二月，"尹隆河之战"是湘军与淮军的一次配合之战，该战使得东捻军大伤元气，同时，湘军劲旅"霆军"与淮军劲旅"铭军"从此结下冤仇，由于负责剿捻指挥的李鸿章抱有私心，能够出面说话的湘系首脑曾国荃等人没有主持公道，"霆军"统帅鲍超负气称病回家，"霆军"队伍也招致改造，其中一部分还被编入淮军，在刘铭传的统一指挥下追剿捻军余部。刘铭传向李鸿章献计，将西捻军引到黄河、运河、徒骇河之间的狭长地带，"铭军"在西捻军被围后与之决战，致西捻军全军覆没。刘铭传以平定西捻军的全功而晋爵一等男。

光绪十年（1884年）闰五月初四日（6月26日），朝廷任命刘铭传以巡抚衔督办台湾军务，成为全台地区最高军事首脑。同年八月二十日（公历10月8日），孙开华指挥中国军队取得了以弱胜强、以少胜多的"沪尾大捷"。法军没能踏上通往台北府的大道，只能在海上

① 《清史稿》：四年，曾国藩督师剿捻匪，主用淮军。淮军自程学启殁后，铭传为诸将冠。调驻济宁，寻分重兵为四镇。铭传移驻周家口，迭破贼瓦店、南顿、扶沟，改为移击之师，擢直隶提督。援湖北，克黄陂，追贼至颍州，大败之。铭传建议平原追贼不能制其死命，乃筑长堤，自河南至山东运河，驱贼沙河以南蹙之。工甫竣，豫军防地为贼所破，乃分军追剿，破之于钜野。捻酋张总愚窜陕西，任柱、赖文光留山东，自此分为东西。

游弋。九月五日（公历 10 月 24 日），法国宣布封锁台湾海峡，北起苏澳乌石港，南到恒春鹅銮鼻。

1885 年 2 月，海关总税务司赫德在清政府同意下，派其僚属英籍中国海关驻伦敦办事处税务司金登干赴巴黎促进中法和议。4 月 4 日，金登干和法国外交部政务司司长毕乐在巴黎匆促签订停战协定（《巴黎协定书》）。之后，清政府明令批准李福天津《简明条约》，并下令北越驻军分期撤退回国；法国解除对台湾和北海的封锁。中法战争至此停止，慈禧太后颁发了停战诏令。

面对海防危机，加强台湾防务尤为必要。闽浙总督杨昌浚、钦差大臣督办福建军务左宗棠，于光绪十一年（1885 年）七月再次上书，要求在福建、台湾两地"巡抚分驻""建省分治"。十月十二日，慈禧太后在下旨创建海军的同时，同意左宗棠的奏请，福建政务由闽浙总督兼管，将福建巡抚改为台湾巡抚，正式下诏设立台湾建省，由原来的 2 府 8 县 4 厅增为 3 府 11 县 4 厅 1 直隶州。刘铭传成为台湾行省的第一任巡抚，在他的经营下，台湾开启了近代化进程。

然而，这位淮军宿将在通往巡抚的政治仕途上，面对了两位湘军将领的无形压力，以其狭隘的心胸和高超的计谋，先后扳倒了台湾道刘璈、排挤了台湾帮办军务孙开华。这也是晚清时期在中国政治军事版图上"湘军"和"淮军"两个利益集团倾轧的缩影。

## 二　刘铭传为孙开华请功

### 1. 扳倒刘璈

刘璈在刘铭传来台之前是全台的最高首脑，并开展一系列有声有色的工作，多次得到上级的嘉奖。刘铭传上岛之后，在以下几个方面与刘璈发生了分歧和冲突。

首先，对刘璈的军事部署提出了意见。刘璈的军事部署以台湾南部为重点，总计部署 30 个营戍守台南。刘璈认为，台湾府历来就是全台的政治中心，台湾道也常年驻在该地，自沈葆桢、丁日昌巡台以来都是台湾防御的重点所在。而刘铭传则认为，基隆和沪尾是台北地区的两个重要港口和城市，必将是法军进攻的重点，仅有区区几个营的兵力难以抵御。于是，他下令防守台湾中部的淮军章高元部 2 个营火速北移，加强基隆的防御。中部防区则由刘璈本人兼任。从后来发生的情况来看，刘铭传此举是正确的，刘璈也没有提出异议。

其次，对刘璈的人事安排颇有不满。如前所述，刘璈即受命筹办全台防务，但因与镇总兵吴光亮不和，于是经过福州将军穆图善调遣，将吴光亮调回省城，起用湘系左宗棠的部下杨在元署任台湾镇总兵，并接替吴光亮的台中防守。光绪十年（1884 年）四月十四日，朝廷命主战派张佩纶会办福建海疆事宜并署船政大臣。张佩纶素与刘铭传相知相惜，他抵达福建之后，以杨在元在"接署总兵后不洽舆情"为由，弹劾了他，并换上了淮系的将领章高元接替杨在元的职务。此外，孙开华抵达台北后，刘璈将台北地区的防务大权由曹志忠交给了孙开华。孙、曹二人虽然同为"霆军"出身，但是后者曾经在"尹隆河之战"后与刘铭传并肩作战过一段时间，从情感上易于沟通一些。刘铭传来台之后，看了孙开华的军事部署和工作力度，加上法军已经进入基隆港口，大敌当前战事随时可能开启，也就没有计较北区统领人事的更换。

最后，对刘璈截留台北军饷耿耿于怀。早在法军进攻基隆之前，台湾的军饷就有很大缺口，中法开战之后，各路援军赴台，军饷剧增，负责筹集军饷的台湾道刘璈也是"巧妇难为无米之炊"，经请示刘铭传同意，截留各省协济台北饷中五万以资运用。战争结束后，刘铭传对此事耿耿于怀，非要查个水落石出。

法军于光绪十一年（1885 年）五月初九日退出基隆，刘铭传五月二十六日向朝廷上"道员贪污狡诈不受节制劣迹多端声名狼藉谨列各款并掣肘台北情形据实参奏"奏折，矛头直指台湾道刘璈，共计罗列他 18 项罪名。六月十三日，朝廷将刘璈革职查办，台湾道由候补道陈鸣志署理。刘璈从台南押解至福州，即因病羁押，不久打入刑部大牢。十一月十八日，朝廷判决刘璈"判斩监候"，另需赔银 26000 两。湖广总督卞宝第、福建巡抚督办台湾军务刘铭传奉旨分别对刘璈在湖南岳州的老家和台湾道官邸进行了查抄，总计所得 14000 余两，不足赔偿银两。光绪十二年（1886 年）五月，台州府绅士为刘璈缴清罚款，刘璈得以罪减一等，发往黑龙江将军穆图善幕中效力赎罪。光绪十五年（1889年），刘璈病逝于戍所。享年60岁。

2. 褒奖孙开华

沪尾大捷，孙开华在诸多将领中自然是头等功臣。作为全台地区的最高军事长官，刘铭传毫无私心地向朝廷上奏，为孙开华在沪尾大捷的功勋请奖。光绪十年（1884年）八月二十四日，刘铭传上"沪尾血战胜利图"的奏折中这样写道：孙开华"亲率卫队，奋勇直前，阵斩执旗法酋一名，并夺其旗。士气益涨，斩馘二十五级，内有兵酋二人，枪毙三百余人，敌乃大溃……沪尾英人登山观战，拍手狂呼，无不颂孙开华之奋勇绝伦，馈食物以鸣欢舞"。① 九月二十日孙开华因战功卓著，得赏骑都尉世职，并赏给白玉翎管一支，白玉扳指儿一个，白玉柄小刀一把，火镰一把，大荷包一对，小荷包两个。慈禧太后发银一万两，赏给此次出力兵勇。②

但是，淡水的战败使法国方面意识到台湾的守军并不是那么容易对付的；孤拔本人也很快就意识到他所攻占的基隆只是一片废墟，并非像他自己所吹嘘的那样有价值。相反，他的舰队和陆战队却被钉住在基隆海岸，处于被动挨打的地位。为了掩盖这一被动局面，同时泄一泄淡水惨败的私忿，他发布了禁海令，宣布在战时状态对台湾岛所有口岸一概"断截各项来往"，认为这是困死台湾军民、逼迫清政府就范的唯一有效手段。

于是清廷一面要解决法方的压迫，一面又想尽快收复基隆。同年九月十四日，总兵曹志忠组织"霆庆营"袭击九杓坑法军在基隆的军营，没有取得成功，反而自伤40余人。十月十日，左宗棠向朝廷上奏台北沪尾大捷的胜利，同时奏请朝廷下旨筹划收复基隆，以免法国以占据基隆为谈判筹码。十月二十七日，左宗棠以钦差大臣督办福建军务身份抵达福州，全力推进台海防御和收复基隆等事务。

台湾关系着东南大局，决定快速对其进行支援。遂命令李鸿章、

---

① 清朝光绪朝月折档，十年九月十九日，刘铭传奏。台北"故宫博物院"存。
② 许雪姬：《抗法名将孙开华事迹考》，《台湾文献》1985年第36卷第3—4期。

曾国荃选拔得力快、碰、胁等船各六七艘，多带兵勇器械，会齐连樯并进；或由新竹或另由他口登岸，以保证到时候兵械足够台湾防御。并于十一月七日电寄杨昌浚等：台事紧要，着派孙开华帮办台湾军务。该提督沪尾一战，声威颇着；刘铭传务当同心协办，共济艰难。①十一月八日，朝廷下旨，孙开华帮办台湾军务。二十日，由福州将军穆图善、督办福建军务左宗棠、闽浙总督杨昌浚处得知帮办台湾军务之旨，乃刊刻木质关防一颗，文曰：帮办台湾军务署福建陆陆提督行营之关防，并于是日启用。

十一月二十二日，刘铭传奏，若淮军吴宏洛部无法抽拨，则筹拨楚军三千，归孙开华节制。由此表明，"督办台湾军务"的刘铭传和"帮办台湾军务"的孙开华二人关系正常，配合得当。二十八日，朝廷因功，赏给孙开华御赐福纸一张、大荷包两对、小荷包两对、银钱两个、银锞四个、莲子三斤半、挂面十把、奶饼 500 个、合粉一斤半、藕粉一斤半、荔干一斤半、南枣一斤半。②

然而好景不长，因为李彤恩事件，刘铭传与孙开华关系交恶。

3. 左宗棠弹劾李彤恩

李彤恩，生卒年不详，咸丰十一年（1861 年）随同候补道区天民（广东香山人，举人）到沪尾各口岸开办设关收税事宜。同治年间，负责解送台湾各通商口岸之税银到省城福州，屡蒙嘉奖③。光绪元年（1875 年）钦差大臣沈葆桢拟定引进新式机器在台湾开采煤矿，延请英国矿师翟萨（David Tyzack）到台湾，台湾道夏献纶乃调李彤恩等二人会勘④。中法战争期间，他任职沪尾海关通商委员⑤。据刘铭传称，他与刘璈于光绪十年（1884 年）六月十二日察看沪尾炮台时，才第一次见到骨瘦如柴的李彤恩，除了要他赶紧调养外，还委任他为

①《大清德宗景皇帝实录》卷一百九十七。

② 许雪姬：《抗法名将孙开华事迹考》，《台湾文献》1985 年第 36 卷第 3—4 期。

③ 同治朝月折档，六年九月六日，英桂等奏。台北"故宫博物院"存。

④ 沈葆桢：《沈文肃公政书》，（台北）"近代史丛书"（54）卷五，第 80 页，总第 1033 页。

⑤ 刘璈：《巡台退思录》，第 260 页。

"沪尾营务处"①。

左宗棠为什么要与这位"骨瘦如柴"的小官吏过意不去并要弹劾他呢？

如前所述，左宗棠以钦差大臣身份督办福建军务，于十月二十七日抵达福州，全力推进台海防御和收复基隆等事务。他曾在十月十日向朝廷上了一道奏折，里面没有提及李彤恩其人其事。十月二十九日，也就是左宗棠到达福建的第三天，他就上奏朝廷，请求弹劾沪尾营务处官员李彤恩。那么，没有去过台湾的左宗棠是什么时候得到李彤恩的"罪证资料"的？又是何人提供的呢？不得而知。

第一，湘淮之争在福建。光绪九年（1883年）中法战争爆发之时，位于战争前沿的福建、台湾军政大员分别是：福州将军穆图善、闽浙总督何璟、福建巡抚张兆栋、台湾道刘璈、台湾镇总兵吴光亮。这些官吏大致可以分为两派：总督何璟与李鸿章同为道光二十七年（1847年）进士，交往甚密，可谓"亲淮系"。光绪十年闰五月初四日，朝廷任命刘铭传以巡抚衔督办台湾军务，何璟深为刘铭传担忧，因为此时不仅台湾道刘璈是湘系出身，而且全台防守军队有90%属于湘军，刘铭传赴台上任，可能会被湘军将领架空。于是，他想利用自己闽浙总督的身份为李鸿章的淮系做些力所能及的工作，唯恐孙开华驻北台不利于刘铭传，计划把刚刚上岛才三个月的孙开华军调回福建，"未果行"。福州将军穆图善虽是满人，同治七年（1868年）在甘肃征战中军事，其所部曾经划入左宗棠旗下，因此与湘军关系甚密，属于"亲湘系"；台湾道刘璈是湘军宿将，他与台湾镇总兵吴光亮素来不和，为了排除异己、统一政令，刘璈通过穆图善将吴光亮调回福建，通过时任两江总督的左宗棠调任湘军杨在元、杨金龙赴台，并委任杨在元署理台湾镇总兵职务，接替台中防务。这样，关于台湾的防御，湘系"领军人物"左宗棠也被牵扯进来，而且湘军在台湾占据绝对优势。

这批官员中，唯有巡抚张兆栋似乎没有"选边站"。张兆栋

----

① 光绪朝月折档，十一年二月七日，刘铭传奏。台北"故宫博物院"存。

（1821—1887），字伯隆，号友山，潍县（今潍城区）人。他以进士授刑部主事，累迁郎中。外放陕西凤翔府任知府，后擢升四川按察使。咸丰四年（1854年）调广东任布政使。后历任安徽、江苏布政使。咸丰九年（1859年）擢升为漕运总督。咸丰十一年（1861年）升任广东巡抚，上书禁赌，被获准，由于两广总督英翰徇私禁令不行，张兆栋毅然上表弹劾，英翰被革职，张兆栋兼摄总督事务，禁赌益严，煞住了当地赌风。光绪四年（1878年），因母丧归里。孝服期满，被任命为福建巡抚。光绪十年（1884年）中法战争中，法国军舰窥台湾与福建，他专任城守，后因马尾失守，与总督同被革职。

光绪九年（1883年）十二月二十日，朝廷任命湘军将领杨岳斌[①]从甘肃赶赴福建，筹办海防。次年正月十二日，左宗棠开缺两江总督，进入军机处。二十日，朝廷任命湘军"大佬"曾国荃署理两江总督。七月三日，法军突袭马尾造船厂，福建水师几乎全军覆没。十八日，朝廷任命军机大臣左宗棠为钦差大臣督办福建军务，福州将军穆图善、漕运总督杨昌睿（旋任闽浙总督，接替何璟）为帮办福建军务。

台湾建省之前隶属福建管理，尽管刘铭传以巡抚衔督办台湾军务身份来台主持军事工作，但是在管理体系上还得接受福建方面的节制。刘铭传的唯一靠山就是他的"老帅"李鸿章。

第二，法国以占领基隆为筹码。法军在沪尾遭到孙开华领导的中国军队的顽强抵抗之后，大败而归。但是，他们利用海军优势掌握了台湾海峡的"制海权"，仍然占领着基隆港，并于光绪十年（1884年）九月五日实行封锁，希望以此压迫清廷和谈。此时，美国有意出面中、法两国之间调停，其外交部提出的方案是：①按照《天津条

---

① 杨岳斌（1822—1890），原名载福，字厚庵，湖南善化（今长沙）人，原籍乾州（今吉首），晚清湘军水师统帅。咸丰三年（1853年），随曾国藩创建湘军水师，任右营营官，此后多次与太平军交战，屡立战功，累升至福建水师提督，赐号"彪勇巴图鲁"。同治年间，与曾国藩、曾国荃定计合围南京，围剿长江两岸，镇压太平天国，授陕甘总督，赏一等轻车都尉世职。光绪元年（1875年），杨岳斌受命与彭玉麟整顿长江水师。光绪十一年（1885年），奉令赴援台湾。1890年杨岳斌病逝，赠太子太保，谥勇悫。

约》第五款商定通商之事；②允许法国暂时屯兵基隆、淡水（即沪尾）；③赔偿法国五兆法郎，淡水、基隆海关关税由法国征收作抵押。"弱国无外交"，显然，美国所谓的调停也是站在西方列强的利益基础上的。之所以反复强调屯兵基隆、淡水，就是因为法军目前占据着基隆作为谈判筹码。

第三，刘璈、朱守谟弹劾李彤恩。尽管在福建前线集结着一批湘军或者"亲湘系"的大员，但是，左宗棠是一个知书达理、高风亮节的人，大敌当前，必须搞好湘军和淮军的关系，在援台工作上"惟力是视，绝无湘淮畛域"。①

法国人在谈判桌上以占领基隆为要挟，督办台湾军务的刘铭传虽然一度命令曹志忠袭击法军驻地，但是没能得手，致使刘铭传不敢轻言夺取基隆。此时，刘璈、朱守谟站出来对刘铭传的能力产生异议，甚至要深究当初他与孙开华分守基隆、沪尾，为什么轻而易举地从基隆撤兵，致使基隆沦陷？

他们向左宗棠汇报的情况是沪尾战役期间，刘铭传委任的"沪尾营务官"李彤恩不懂军务，火急火燎地向坐镇基隆的刘铭传发出三封急电，说沪尾恐难保，将祸及台北府等，请求派兵增援沪尾，致使刘铭传错判形式，从基隆撤军导致基隆的沦陷。左宗棠一看这些材料也有道理啊，刘铭传自从八月十三日到十月底，基隆一直在法国人手中，并成为向朝廷谈判的筹码。朝中大臣，很不以刘铭传的做法为然，认为中法沪尾之战，孙开华的兵力以足以应付，不需抽调基隆之师赴援，如经筵讲官内阁学士兼礼部侍郎周德润称："查二十日淡水大捷，孙开华力足残敌，其不待刘铭传之救明矣！"同时弹劾刘铭传的尚有锡钧、万培因、邓承修、尚贤、汪鉴。他们一致认为刘铭传退兵的原因，实系与孙开华有宿怨，不谙军事的沪尾营务处李彤恩三次飞书告急，刘铭传才会惊惶退师。

于是他于十月二十九日向朝廷上奏弹劾李彤恩："八月十三日基隆之战，官军已获胜仗，因刘铭传营务处知府李彤恩驻兵沪尾，以孙

---

① 《中法越南交涉档》第1498卷，台北"故宫博物院"存，第2698页。

开华诸军为不能战，三次飞书告急，坚称沪尾兵单将弱，万不可靠；刘铭传为其所动，遽拔大队往援，基隆遂不可复问。李彤恩不审敌情，虚词摇惑，拟请即行革职，递解回籍，不准逗遛台湾。"① 并要求刘铭传尽快夺回基隆。

对于左宗棠的弹劾，清廷于十一月十八日给了这样的回应："前敌军情关系极重，必应确切查办，不得含糊了事；李彤恩所禀刘铭传各情，人言藉藉，果系因此贻误，厥咎甚重，非递籍所能蔽辜。前谕杨岳斌迅速赴闽援台，即着该前督于到台后详确查明，据实参奏。李彤恩着即行革职，听候查办。"② 并令即将赴台的帮办福建军务的杨岳斌查明事实真相。

4. 刘铭传弹劾朱守谟

刘璈通过朱守谟当面给钦差大臣左宗棠汇报情况，并由"左相"提出弹劾李彤恩，也算出了一口恶气。聪明的刘铭传已经意识到这是湘军集团对自己的打压，是"敲山震虎"，他要"以其人之道还治其人之身"，将报复的目标锁定朱守谟。他认为，朱守谟之所以状告李彤恩，是因为与李彤恩不和，利用左宗棠与刘铭传之间的隔阂来达到报一己私仇的目的。于是他也上奏朝廷，告朱守谟"临危乞假，规避敌锋，又复造言生事，摇惑军民，尤属故违军令。更于撤差之后，沿路招摇，逗留福州钻营差委，四口谗谤，计败戎机，实非寻常造谣可比，应请旨将道员朱守谟革职永不叙用，以示薄惩"。③

这个朱守谟何许人也？其实朱守谟还是刘铭传从大陆带来的亲信，他曾经是台湾道的前任道员，在上海养病期间，雄心勃勃的刘铭传从天津赴台湾途经上海，顺便想多揽几个人才同赴台湾。朱守谟答应了刘铭传的邀请，刘铭传委任他为"营务官"（与沪尾的李彤恩同级）。抵台之后，刘铭传实现了自己在大陆的承诺，果然要朱守谟负责后营的营务，并赋予他保护沪尾洋商的责任。朱守谟在战争期间非

---

① 《中法战争文献汇集》（六），鼎文书局，第179页。

② 《大清德宗景皇帝实录》卷一百九十八。

③ 《刘壮肃公（省三）奏议》，台北"故宫博物院"存，第600页。

常认真地履行了自己的职责，多次受到刘铭传的赞许。光绪十年（1884年）七月，刘铭传还向朝廷上奏，保留朱守谟留台继续履职。为何一年之后要对自己的亲信下手呢？

原来朱守谟在沪尾大捷之后，告假回省城，他没有从沪尾上轮船，而是特意从台北南下台湾府，专程拜访了刘璈，受到刘璈的盛情款待，然后再回大陆。"左宗棠、杨昌睿正盼台音，听该道（指朱守谟）一面之词，不能无惑于基隆之退。"① 用今天的话说，朱守谟离开沪尾回省城，私自改变了行程，并且"倒戈"背叛了自己的主人，加入了刘璈的阵营。

笔者认为，朱守谟"反水"还可能基于两个因素：第一，他是台湾道刘璈的前任，和后者曾经都是全台最高领导人，刘铭传的到来，为"台湾道"受压有"同命相怜"之感；第二，他所在的后营统帅为张兆连，此人也是湘军，曾是孙开华的部将，在相处之中，难免为湘军出身的刘璈打抱不平，感动了朱守谟。

显而易见，刘铭传弹劾朱守谟，是对湘军集团的一个反击和试探，被认为"湘淮不和，借端报复"。②

5. 李彤恩、朱守谟审理结果

奉旨查办李彤恩案的杨岳斌于光绪十一年（1885年）正月二十一日到达卑南，二月七日到达台南。当日杨岳斌接到朝廷发来的谕旨，令其将李彤恩、朱守谟二案合并审理。当时杨岳斌因北路有月眉山之败，已奉令北上筹防，以求收复基隆。朝廷也于正月初二日发来谕旨："谕军机大臣等，电寄左宗棠等：杨昌浚转电刘铭传所电近日战状各情均悉。法人添兵日众，我军亟应迅渡助剿。着左宗棠等催令杨岳斌、程文炳两军设法潜渡，以厚兵力；并竭力拨济军械，毋令缺乏；饷项，亦应豫筹接济。台北土勇可用，刘铭传、孙开华务当匀给利器，激励用命，帮助官军，设计取胜；切勿坐待援兵，致失

---

① 《刘壮肃公（省三）奏议》，台北"故宫博物院"存，第600页。

② 同上书，第657—568页。

事机。"①

一月六日，刘铭传上奏辨明左宗棠所劾之虚，表彰李彤恩之功。二月七日，朝廷下旨："前据左宗棠奏参知府李彤恩不审敌情、虚词摇惑，以致基隆不守；当降旨将该员革职，交杨岳斌查办。兹据刘铭传奏'道员朱守谟规避钻营，造言倾陷'各情；与左宗棠前奏，大相径庭。必须澈行查明，以昭是非之公。道员朱守谟于军务吃紧之时，辄敢擅请公款、乞假规避，殊属荒谬！着即行革职。至所参该员招摇播弄及倾陷李彤恩各节，如果属实，厥咎尤重，非永不叙用所能蔽辜。着杨岳斌即将朱守谟饬提赴台，归入前案秉公研究；孰是孰非？务得确情，奏明严行惩办，不准稍涉偏徇。原折片均着钞给阅看。将此由五百里谕令知之。"②

三月二十八日，杨岳斌审定：李彤恩、朱守谟均按原议革职处分。

五月九日，朝廷谕（军机大臣等）："电寄杨岳斌等：据李鸿章电称'法兵于初九日准退出基隆'等语。上年刘铭传仓促赴台，尚称勇往；自基隆失事，未能迅复，咎实难解。现在法人已退，着责成杨岳斌、刘铭传、孙开华将全台应办事宜，实力布置；如有疏懈，惟该前督等是问。"③

杨岳斌所做的判决，采取了既不得罪左宗棠，亦不得罪刘铭传的做法，显然他也是勉为其难，只能敷衍了事。结果左宗棠、刘铭传都不满意。六月二十四日，左宗棠再度上奏举证李彤恩的罪行，必不肯轻饶。此时，中法战争宣告结束，大清王朝没有在这次中法条约之中割地赔款，只是出让了对越南的管辖权，正好满足了朝廷急于求和的心态，李鸿章在这场谈判中成为功臣，得到朝廷的重用，刘铭传也在担负台湾善后处理职责。朝廷内对左宗棠的奏折予以严厉的叱责："刘铭传仓促赴台，兵单饷拙，虽失基隆，尚能免支危局，功罪有不

① 《大清德宗景皇帝实录》卷二百一。
② 《大清德宗景皇帝实录》卷二百三。
③ 《大清德宗景皇帝实录》卷二百七。

相掩……左宗棠传旨申饬，原折掷还。"① 这个批复，对于一个为了大清江山社稷在疆场上驰骋多年、立下过无数战功的左宗棠来说，是一个极大的打击。从此一病不起，七月二十七日（公历9月5日），左宗棠病逝于福州，享年73岁。

李彤恩案也此就落下帷幕。李彤恩被革职后，于十一月八日离开台湾返回原籍。不久，刘铭传以淡水教案及捐输等案为由，调请"台湾通"李彤恩返台协助工作。朝廷同意了刘铭传的请求，李彤恩再次回到了他的身边。

其实，平心而论，无论是李彤恩还是朱守谟，所犯错误都没有那么严重。二人被劾多少有些湘淮派系争斗的影子。在这场官司中，淮系新秀刘铭传小试牛刀，尝到了政治斗争的乐趣，为日后主政台湾，打出了声势，奠定了基础。

当朝者对这一事件也有评价。如署礼部左侍郎内阁学士徐致祥认为："台湾督办刘铭传与刘璈不和，将帅参商，患非浅显②"日讲起居注官左春坊左庶子锡钧更是讲得直白："总兵大臣宜和衷共济时艰也，将帅不和，兵家大忌，现在统兵大臣各分门户，左宗棠李鸿章不和，刘铭传与李鸿章相善，刘璈与左宗棠相善，则刘铭传、刘璈亦不和，台湾之将帅若此。"③

### 三 刘铭传上奏弹劾孙开华

沪尾大捷，中方虽然取得了胜利，但是却留下了后遗症，也导致了湘淮集团之间的斗争。由于刘铭传撤防基隆守军回援台北府和沪尾阵地（事实上仅有章高元部撤离），致使法军得以占领基隆，不但无法收复，而且成为法国在谈判桌上的一个筹码。朝中大臣大多认为这是统帅刘铭传的失职，如果当时刘铭传不从基隆调兵增援，孙开华所统领的兵力也足以应付法军的进攻，也不至于基隆失守。如经筵讲官

---

① 光绪朝月折档，十一年六月二十四日，左宗棠奏。台北"故宫博物院"存。
② 光绪朝月折档，十年九月十三日，徐致祥奏。台北"故宫博物院"存。
③ 光绪朝月折档，十年九月十三日，锡钧奏。台北"故宫博物院"存。

内阁大学士兼礼部侍郎周德润称："查二十日淡水大捷，孙开华力足歼敌，其不待刘铭传之救明矣![①]"同时参与弹劾刘铭传的还有锡钧、万培因、邓承修、尚贤、汪鉴等人。

孙开华虽然是湘军出身，但是，他在湘军集团中只能算作"后起之秀"。孙开华所在湘军劲旅"霆军"与淮军宿将刘铭传的上一次正面交锋是 10 多年前的"尹隆河之战"。当时，孙开华仅为一个分统帅，湘军与淮军的抗争是"霆军"主帅鲍超与"铭军"主帅刘铭传之间的抗争。那一个回合，可以说在李鸿章主导下，淮军占了上风。孙开华避开了随后湘淮之间的恩恩怨怨，来到福建任职。

这次他奉令率领"擢胜营"再次登上台湾宝岛，目的很明确，就是要团结一致、齐心协力抵御外来侵略。因此，刘璈要他接替北部防区统帅职务，他服从了安排；刘铭传来台后，在他的身边安插了"营务官"李彤恩，他也欣然接受，并向沪尾的父老乡亲表达了誓死守卫沪尾、决不撤离的态度。

钦差大臣左宗棠上奏弹劾李彤恩，刘铭传意识到这是对自己政治仕途的威慑，他必须予以还击。一方面他上奏弹劾朱守谟，另一方面向朝廷辨明左宗棠对李彤恩弹劾案的不实之处，承认在沪尾战役期间李彤恩确有三次奏报，但是只有一次是李彤恩本人的，另一次是刘朝祜的，还有一次是孙开华的。意图很明显，就是为了减轻和开脱李彤恩的罪过。

刘朝祜[②]是刘铭传的侄孙，刘铭传让他来为李彤恩顶罪也是毫无怨言的，毕竟是一家人。至于刘铭传谎称孙开华也急电刘铭传求援的一次，刘铭传一是感觉到孙开华为人厚道，心胸豁达，不齿于搞小团体主义，是湘军集团中的真君子；二是沪尾大捷之后，刘铭传在多次上报朝廷的奏折中，刘铭传数次褒奖孙开华，使得朝廷对他予以了重赏，也就是说孙开华在一定程度上欠他一个人情。

---

① 光绪朝月折档，十年十月二十一日，周德润奏。台北"故宫博物院"存。
② 刘朝祜（1846—1888），字云樵，号辅臣，安徽合肥（今肥西）人。青年时期追随刘铭传加入淮军，1884 年随聂士成自江阴驻地渡海至台湾，参加刘铭传指挥的抗法斗争。在淡水和基隆河战役中身经数战，立有战功，官至记名提督。1888 年病逝于台湾。

　　然而，刘铭传失算了。

　　刘铭传自从剿灭捻军之后，他因朝廷给他奖赏力度不大，一气之下称病回了老家。在安徽老家的 10 多年时间里，他大兴土木、兴建庭院①，过起了颐养天年的好日子。中法战争爆发，朝廷深感朝中无大将，加上台湾道刘璈三番五次请求朝廷委派"知兵大员"主持台湾防御，朝廷给了他一个巡抚衔，刘铭传感觉再次踏上仕途的机会终于来了。但是，过了 10 多年安闲日子的刘铭传，已经不是当年驰骋疆场、一往无前的"铭军"统帅了。

　　据资料显示，刘铭传不仅对孙开华领导的"擢胜营"没有信心②，甚至对整个台北守军都没有信心。当营务官李彤恩一再"飞书"告急时，刘铭传没有与任何守军将领商议就决定放弃基隆，回救沪尾，甚至还有退往新竹的打算③。

　　针对刘铭传反驳称李彤恩的三次告急"飞书"，一次是刘朝祜所为，一次是孙开华所为，此时，孙开华再也不能沉默了，据实向左宗棠禀报：他不仅没有向刘铭传"飞书"告急，而且还力劝刘铭传不要擅自撤离基隆④，否则沪尾压力更大，并表示自己绝不撤离防区，退回沪尾⑤。

　　出生于湘西山区的孙开华本来性情刚烈，为人豪爽，眼里掺不得半点儿沙子，自然不愿意背这个黑锅，他主动站出来揭穿了刘铭传的谎言。刘铭传气急败坏，在对孙开华的态度来了一个 180 度的转变。光绪十一年（1885 年）十一月十五日，刘铭传弹劾孙开华，把孙开华推到了湘淮之争政治旋涡的风口浪尖。奏曰：

---

　　①　位于安徽省合肥市肥西县紫蓬山的刘铭传故居已经成为国家重点文物保护单位，4A 级旅游景区。

　　②　《中法战争文献汇集（三）》，鼎文书局，第 573 页。

　　③　光绪朝月折档，十年十月二十一日，周德润奏。台北"故宫博物院"存。

　　④　光绪朝月折档十一年六月二十四日，左宗棠奏。台北"故宫博物院"存。

　　⑤　据淡水税务司法莱特（E. Farago）称，刘爵帅先令孙总镇退回护卫阵地，孙不遵，回言：吾今死于吾汛地内矣！

　　再提臣孙开华，上年十月奉旨帮办台湾军务，臣惟遇事和衷，以期共支危局，仰副圣主委任之至意。共事一年，处处迁就含忍，推诚相与，幸未致显然决裂。查刘璈之谤臣，左宗棠之参臣，均谓基隆不退，孙开华力能独保沪尾，其中委屈情形，不得不沥陈圣主之前。臣渡台之时，孙开华为台北总统，所部三营，一扎基隆，一扎淡水，一扎沪尾，兵勇皆散住民居，营官杨龙标等，出门乘舆张盖，营务废驰已极。六月十五日基隆之战，杨龙标并为接仗，即退奔十余里，当经臣摘去顶戴，令其至八斗烧煤自赎，嗣臣将所部三营，归并沪尾，派令修筑炮台。自六月十二日兴工，至七月底，尚无一分工程。孙开华与李彤恩同居一室，李彤恩经营填塞海口，安设水雷，孙开华毫不预闻。七月间敌言信日紧，臣函嘱李彤恩，转劝孙开华整顿队伍，速修炮台营垒，并请其往营督防，李彤恩屡言不听。臣于七月二十日亲赴沪尾，面告敌情万紧，并言杨龙标之怯，嘱其拣选营哨，速领枪械，孙开华始将杨龙标、向兴贵两营官及时撤换，以李定明、范惠意接带，三营共领毛瑟枪五百杆，时已八月初旬。是月二十日之战，孙开华三营认守南路，章高元、刘朝祜四营认守中路，土勇张李成一营派守北路。法兵由南路上岸，孙开华所部适当其锋，李定明等带队接战，片刻已阵亡六百余人，前队稍却。正在危迫之际，章高元等，率淮勇大队直捣其中，张李成士勇抄击其后，孙开华堵住桥口，督队甚严，敌兵三面受敌，狂奔败北，张李成阵斩水师统领封君首级，绅民皆道其功。臣因沪尾紧要，欲助孙开华之声望，以便统属各营，保守要隘，故奏报时，推重孙开华一军战功为最。不料已故大学士左宗棠到闽后，刘璈合谋倾陷，蜚语上达天庭，孙开华乘势朋挤，夸功委咎，忘其所以，楚淮构讼结仇，因自刘璈兴之，实由孙开华成之。臣带曹志忠一营，并新募土勇堵扎基隆一路，所有随带亲兵炮手劲旅利器，全在沪尾，该处布置防守，皆是臣同李定明、章高元随时商办。孙开华或住淡水，或住沪尾街镇，除饷项之外，布置一切并不闻问，且与楚淮诸将皆不融洽，臣得免肘腋之患。臣现已因病乞退，原不该追问前事；唯念臣若不速到台北，不知孙开华何以御敌，今事终局是非分明，臣固不欲直陈其过，亦不肯稍没其长。孙开华血气之勇，若遇内地土寇，以乌合之师，仗虚嚣之气，或可侥幸有功，如将来海疆再有事故，朝野采其虚声，一旦假以事权，侵扣饷项所失尚轻，特恐贻误大局，臣不能不据实密陈。①

这份奏折，可以作如下解读：

第一，恰逢其时。刘铭传上奏弹劾孙开华的时候，朝廷已经明确了自己出任台湾第一任巡抚的职务，是台湾地区名副其实的最高领导人了。其时，湘军集团在台湾的重量级人物刘璈已经刘铭传弹劾，朝廷于六月十三日将其革职，台湾道由候补道陈鸣志署理；湘军领袖级人物左宗棠亦于七月二十七日病逝于福州，弹劾孙开华这个"草根"出身的将领，高层已经没有人为他说话了。

第二，巧用事实。这份奏折要颠覆自己前面向朝廷上奏的折子，必须有一定事实依据。孙开华的前部将杨龙标飞扬跋扈、军纪松弛的情况也是事实，成为这个奏折真实性的支撑点。但是，对杨龙标部换将本是孙开华"擢胜营"内部家事，结果被刘铭传说成了自己的功劳。

第三，颠倒主次。营务官李彤恩本来就不熟悉军务，而且在孙开华军中也只能起辅佐作用。在淡水入海口进行封港的计划本来就是孙开华提出并实施的，李彤恩只做了一些联络工作，这个奏折却说成他一人所为，孙开华"毫不预闻"，这样就颠倒了主次。

第四，夸大其词。这份奏折中，刘铭传没有否认孙开华所领"擢胜营"埋伏在南路并与法军最先交战的事实，但是对于"擢胜营"阵亡人数进行了夸大。一年前的上奏是200多人，这里改成了600多

---

① 光绪朝月折档，十一年十月十五日，刘铭传奏。台北"故宫博物院"存。

人。反正台湾岛悬孤海外，天高皇帝远，没有人来核查数据。然后，战胜法军的主力部队变成了淮军章高元部和"土勇"张李成部，孙开华的"擢胜营"似乎与胜利无缘了。

第五，目标明确。奏折中，刘铭传直言"孙开华血气之勇，若遇内地土寇，以乌合之师，仗虚器之气，或可侥幸有功，如将来海疆再有事故，朝野采其虚声，一旦假以事权，侵扣饷项所失尚轻，特恐贻误大局"。很显然，作为刚刚上任的台湾巡抚，不希望有一个不听话而且结怨较深的湘军将领在台湾作为自己的副手，排挤孙开华的意图跃然纸上。

相比在一年前的奏折中，刘铭传称"孙开华斩执旗法酋，夺旗锐入，我军见敌旗被获，士气益张，斩敌二十五人，内有兵酋二人，枪毙三百余人，敌乃大溃……沪尾英人登山观战，拍手狂呼，无不颂孙开华之奋勇绝伦，馈食物以鸣欢舞"① 已经相去甚远。幸亏朝中还有几个明白人，知道这是刘铭传在进一步排挤湘系将领，而且孙开华经过"沪尾大捷"已经名声远播，得到中外一致认可。

此外，在这次弹劾案中，洋人对孙开华的正面评价对他起到了一定保护作用。比如，英国茶商陶德认为孙开华"治军甚严，待兵如子，深受全体将士爱戴。他是个仁慈的人，也是外侨之友，替我们解决了不少纠纷，维护我们这几个月来的安全"。② 淡水税务司法莱格（E. Farago）将沪尾战役期间所见所闻写成报告，呈递给总税务司赫德（Rober Hart），称孙开华为"长胜孙"，他"治军甚佳，钱粮按月支付，故士气甚高，深获将士、台人爱戴，也受洋人欢迎"。③ 这些报道均由赫德转呈给清廷，自然也被朝内大臣甚至皇帝传阅。对于刘铭传心胸狭隘、工于心计的做派，光绪皇帝曾经责怪他"督师不力，谤书盈"。因此，刘铭传对孙开华的弹劾没有直接达到目的，事态也没

---

① 刘壮肃公（省三）奏议卷三，台北"故宫博物院"存，第10—11页，总第294—295页。

② ［英］约翰·陶德著：《泡茶走西仔反—清法战争台湾外记》，陈政三译，台湾书房出版有限公司2007年版，第50页。

③ 同上书，第206页。

有进一步扩大。

　　该奏折对孙开华及其"擢胜营"颠覆性的描绘，在 100 多年后仍然产生着负面效应，进入 21 世纪初，大陆拍摄的电视剧连续《台湾1895》中把镇守台北的孙开华及其部下描写成抽大烟、喝大酒、玩女人的形象，估计主创人员仅仅看到了刘铭传弹劾孙开华的奏折，没有全面了解一个真实的孙开华。

# 第七章

# 提督帅府

## 一 正任福建陆路提督

伴随着列强对我国东南沿海的无数次侵略，尤其是 1874 年日本挑起"琊峤事件"以来，关于台湾建省之事提上议事日程。1874 年 5 月，日本出动 3000 人侵占中国台湾琊峤，在榨取中国的 50 万两白银后于当年年底撤走。日本的侵略行动唤醒了清朝上层对加强台湾地区防务和建设的认识，一些有识之士提出在台湾设省。这一建议最早是丁日昌提出来的，1875 年 11 月沈葆桢提出在闽浙总督名下设立"福建巡抚""冬春驻台湾，夏秋驻福州"。1876 年春，新任福建巡抚丁日昌无法按期驻台湾，奏请朝廷另派重臣常驻台湾，改设"台湾巡抚"，这样实行 3 年的"冬春驻台"改为台湾单设巡抚。但是，巡抚是省级行政官员，台湾当时仍然称为"台湾道"，隶属福建省管辖。

中法战争结束后，光绪十一年（1885 年）七月，闽浙总督杨昌浚、钦差大臣督办福建军务左宗棠再次上书朝廷，要求在福建台湾两地"巡抚分驻""建省分治"。清廷为了加强对台湾的有效统治，于九月五日（公历 10 月 12 日）朝廷下诏将福建巡抚改为台湾巡抚，新建台湾省，淮军将领刘铭传在来台之前就以巡抚衔督办台湾军务，台湾首任巡抚的实职于他则是实至名归了。这时，孙开华率"擢胜营"楚勇三营、台湾土勇一营，亲兵三哨，和淮军王贵扬的淮军四营共守沪尾。由于海防渐松，刘铭传计划留下三十五营防戍全台，其余军队予以裁撤，以减轻台湾军饷压力。沪尾虽然军事地位很重要，但是和平时期没有必要部署孙、王两支部队，刘铭传乃有意将二军中之一调往澎湖。

既然与刘铭传已经产生隔阂，孙开华不得已奉行"惹不起躲得起"的人生哲学，积极寻求退路。来台之前他就得署福建陆路提督之任，光绪十二年（1886 年）正月初七日，闽浙总督杨昌濬等向朝廷上奏：署福建陆路提督孙开华，请开去帮办台湾军务差使。允之。①孙开华于是撤去帮办台湾之衔班师回泉州，其"擢胜营"分防兴泉永各府州。

光绪十二年（1886 年）3 月 7 日，孙开华回泉州署任提督。此时，泉州有两个"陆路提督"：一个是在职的唐定奎②；一个是候职的孙开华。原来淮军将领唐定奎由于常年征战，积劳成疾，中法战争结束后主动向朝廷提出解职还乡，颐养天年。11 月 17 日，唐定奎因病请旨开缺的奏折得到恩准，孙开华正式继任福建陆路提督。这一职务也是因军功步入官场的孙开华就任的最高职务，这一年孙开华46 岁。

提督是明、清两朝的武职官名，全称为"提督军务总兵官"，是清朝各省绿营最高主管官，相当于今天的"省军区司令员"，负责统辖一省陆路或水路官兵。自古以来，军队官职高于地方行政，提督虽然在行政上隶属总督、巡抚的管辖，但是其级别与总督一样"官从一品"，比正二品的巡抚还要高半级。因此，提督通常与总督、巡抚并称封疆大吏。若以职能分，提督分为陆路提督与水师提督，掌管区域达一省至两省，数万平方公里，甚至数十万平方公里。一般来说，清朝共在中国各地设置 12 名陆路提督、3 名水师提督（福建水师提督、广东水师提督及长江水师提督）。

上任之后，孙开华分别于光绪十三年（1887 年）1 月 5 日，恭逢

---

① 《大清德宗景皇帝实录》卷二百二十三

② 唐定奎（1833—1887），字俊侯，安徽合肥（今肥西柿树岗乡唐五房圩人），清朝将领。偕兄唐殿魁以团首身份加入淮军铭字营，转战江苏。从刘铭传剿捻于山东、河南、安徽、湖北，积功累擢副将，赐花翎。勇号与勋赏：勉勇、呼登巴图鲁、花翎、黄马褂、建威将军，官至福建陆路提督。由于长期征战，病伤累累，1885 年中法战争结束，主动提出因病开缺，次年得到朝廷恩准。1887 年病逝于故乡，享年 54 岁，谥果介。

光绪亲政恩诏，赏加一级；于光绪十五年（1889 年）1 月 22 日，以慈禧太后归政，赏加二级；2 月 3 日，恭逢归政恩诏，赏加一级；3 月 15 日，以慈禧上徽号，赏加一级加一级。光绪十六年（1890 年），孙开华因任职陆路提督已有三年之久，照例呈请陛见，4 月 11 日朝廷准之。孙开华于是于 5 月 5 日交卸提督印务，交由闽浙总督卞宝第署理，6 月 23 日，进京陛见，觐见两次，奉赐物品多种。6 月 28 日，恭逢光绪万寿，内外臣工俱加一级。7 月 20 日，陛辞请训。10 月 3 日，同抵福州省城，接印任事。10 月 9 日，回泉州提督帅府。

## 二　鹿园围猎，豪杰云集

据考证，孙开华在泉州除了一个办公场所"福建陆路提督衙署"，自己还有一处私人林园。在那个年代，凡是有钱有势的人，家里要么网罗一帮文人食客，陪主人游山玩水、舞文弄墨，要么搜集天下奇珍异兽，特别是老虎、狮子之类的大型猛禽，彰显主人武功盖世、威震四方。孙开华出身行伍，自然属于后一类，他喜欢收藏天下奇珍异兽，而且尤为喜爱麋鹿，此处林园称为"鹿园"。今天，城市发展迅速的泉州的确找不到这样一处"野生动物保护"基地，昔日的"鹿园"已经被街道和楼房所覆盖，变成了"鹿园社区"。

我们难以从史料中寻觅这位戎马一生、骁勇善战的将军是何等喜爱动物，并带领随从在自家的林园里狩猎的情景。倒是他的那位创造力极为丰富的武侠泰斗、孙女婿"平江不肖生"在《江湖奇侠传》中对他进行了生动而有趣的描绘。

图 7-1　福建泉州鹿园石碑　孙培厚摄

……不到几年，（孙开华）已做到提督军门，赏穿黄马褂。只是孙开华的官虽做到提督军门，性情、举动却还和未曾做官一样。打仗的时候，果然是与士卒一般装束，一般的起居饮食。就是不打仗了，也丝毫也没有官派，时常提着大壶的酒大钵的肉，到营盘里拽着一般会武艺的兵官，大家痛饮畅谈。他军队驻扎的地方，必打听有没有会武艺的人。只要有会些武艺的，孙开华必延纳到营盘里来，谈论拳棒。真有能力的，就留在营中，好好地安插位置，到处如是。后来这情形越传越开了，有许多身抱绝技的人，知道有这条出身的道路，从多远的赶到孙开华驻军的地方来。

这时孙开华已做了提督。衙门里会武艺有能力的人，一时没有相当地位安插的，还有百数十人。只得另设一个护卫的名目，将这许多有能耐的人都充当护卫之士。但是，这种护卫队应该有一个最有能力的人当队长。然而百数十人个个都是身怀绝技，自以为了不得的人，谁肯佩服谁，谁肯居谁之下呢？在势又不能各显本预，大家较量一番。

孙开华想来想去，想出了一个试验本领强弱的方法来。对这一百数十个卫队说道："你们各有甚么绝技，一个一个显出来，由我来评判高下，不许争论。经我评判之后，认为可以当队长的，再看你们服也不服，有谁不服，就请谁出头较量一下。"一百数十人都说这方法很好。于是有一个人出头说道："我的本领，须用十石大豆方能显出来。"孙开华即教人备办了十石大豆，问他怎生显法？这人将十石大豆都倾在一个大厅上，平铺了三四寸厚，脱出一双赤脚来，在大豆上走了一路过去，看他赤脚所踏之处，大豆都被踏得粉碎了，回身走一路过，也是如此。连走了数十百遍，十石大豆中所存留的整粒，不到十分之一了。卫队中许多人看了，都同声赞好，孙开华也说：这个汉子的本领了得，忙问姓名、籍贯，原来这人是山东蓬莱人，姓曹名金亮。

孙开华正待说曹金亮这种本领可以当这队长了，只是话还不曾说出口，队中又走出一个人来，说道："这种本领算不了甚么，我有十石面粉，便能显出我的能为来。"孙开华大笑道："好的，好的，一个十石大豆，一个十石面粉，这一队人的本领显过之后，我倒可以开设一个很大的粮食行了。"说得左右的人都笑起来，孙开华继续道："也罢，既是要十石面粉才能显出能为，就办十石来罢。"不一刻，照数办来了。这人也是倾在一处地下铺得平平的，却不打赤脚，反着一双有铁钉的皮鞋，从容在面粉上走了一路过去。脚落处，不但没有脚印，连钉子的印也没有。来回不停步地走了无数次，始终没一脚踏下一点儿痕迹来。孙开华看了赞不绝口，向曹金亮："心服不心服？"曹金亮承认这人的本领比自己高，心服了，愿意让队长给他当。这人很得意地说出姓名籍贯来，是福建长乐人王允中。孙开华恐怕更有本领高强的，不敢就说出委王允中当队长的话，只望着队中间道："有本领更比王允中高强的，可快出来试一试。"

话未说了，果然又从队中出来一人，对王允中笑道："老哥轻身的本领高是很高，不过还没有到绝顶。老帅养了两只大猴子，求老帅打发人牵出来，试试我的能耐。"孙开华那时在提督衙门里，不仅养了两只大猴子，并喂养了许多的飞禽走兽，两只猴子的身体立起来都有三尺多高，平日用铁链锁着，还养在铁笼里面。此时牵了出来，问这人怎么试法？这人要了十串长短不一的鞭炮，从一百响到一千响。先取了一串二百响的，用线缚在猴背上，解了锁链，对孙开华说道：

"这猴子的背上鞭炮一点着，放开手来，它必吓得飞跑。我能不等到一百响鞭炮响了，就将它擒回来。擒回来又缚上二百响，点着仍放它逃走，我也能恰在鞭炮响了时，又将他擒捉到手。一连十擒十纵，鞭炮响歇后才擒住，不算是能为，摘到手后，鞭炮还响着没了，也不算能为。"孙开华心想：这猴子从来没解放过，背上就不缚鞭炮，都不是一个人的力量所能擒捉得住的，何况点上一串鞭炮呢？心里如此思量时，这人已点着了鞭炮，将猴子放开了。这猴子被鞭炮一吓，脱手就蹿上了一株大树，在树枝上乱踆乱跳。这人的身体，就像是一张纸剪的人儿，用线系在猴尾巴上一样，紧紧地跟定那猴。猴踆到这个树枝，人也跟到这个树枝，猴跳到那个树枝，人也跟到那个树枝。凑巧鞭炮的响声一停，猴子便被擒住在这人手里了，在下面抬头看的人，听得孙开华叫一声好，大家不由己地都齐声叫好。"好"字的声音未歇，这人已擒着猴子下树来了。

正要再缚第二串鞭炮，队中忽发出一种冷笑的声音，说道："这样的轻身，算得了甚么，不用再献丑也罢了。"这人即停了手，说道："就看你的罢！"孙开华也觉得诧异，很注意地看队中，只见一个年约三十开外的汉子，边走边笑着说道："要看我的吗？像这样轻身的本领，就算已到了绝顶么？猴子虽是个身体最灵巧的东西，然究竟飞不起。并且这猴子的身体不轻，他能上去的树枝，人有甚么不能上去？我要请老帅放出一只会飞的鸟来，离我一百步远近飞起，我能和你捉猴子一样捉住。由自己放出去的，还不算真本领。"孙开华听了，大笑道："我手下有这们多的能人，终日和我在一块儿厮混，我竟不知道。若不是今日选队长，只怕再过些时，也不会显出这些能为来给我看。我有一只金砂眼的雕，飞得最好，气力也大。我平日带出去打猎不问甚么会飞的鸟雀，都不能落它的眼。一落眼便休想逃的了，你能将它擒住么？"这汉子道："且请老帅放出来试试，金眼雕虽不同常鸟，然他的翅膀，到空中有一种声响，落耳便能辨别，与常鸟不同。或者能托老帅的福，将它擒住，也未可知。"孙开华即回顾身后的人，去后园里将金眼雕取来。那人领命去了。

去不多时，只见这汉子忽然吃惊似的问孙开华道："老帅有几只金眼雕？"孙开华笑道："好容易有几只，这一只还不知费了多少的力，从甘肃弄来的。休说我衙门里只有这一只，通福建也只有我这一只。"这汉子听了，失声叫道："不好了，要被它逃回甘肃去了。"这汉子说完这话，就转眼不见了，孙开华并左右的人正在惊愕，忽见那个去取雕的人，慌里慌张地跑出来，双膝向孙开华面前一跪，说道："小的该死，被那雕在手上啄了一下，手不由放松了些，它便牵着金链条飞了。"孙开华看这人已吓得面无人声，忙安慰道："你起来，不妨事的，已有那汉子追去了。"

大家静候了一会，孙开华忽向众人间道："你们听得我那雕的叫声么?"众人齐道:"没听得。"孙开华喜形于色地说道:"那汉子一定将雕擒住了。"话才说毕,就见那汉子飘然从半空落下了来,左手握住金链条,右手捉住那只硕大无朋的金眼雕。只是已累得气大气喘,满头满额的汗珠,比黄豆还大,紧捉住那雕,唯恐教它逃去的模样。孙开华不觉立起身来,迎着那汉子,说道:"真是好汉子,有能为!"那汉子双手呈上那雕,说道:"虽托老帅的福,未被他逃掉,但是已累得我苦了,直追赶了八十多里的程途,还幸亏有这样长的金链条系在它脚上。一则能使它飞行得稍缓,二则因有这金链条抛在后面,我才能将它擒住。若不然,就更费事了,这东西在空中力大无穷,好几次险些被它牵着我走,我只好将它抱住,不让它双翅得力,它才没可奈何了,唯有张开口乱叫。"孙开华接了那雕,笑道:"叫声我倒听得了。像你这样的能力,莫说在我这衙门里当卫队长,就当御林军的队长也够得上,决没有更高似你的人了。"

孙开华很高兴地说这话,待要这汉子报上姓名、籍贯,忽从队中又走出一个浑身着白的人,身材并不雄壮,走近孙开华跟前从容说道:"这位的本领确是不差,只是在我的眼里看来,一点儿也不希罕,我有比他再高出十倍的本领,不知老帅许我显出来么?"孙开华现出吃惊的神气,问道:"你还有比他高出十倍的本领?是甚么本领?如何显法?"

那汉子身凌虚空,追拿金跟雕,顷刻之间,来回八十多里。这种能为,不但孙开华看了纳罕,就是一般参与选拔的奇才异能之士,也都摇头咋舌,恭维那汉子是天人,足有充当卫队长的本领。孙开华接过金眼雕,正待问那汉子的姓名、籍贯,队中忽又闪出一个人来,带着讪笑的意味说道:"费了这们大的气力,才将这一只老母鸡也似的东西抓住,算得了甚么希奇本领?"孙开华听了,不禁吃了一惊,急抬头看时,只见这人年约三十多岁,身体瘦削而长,毫没有魁硕武勇的气概,全身穿着白色衣服,也不是通常武士的装束,气宇更安闲自在,不像是要和人争夺甚么的。孙开华现出不甚高兴的脸色,问道:"这样飞得起的本领,还算不了稀奇，难道你更有稀奇的本领吗?"这人笑道："没有比他好的，也不出头说话了。"孙开华道："你有甚么本领? 要如何才显得出来呢?"这人道："我无所不能。看老帅要显甚么，我有甚么，不拘那一项。"孙开华略想了一想，说道："你说他追这金眼雕，费了这们大的气力，不算稀奇，你能不费气力，从天空将金眼雕抓回来吗?"这人仰天笑道："这有何不能?""能"字才说出口，孙开华已将两手一松，厉声向这人说道："就看你的罢!"

金眼雕脱离了羁绊，两只翅膀只一扑，从这人头顶上掠过，但闻"飕"的一声，早已冲霄高举了。这人只当没看见的，应声说道："请瞧我的罢。"随说随举手向空中一招，煞是作怪，那金眼雕飞到空中，经不起这一招，就仿佛被这人用绳索缚住的一般，并且来不及敛翅回身，竟是一翻一仰，不由自主地扑落下来，正正地落到这人手上，这人一不捏住链条，二不抓住脚爪，自然服服帖帖地伏着，没有飞逃的意思。这人双手托住金眼雕，说道："这不过是一点儿小玩意儿，也算不得甚么本领。真本领是显不出来的。"孙开华看了这情形，心里疑惑：这人会妖法，不是真实本领，口里正待说出来，那个身凌虚空追赶八十多里的汉子，已走到这人跟前，很诚恳地作了个揖，说道："听得江湖上的人称道，'当今之世，只有方绍德有这种本领。'老哥莫不就是方绍德么?"这人点了点头道："见笑之至，这算不了甚么。"许多参与选拔的武士，都同声赞叹方绍德的本领，愿推为队长。孙开华当时以众武士同声推许的缘故，只得任方绍德为护卫队长，然心里仍以为手招飞鸟是妖法，不是武功。

一日，孙开华清早起来，独自走到花圃里闲步。花圃里有一口吊井，井水极深，特凿了这井为灌花用的。孙开华反操着手，缓缓地在花丛中走着，耳里忽听得"咚""咚"的声音。仔细听去，好像是吊桶在井里打得水响。心想：这时候有谁在这井里打水了。心里一面疑惑着，两脚一面向井边走去。才走到离井边一丈来远，就见一个浑身穿白衣服的人，面朝井口盘膝坐着，右手张开五指，向井中抓上来，放下去，井底的水，就跟着咚咚作响。孙开华虽只看见这人的背影，然就身材的模样及衣服的颜色，一望已知道是方绍德，只猜不透他无端向井抓些甚么。看他空着手，并没牵扯甚么，何以抓得井底的水咚咚作响？毫不踌躇地走到切近，方绍德回头见是孙开华，连忙停了手，立起身来请安。孙开华忙摇手止住道："我正要看你在这里干甚么玩意儿，怎么把井里的水弄得这么咚咚的响？再做给我看看。"方绍德笑道："这没有甚么道理，闹着玩玩罢了。"

　　孙开华道："照样玩几下给我看。"方绍德推却不过，随意伸手向井中一放，井中就如落下一块很重的石头，咚的一声，水珠四溅，接着将手往上一提，井水随手向上涌起二三尺高。一放一提地接连几次，井水便越涌越高，不到十次，与磁石引铁相似，水已引到掌心了，孙开华看了诧异，问是甚么法术？方绍德摇头道："连我自己也不知道是甚么法术。"说罢，即走开了。方绍德回房向同伙的说道："孙开华名虽好武，实在不懂功夫，我不愿意在这里了。"同伙的也不在意，方绍德即日不辞而去，孙开华也并不觉得去了可惜……①

### 三　德化平乱，最后一战

　　德化县建于五代十国时期的 933 年，闽王王延钧升"德归场"为德化县，取"归德"之"德"，鸣琴布化万民，所以命名德化县。该县位于福建省中部，泉州的西北部，东与永泰县、莆田市仙游县毗邻，南和永春县接壤，西连大田县，北毗尤溪县。德化自建县以来，隶属几经变动，到清末时，福建省兴泉永道领二府：兴化、泉州，一直隶州：永春州。德化县隶属兴泉永道的永春州管辖。

　　自古以来，中国历朝历代的农民起义无论规模大小都是有一定社会经济原因的，晚清时期发生在福建中部的"陈拱造反"也不例外。

---

① 平江不肖生：《江湖奇侠传》（上），漓江出版社 2013 年版，第 435—439 页。

光绪十六年（1890年），永春州刑幕朱林午，派其流氓出身的亲信翁其珠（又名有光）把持德化盐局、税局和赤水盐馆，勾结德化县令周廷献，串通土豪劣绅，利用盐局独霸全县食盐市场，高价专卖"官盐"，盘剥德化人民。他们由德化县衙出示布告，列册按户派额强令购买盐局所营销的每斤实重仅13两（时为16两制）而价格高达24文铜钱，且又掺沙不可入口的"官盐"，不许乡民私自向街上店铺购买每斤才17文铜钱的廉价优质白盐，严禁民间商户经营食盐买卖，并派兵差督令强制推行。当时德化全县只设县城与赤水二处盐馆，民众购盐远途跋涉，非常不便。时有人因买不起派额高价的"官盐"，私自到永春直隶州买点廉价商盐，在回途中被盐差发现，盐被没收，人遭毒打并关进牢狱。

陈拱（1857—1893），又名建成、焕拱，字伯垂，德化县城关鹏都人。陈拱祖辈世代务农。他自幼好武功，学骑射，为武童生，但因家贫未得深造。生性豪爽，为人耿直，好打抱不平，敢于犯上。后来，他在云龙桥头南端塔雁街开米铺并兼营食杂，买卖公平，童叟无欺，深得信誉。面对以奸人利用"官盐"盘剥百姓的恶行，陈拱义愤填膺，与丁墘武举人张品陞接受民众推举，将民众苦衷上告至县衙。县令周廷献蓄意诬以"嚣民闹事"，将陈拱拘禁。后陈拱寻机逃脱，继续控诉于州、道，均未得受理。1890年农历八月初旬，陈拱代表民意告至省衙，连呈30状，省衙不得不派员至永春州衙查询。知州刘朝缙与省派办案官员因收受翁其珠等人千两银圆贿赂，仍是黑白颠倒，以"恶人作乱""蓄意谋反"罪，派兵缉捕陈拱究办。

知州刘朝缙派州兵到德化县塔雁街抓捕陈拱，陈拱从店后门出逃，过云龙桥遇伏兵，即纵身桥下，泅水得脱。陈拱游至苏坂里登岸，一路经西漈、盖云岐、李溪、东埔寨等地，沿途与亲友、乡民诉说缘由，群情激愤。后抵戴云寺，欲烧香问佛，经诉说因由，得武僧林水（江西人）同情。其弟陈众（1862—1892）亦寻兄觅迹至戴云寺。陈拱等看清"民冤无处诉说"的社会现实之黑暗，决意"造反"，三人结为义兄弟，誓同生死，相机行事，分头发动群众，组织农民义军，开展反盐税斗争。

光绪十七年（1891 年）农历六月下旬，陈拱聚众数百人于上涌法林寺，被推为首领，林水为军师，陈众为先锋，竖起"举义大元帅陈开成"大旗，登坛拜将练兵，择日祭旗举事，广发《反盐税锄恶檄文》，提出"订丙寅，焚盐馆，杀其珠"口号。八月初二日，陈拱率义兵二三百人攻打赤水，傍晚一举攻占赤水盐馆，开盐仓济民，将两名苛恶盐吏枭首于三公格，大快民心。

陈拱义军首战告捷，乘胜率义军向县城挺进。义军离开赤水时，民众长队送行，沿途纷纷供茶送饭。县令周廷献闻赤水盐馆被焚，陈拱义军进逼县城，丧魂失魄，连夜逃至永春；翁其珠亦携眷潜逃。八月初四日陈拱攻占东岳庙盐、税两局，大开盐仓分发"官盐"予民，尽烧盐、税两局。初六日，陈拱率义军攻打县城东门，城内武秀才邱旺内应开城门迎接，一举攻占县衙，尽烧盐册。陈拱临堂理事，告示安民，不扰市肆。时新任县令邵书升带部分官军潜入城内考棚（即旧科举考试院），暗中勾结、纠合城郊乡勇地主武装于初九日分三路反扑县城东、南、西三门。南、西二门乡勇同情陈拱，攻城不力未破；攻打东门乡勇在地主、劣绅苏江带领下，从岳美街冲入城内，与龟缩在考棚的官军会合，反扑县衙。陈拱身先士卒，率义军奋起迎击，骁勇拒敌，给官军、乡勇以迎头痛击。但义军因武器简陋，缺乏训练，战斗经验不足，牺牲 90 余人，部将罗考为保护陈拱壮烈牺牲。最后终因力量悬殊，陈拱带领 20 余名义军突围，退入龙翰、李溪、雷峰一带，后分头至双芹、梓溪、陈坂、黄树林、后宅、东溪等地继续招募义兵，以图再起。

陈拱面对此次战斗的失利，毫不气馁。同年九月初旬，又招聚义军数百人于戴云山莲花池誓师练兵，重振军威。重阳日再次祭旗，十一日重集于上涌法林寺，十五日与官军再战于赤水，砍杀官军多人。但官军因有准备，且刀棒敌不过枪炮，义军部将王惠遭伏击身亡，陈拱率义军转扎戴云寺休整。

"陈拱造反"事报至省城，旋又入奏京都。光绪皇帝下旨闽浙总督卞宝第①，务必尽快平息事件。孙开华奉命率擢胜三营及建威中左营兵勇前往查办。9月18日孙开华亲统先锋亲兵衔队，由泉州开拔到德化，各营亦陆续到达，旋分别入山剿捕。孙开华初以招抚，陈拱未受骗，后以白银千元悬赏缉拿，并逼令乡民联户具保，凡窝藏或知情不报者株连全族。又烧陈拱住宅、祖宇，挖其祖坟。

至11月初，孙开华不断增兵分扎雷峰、长基等地。时陈拱正聚义军于瑞坂官洋，以罗城寨为据点，利用险要地形设伏，派义军讨战诱敌，陈拱、林水亲上罗城寨指挥，孙军中计大败，死伤无数，有的退入水口一带，有的头目被处分，有的队伍被调离德化。

如果说刘朝缙调派的州兵是"地方部队"不敌陈拱的起义军，尚能情有可原，那么孙开华统领的"正规军"擢胜营若再也不能收拾起义军，那就罪责难逃了。戎马一生、久经沙场的孙开华对于这次"剿匪"行动也没有掉以轻心，除了调集5营精锐之师开进德化，还将自己的帅旗插到指挥作战的第一线。就连春节都是在"剿匪"前线的帐中度过的。

德化县是闽中地区的一个内陆县，地形以山区为主，中间高，四周低，陈拱率领的义军就扼守在该县最高峰戴云山。戴云山，又名迎雪山，海拔1856米，雄奇险峻，气势磅礴，有"闽中屋脊"之称，是福建省境内的第二高峰，也是戴云山脉的主峰，地处德化县赤水镇，易守难攻。

孙开华与陈拱对垒达4个月之久，相持不下。随后孙开华一再增兵，使用各个击破手段，得知陈拱之弟陈众至安溪招募义兵回来，于光绪十八年（1892年）正月初一日成功将其诱捕，26日将其枭首于城南后埔林。两个月后的农历三月，义军军师林水在陈拱外出时，义军叛徒设宴灌醉杀害。但是，义军首领陈拱再次脱逃潜藏山中，一时难以擒获。孙开华在光绪十七年（1891年）十二月乃自行

① 卞宝第（1824—1893），字颂臣，江苏仪徵人。咸丰元年举人，历任刑部主事、郎中、浙江道监察御史、福建巡抚、湖南巡抚、闽浙总督等职。

请罪，朝廷于次年（1892 年）正月十七日奉旨交部议处。然而就在前一奏折递送之际，孙开华已于正月一日擒获陈众正法。原本孙开华的处分是降一级调用，因缉拿陈众，改为降二级留任。也就是在这期间，孙开华的副将余宏亮所辖兵勇滋扰百姓，孙因失于察觉，朝廷降孙开华三级并予以调用处分，陈拱缉获后，才加恩改为革职留任。

陈众、林水先后被害，陈拱的义军在心理上受到重大创伤。孙开华趁机组织擢胜军向义军首领陈拱盘踞的最后据点官洋发动了总攻。陈拱突围退至上涌，半路又遭孙军伏击，几经辗转至赤水草村，1892 年 6 月 16 日，孙军于尖山蜈蚣仔厝将陈拱捕获。28 日，孙开华留擢胜中营在德化防戍，自己率大部队班师回泉州。

陈拱被捕前，其母卢氏悔娘被捕入狱；其妻曾氏前娘（浔中科荣曾丕之女）化装行乞寻夫至官洋与陈拱相会，后亦于逃难中失散被捕解县变卖。陈拱被捕，百姓闻者无不痛哭流涕，为其焚香祈祷求庇平安；解省时，沿途百姓痛惜挥泪送别。

光绪十九年（1893 年），陈拱就义于福州，年方 37 岁。"陈拱造反"是一起典型的官逼民反的农民起义事件，德化人民为纪念他，于县前岭（即高阳岭）脚建"陈拱祠"崇奉，并编《陈拱歌》，广为传诵，颂扬至今。

在平息陈拱为首的德化民众反官府盐税斗争中，除了军事主将孙开华一而再再而三地受到降职处分外，永春知州刘朝缙、德化知县周廷献亦被革职查办，永春州刑幕朱林午被判死刑，因逃脱通缉、把持德化盐局为非作歹的翁其珠被监禁死于狱中，翁其珠的幕后军师翁栋被斩首示众。

德化平乱，也是孙开华军旅生涯的最后一次军事行动。

**四　客死泉州，归葬长沙**

光绪十九年（1893 年）八月二十七日，孙开华由于感受风邪，触发旧伤，医药罔效，乃告死亡。闽浙总督谭钟麟①乃呈请开缺。上谕从优议恤，将任内一切处分，全部开复；谥号"壮武"，可在原籍和立功省分诏建立专祠，并由礼部将其生平事迹宣付史馆。我们在中国第一历史档案馆找到了光绪皇帝的谕旨。

　　　　内阁奉上谕谭钟麟奏提督因病出缺请旨优恤一摺。福建陆路提督孙开华，由武童投效鲍超军营，转战湖北、江西、安徽、河南等省，冲锋陷阵，身受多伤。进剿广东嘉应州，削平粤逆，战功卓著。同治五年，补福建漳州镇总兵。两次渡台，剿抚番社，办理海防，帮办台湾军务，尤著勋劳。旋简授福建陆路提督，整顿营伍，绥靖地方，诸臻妥协。兹闻溘逝，珍惜殊深。孙开华著照提督军营病故例，从优议恤，任内一切处分悉予开复，加恩予谥。原籍及立功省分准其建立专祠，并将战功事迹宣付国史馆立传，以彰劳勋。该衙门知道，钦此。光绪十九年九月二十一日。②

　　关于孙开华病逝地点，《清稗类钞》有另一种说法："光绪癸巳（1893 年），（孙开华）以疾卒于淡水。举殡之日，士民爇香会送，至为泣下，亦有绘像以祀者。"③ 这一说法可能来自民间传说。本文以台湾学者许雪姬提供的《孙开华传包》和孙道仁的《退庵纪实》为依据。

　　孙开华病逝泉州任上，其子孙道仁在回忆录中也有记载："先壮武公遽尔弃养，噩耗传来，怆天呼地，终天之恨，靡有穷期矣。闻讣奔丧至泉州提署……"④

---

　　① 谭钟麟（1822—1905），字云觐，号文卿，湖南茶陵人，民国元老谭延闿之父。咸丰元年（1951 年）进士，历任会试同考官、湖北乡试副考官、江南道监察御史、杭州府遗缺知府、河南按察使、陕西布政使、陕西巡抚、工部尚书、闽浙总督、四川总督、两广总督、直隶总督兼北洋大臣等职。

　　② 中国第一历史档案馆文献：03-5947-059。

　　③ 徐珂：《清稗类钞》，海南国际新闻出版中心 1996 年版，第 328 页。

　　④ 孙道仁：《退庵纪实》，福建政协文史委《福建文史资料》第 19 辑，1988 年版，第 134 页。

关于孙开华葬于何处，《清史稿》和《孙开华传包》都没有提及，《慈利县志》记载"归葬于慈利柳林铺故里"。今天，我们亦能在慈利县零阳镇石马村（属柳林铺）见到孙氏后裔们修建的孙开华墓。笔者认为是衣冠冢。因为我们从孙道仁的记载中找到了孙开华墓葬的真正所在。但是，慈利孙开华墓镌刻了一篇《光绪帝〈祭孙提督文〉》，我们试图找到这篇祭文的源头，目前能够确认的最早记载是民国时期的《慈利县志》。祭文如下：

> 朕维奋武攸贤，听鼙鼓而思良将；饰终有典，纪旂常而考司勋，戎劳既著于海疆，懋赏宜施于泉壤。用陈芬苾，式焕丝纶尔。
>
> 原任福建陆路提督孙开华，勇毅夙彰，忠勤丕著，早蕴文韬之略，遂超七萃之班。拔自偏裨，起而敌忾，一蹴黄梅之隘，再披赤棘之丛。列校投鞭，曾断豫章之水；望烽传箭，复定姑孰之山。枫岭晨夷，蒲圻夕刘。展壮猷于五岭，列寨俄摧；奋伟烈于三江，层闉叠铲。戎行克赞，麾旌表伐于膺扬；爵赏频颁，厘瓒铭功于虎拜。
>
> 洎膺专阃，爰镇重洋，属宣沪尾之防，尽起苍头之众。射酒尊而不动，忠贯三灵；辨琅铎而不汋，知周百虑。氛清鹿耳，远符横、海之勋；令肃鲲身，无忝伏波之号。乃丑夷之又蠢，胡宿将之先殂？行间壮貔虎之容，威棱久树；海上列鹳鹅之阵，英爽独存。赠恤既优，洁蠲亦逮。
>
> 于戏！台北无惊，足抗施黄之往烈；海东不靖，尚期颇牧之重生。灵而有知，庶其歆格？[①]

孙开华葬于何处是他自己在生前就指定了的，死后的墓葬根据朝廷的谕令也是有相当讲究和规模的。孙道仁在《退庵纪实》中关于父亲的安葬写道："闻讣奔丧至泉州提署，将先壮武公领兵多年之交代

---

① 傅熊湘题检：《慈利县志》，民国十二年（1923年）印，第4卷，《人物志十一》。

料理清楚，耐率诸弟秉承先生母曾太夫人暨诸位庶母恭奉先灵回长沙，遵遗命安葬先壮武公于长沙张家嘴之庄山。一切典礼及墓碣、华表、翁仲各项，均遵照大清会典办理。并于墓之左右遍植松柏，围以石栏，俾垂久远。又于墓旁设立家庙，岁时致祭，以致尊敬。"①

　　一般认为，孙开华既然在长沙购置了房产，而且生前遗愿也是归葬长沙，那么他的安葬之地应该就在孙家大院附近。其实不然，当我们向聚居在长沙县安沙镇白塔村的孙氏后裔探寻孙开华之墓时，他们都说附近没有孙开华之墓。既然孙开华之子孙道仁在回忆录中详细记载了其父下葬之地"张家嘴"，我们认为很有必要找到这个"张家嘴"，目睹一下那里的风采。笔者试图在网上查找一下"长沙县张家嘴"，结果是徒劳无益。后来从孙道义的重孙孙德胜那里得到信息，他在长沙县白沙镇白沙村找到了其先祖的墓葬。在孙德胜的带领下，我们驱车20多公里，终于来到了张家嘴庄山。说来也奇怪，笔者的车载导航仪上居然在我们停车处赫然显示了一个地名——"张家嘴"。

　　现居长沙县星沙镇的孙家柚老人为我们解释道：孙开华的灵柩运回长沙后，经风水先生预测，选定张家嘴庄山作为下葬之地，宜于孙氏后人发达。可惜这个风水先生的预测并没有给孙家后人带来超越孙开华的辉煌。

　　经历两次改朝换代，以及"大跃进"、文化大革命等一系列政治风潮的洗礼，现在的张家嘴庄山早已见不到孙道仁所描绘其父墓庐四周绿树成荫、华表庄严的情景。在孙开华墓庐的附近，不规则地建有数栋民房，即使在孙开华的墓庐正上面，也已经夷为平地，并建有一个农用小平房。因此，孙家人即使想打开自己祖先的墓庐看个究竟，因为农村土地早已分派到户，动用现在属于别人的土地也不是一件很容易的事情。

　　在孙开华墓庐附近横七竖八地散落着一些石条，在草丛中我们见到了几块残缺的墓碑，其中一块残碑上刻着"甲午六月初九日　　男：

---

　　①　孙道仁：《退庵纪实》，福建政协文史委《福建文史资料》第19辑，1988年版，第134页。

道仁、义、礼、智、信　孙：克仪、克修　立启”字样。

现居墓庐南侧的张佩琪老人回忆道：“这墓原有‘清孙壮武公墓’等刻字，也有孙开华儿子仁、义、礼、智、信的名字。我小时候放牛常在这墓旁玩耍，墓地有几亩地大，很壮观，墓基地全部由石砖石条砌成，坟堆用石头围得圆溜溜的，坟前是八字形的石墙，全刻古画，周围石栏杆、石门，有一对 6 米多高的华表，还有石马、石虎、石羊等，我还在石马上坐过。这些石料后来大都被用于修白沙坝了。”

孙开华的墓庐早已被人盗过。后裔孙家根回忆：“文化大革命期间，老祖宗墓被盗，记得当时墓被盗之后公社广播了好几天，我们心痛欲绝。”具体情况倒是住在墓庐旁边的张佩琪老人讲得仔细：“孙开华墓 1949 年第一次被盗，时间是九月初七（或初八）的晚上。第二天，我看见了被盗后的情景：黄泥新土散落在盗洞外，尸体头部露出一截，很新鲜，一顶帽子盗后丢在外面，帽子上的猫儿眼珠子被盗走了，守墓的张玉华将墓进行了恢复。”据了解，这次盗墓，还有一户朱姓人家的祖墓一同被盗，也就是后来任国务院总理朱镕基家族的祖墓。

“第二次算是‘偷掘’，时间在 1956 年。那时集资办金沙社，说要‘让死钱变活钱’，（为了筹措本金）当地社员将孙开华墓挖开，从尸体上取了一个金戒子，卖了 1000 元，还从手上取了一个玉环，从脚上取了一对银锭子，50 两一只的，还有一只墨猴，连金戒子共卖了 1800 元。当时我在金沙社任会计，虽没有参加掘墓，却清楚这件事。”张佩琪带着几分无奈淡淡地回忆道。

张佩琪的长子张西华补充道：“1976 年建晒谷坪时，我与戴荣贵将孙开华遗骨用一只瓮坛装了，然后迁葬到附近的石子岭上，当时还给他烧了香。”

这位曾经驰骋疆场数十载保家卫国的“建威将军”，怎么也没有想到自己的陵寝和遗骸居然遭到如此的厄运。我们对时代的变迁和人们对于历史的漠视和践踏感到无比遗憾。

# 第八章

# 将军之后

关于孙开华的子女，由于那个年代处于封建专制时期，妇女的地位极为低下，她们的事迹和名字除了"贞女""烈女"尚能见诸志书之外，其余的大都淹没在历史的长河之中。她们做女儿时在家谱中没有记载，出嫁之后在男方也只体现其姓氏。这样，我们全面研究孙开华家族史同样具有相当大的难度。

孙开华有几个女儿？答案是三个。

孙道仁在民国十四年（1925 年）写的《退庵纪事》一书，比较全面地回顾了家族和个人发生的重大事件，他在自己生母曾老夫人病逝之后记载道："下有弟妹 7 人，婚嫁未了。"[1] 当时，他的弟弟是 4 个，这样，妹妹就是 3 位了。但是，在那个重男轻女的年代，她们叫什么名字，嫁给何人？后人怎样？家谱和孙道仁回忆录上概未记载。

孙开华有几个儿子？答案就不确定了。孙道仁在回忆录中没有介绍弟妹们的具体情况，唯一具有可靠依据的《孙氏族谱》，只记载了孙道仁、孙道义、孙道礼、孙道智、孙道信五兄弟。然而，我们在查阅《慈利县志》《五雷山志》等史料时发现，孙开华有一个大儿子叫"孙道元"，他们夫妇在 1895 年战死在台湾。于是，我们就去孙开华的老家采访，特别是主持 1999 年三修族谱的那些人，结果孙家后人都称没听说过"孙道元"。最让我们兴奋不已的是前不久我们发现了孙开华的嫡系孙女孙克俊还健在，专程采访了这位 90 岁高龄的老人，她也没有听说过"孙道元"。但是，无论是老家慈利还是迁居长沙的

---

① 政协福建文史委：《福建文史资料》（第 19 辑），1988 年版，第 134 页。

孙氏后裔，当他们听说"孙道元"的故事之后，并不排斥他，从心底里接受这位在民族大义面前勇于牺牲的前辈，至于他的出处，有的说是孙开华一个没有过堂的小妾所生，有的说是孙开华的一个义子……台湾学者许雪姬则推测是孙开华的侄子。

关于孙开华子孙的故事，我们还得从孙道元讲起。

## 一　孙道元

我们追踪史料源头，发现关于孙道元夫妇的事迹不是《慈利县志》等地方志首先披露。就目前掌握的材料来看，有以下文献可以证明孙道元的存在。

之一：1895 年《台战实纪》（又称《台战演义》）续集卷二中提到孙开华之媳张秀容的事迹，转录如下：

> 有张夫人者，孙庚堂军门之媳也。军门忠义素着，人人共晓，不赘。其公子于三貂岭殉难；夫人自得恶耗，痛不欲生。既而曰："徒死无益"。遂散家财、募死士，奋袂而起，欲报夫仇。饬老仆杨明六、乳媪周张氏挈其二子至苏，托于其姊。其托孤书云："愚妹秀容沥血上书美容贤姊妆次：敬恳者：愚妹命生不辰，痛先夫之殉难，悲惨何可胜言！本欲舍却残躯，从先夫于地下；细思夫仇未报，嗣续萦怀，死亦尚遗无穷之恨。况张、孙两姓，世代簪缨，将门之后，焉有弃仇而不报之理？且先夫为国为民而尽节，愚妹又安敢弃义而忘仇？虽不敢效邵姬之风，惟有竭愚识而尽苦志。刻已素服从军，招集先夫旧部，并招新勇数营，誓除倭寇，以雪夫仇。唯是兵凶战危，事机难卜。古云：百行以孝为先。其最者莫如存嗣，以继大宗。今命老仆杨明六、乳媪周张氏挈带两豚儿来苏。到日望贤姊念骨肉之情、同胞之义，妥为看顾，使先夫宗嗣有存，不独愚妹感德难忘，即孙氏存没均皆感佩。愚妹此行，若能遂志，扫尽倭氛，夫仇报复，则子母重逢，或当有日。倘然力不从心，惟有付之一死，以继先夫之志。于本月十八日已身临行伍，兴众誓师，劳苦相加，百端交迫。语云成

败由天，凡事只管尽其人力。泣血临书，敬言不尽。闰月二十日稿。"噫！夫人忠勇节烈之气，不足以感天地而泣鬼神哉！前此降倭之辈，以夫人较之，岂不愧煞哉？刘大将军部下之兵勇，不因之而益加忠义哉！但本朝未闻有女将，从戎者自夫人始，必有继之者矣①。

之二："古盐官伴佳逸史"著《台湾巾帼英雄传初集》（12回），光绪二十一年（1895年）上海书局石印小本。半叶九行，行二十二字，有图六幅（浙江省图书馆存），称孙开华之子为"台湾总兵孙秉忠"，战死台北，介绍了其遗孀张秀容抗倭事迹。

之三：清末民初学者徐珂②撰"清稗类钞·战事类"中有篇"孙子堂与日人战于台湾"文章，摘录如下：

孙子堂，为赓堂总兵开华之子。好读书，不求闻达。时究心戚继光兵略，赓堂诏之曰："吾自从军以来，大小百数十战，其中布置得诸兵法者十之四，参以己意者十之六。盖泥古而不知变通，未有不致败者。尔能研究古兵略以求其变，按之时势以为其通，用兵之道，不外是已。"子堂谨受教。

光绪甲午，中、日衅起，海陆军屡战屡北，乃割辽东半岛、台湾、澎湖以和。台人不肯让，知子堂为名将之后，深谙兵法，遂推为义师首领。子堂奋袂起曰："国家土地，不可以尺寸与人！台湾北通吴会，南接粤峤，乃东南之保障。又况物产丰腴，鱼盐充足，正多天然之利。而朝廷视若弁髦，委诸敌人之手，是诚何心！某虽无能，然不忍睹此大好海疆沦于异域，重辱我先考也！"

_____

① 佚名《台战实纪》，1895年版。
② 徐珂（1869—1928），原名昌，字仲可，浙江杭县（今杭州市）人。光绪年间（1889年）举人。后任商务印书馆编辑。参加南社。曾担任袁世凯在天津小站练兵时的幕僚，不久离去。1901年在上海担任了《外交报》《东方杂志》的编辑，1911年接管《东方杂志》的"杂纂部"。与潘仕成、王晋卿、王辑塘、冒鹤亭等友好。编有《清稗类钞》《历代白话诗选》《古今词选集评》等。

即日募壮士，墨经视师。购器械，立旗帜，不数日而战守之具悉备。当操练时，以黑布抹额，足着草屦，往来指挥，骁勇异常，咸谓孙开华乃有此儿也。

已而日兵抵台，示威于众，扬言有反抗者，立予屠戮。其家人闻而惧之，谓之曰："将军死未几，后事方殷，公子宜自爱重。且朝廷既允割弃，力复不敌，幸毋以千金之躯，轻于一掷也！"子堂曰："不然。今日之事，先考之灵，实式凭之。即不成，亦可告无罪，正不得以其必败而遂怀退志。人孰无死？死贵得当耳！"乃与诸壮士枕戈待旦，誓以死拒。未几，日兵来犯，奋勇击却之。翌日，日兵来者愈众，自辰至午，肉薄相当，伤夷略等。顾敌源源继进，而子堂则无后援。移时，壮士死者几尽，子堂亦身受数创，大呼曰："吾可以见先考于地下矣！"复策马陷阵，力竭死之。①

之四：如果说徐珂的《清稗类钞》汇辑清朝野史和当时新闻报刊中关于前清朝野遗闻的事迹，某些文章缺乏考证，甚至内容相互矛盾，值得质疑，那么，曾经与赵尔巽一道参与过《清史稿》编撰的朱孔彰②撰《中兴将帅传》则更加具有严肃性和权威性，他在《鲍忠壮公超》附孙开华传中提道："公（孙开华——引者注）子某，恂恂如书生。二十一年（光绪二十一年，1895年——引者注），倭人北犯，朝廷割台与和，台人不肯让，公子募壮士与战，死于三貂领。"③

之五：湘潭大学教授钟启河著《湘军与台湾》收录了两篇关于孙

---

① 徐珂《清稗类钞·战事类》，海南国际新闻出版中心、诚成文化出版有限公司，1995年版，第329—330页。

② 朱孔彰，近代文学家、书法家、学者。原名孔阳，字仲武，晚号圣和老人，长洲（今苏州）人。学者朱骏声之子。能传父业，光绪八年（1882年）举人。早年入江南官书局校书，后主淮南书局及蒙城书院，又任江楚编译局协修、江南通志局撰述。宣统元年（1909年），掌教安徽存古学堂。精研《说文》，尤熟谙咸同间军史掌故，又善书法，长于小篆。其《中兴将帅别传》三十二卷最为人称道。另著有《说文重文笺》《说文粹》《闻见录》《十三经汉注》等。

③ 朱孔彰：《中兴将帅列传》，岳麓书社2008年版，第133页。

开华父子的文章，分别是"湘军名将孙开华淡水扬威"和"孙道元、张秀容夫妇抗日殉难"。据我们目前掌握的材料来看，这篇"孙道元、张秀容夫妇抗日殉难"文章，是关于孙道元夫妇事迹最全面抑或最权威的资料之一，转录如下：

　　孙道元，字幼堂，湖南慈利柳林铺乡人。戍台名将孙开华之子，弟道仁，中法战争时奉命随军援台，在其父营务处任职，后任福建福宁镇总兵，1911 年 7 月任福建陆路提督，辛亥革命后任福建都督。

　　道元自幼随父居淡水任所。光绪十九年（1893 年），其父病殁。次年，中日甲午战争爆发，清廷水陆两军败绩，派李鸿章东渡议和，光绪二十一年（1895 年）4 月，中日签订《马关条约》割让台湾、澎湖给日本。弃台之说传至台湾，台民无比激愤，群起反对，以为不见一敌踪，不闻一枪声，竟为马关和约所牺牲，愿誓死抗战。

　　孙道元此时正在守制。自念身为名将后裔，且自幼成长于淡水，此时虽未任官职，但激于爱国义愤，奔走呼号，激励当地居民奋起抗敌。他宣称："国家土地，岂可轻易以寸尺与人。台湾虽孤悬海外，但北通上海，南接广州，屏障南洋各岛，为国家必守之地。况物产丰饶，鱼盐充沛，更富天然之利，今朝廷弃如敝屣，本人虽非台籍，但生于斯，食于斯，又随官于斯，不忍坐视大好海疆，为人所卖，愿与诸君共同死抗……"他率先毁家财，置军械，招募义勇进行训练，编为抗日义军，他被推为义勇首领。其时，孙道元随身老仆杨明六审时度势，自宜保重，说："朝廷能忍心割让，你又何苦力争？"道元慨然道："今日之事，乃在告先人在天之灵。我为将门之后，焉可成顺民耶？"

　　5 月 7 日，日本海军大将桦山率兵 5000、兵舰 15 艘自澳底（宜兰县辖，三貂角旁偏僻港口）登陆，5 月 9 日直犯三貂领。唐景崧派粤勇统将吴国华等前来抵御，孙道元率台勇与吴部并肩作战，日军损失甚重。后吴国华与另一支抗日部队争功返回台北，日军援军又至，道元义军寡不敌众，且械弹不足，苦战两昼夜，被围数重。道元所部伤亡殆尽，乃厉声说："吾力已尽，可以见先人于地下耳。"即驽马陷阵，壮烈牺牲。

道元之妻张秀容，是一位女中豪杰，深明大义，临危不惧，闻道元战死，即化悲痛为力量，嘱老仆杨明六及保姆周张氏携其二幼子至苏州，托其姐美容抚养，并致函："……张孙两姓世代簪缨，将门之后，焉有弃仇而不报之理，且先夫为国为民而尽节，愚妹又安敢轻义而忘仇？虽不敢效邵姬之遗风，惟有竭尽愚诚而尽苦志。刻已素服从军，召集先夫旧部，并招新勇数营，誓除倭寇以雪夫仇。……今命老仆杨明六、乳媪周张氏契带两豚儿来苏，到日望贤姊念骨肉之情，妥为看顾。……愚妹此行，若能遂志，扫尽倭氛，夫仇报复，则子母重逢，或当有日。力不从心，惟有付之一死，以继先夫之志。于本月十八日，已经身临行伍，与众誓师，劳苦相加，百端交迫……"托付家事后，张秀容倾其家资，集合其夫旧部，并招募新勇，重新组成一支抗日队伍。

5月中下旬，日军虽席卷台北，进抵新竹，但台中黎景嵩、台南刘永福领导的台湾军民，抗日声势浩大，张秀容乃率部南下，投入刘永福麾下，驻扎旗后。旗后是台南府城外围港，为重要据点，由刘永福之子刘成良固守。张秀容与刘成良、刘永福之女（名不可考）在台南迄凤山等地和日军周旋。"桃仔园之捷，孙夫人之力为居多。"8月23日，因奸民引日军第二师团在枋寮（高雄以南40千米）登陆，包围旗后，双方相持五日后，除刘成良只身突出重围，随其父刘永福潜回厦门外，刘女和张秀容相继殉难。后人誉张秀容为"女中丈夫"①。

虽然孙道元与其夫人在台湾抗击日军的事迹已经被文学化了，但是，孙开华有一子，名道元，或秉忠，字子堂、幼堂，并非空穴来

①　钟启河：《湘军与台湾》，海风出版社1998年版，第154—156页。

风。除了在台湾抵御日寇侵台，夫妻双双最后战死沙场外，其他情况有待进一步考证。

## 二　孙道仁

孙道仁，字锡龄，号静山，又号退庵，生于同治丙寅（1866年）12月27日，殁于民国壬申（1932年）2月28日，"清知府衔，候补京府通判，民国元年首任福建都督"，是孙开华后辈中最有影响的一位。1884年，他随父参加了台湾中法战争。曾历任福建候补道、福宁镇总兵、福建武备学堂总办、福建巡防营统镇、福建新军第10镇统制、福建水陆提督等职。1911年11月9日福州辛亥革命爆发，孙道仁援助革命军发动武装起义，为光复福建立下功勋。福建革命军政府成立后，被任命为首任都督。1913年7月，响应孙中山发动的"二次革命"，率军参加讨袁战争。9月，因革命失败而离职。1914年，孙道仁回慈利原籍，次年与慈利名绅姚生范等人合资开采铅矿和雄黄矿。1916年6月，袁世凯死后，黎元洪继任大总统，孙道仁被北洋政府任命为总统府高等顾问。1922年6月，黎元洪再度就任总统，7月授予孙道仁永威将军衔，随后到甘肃、新疆查禁鸦片。1923年6月，黎元洪被迫引退，孙道仁失去政治上的靠山，请假回籍。晚年应聘为福建省政府高等顾问，寓居于鼓浪屿。1925年年底，年届六旬的孙道仁撰写了一篇自传长文《退庵纪实》，为我们了解其家世和他本人的历史留下了宝贵史料。

孙道仁夫人李氏，诰封恭人，生于同治丙寅（1866年）二月初一日，殁葬失考。生子二：孙克仪、孙克修。

孙克仪，字式侯，号诗笙，生于光绪甲申（1884年）7月15日，殁葬失考。配杨氏，殁葬失考。生有一子：孙家栋；一女：孙定祥，据孙家柚回忆，他们都叫她"祥姐"，20世纪60年代，她曾在湖南省人民医院妇产科任主任。后人情况不详。

孙克修，字式衡，号献廷，生于光绪己丑（1889年）9月12日，殁葬失考。配朱氏，殁葬失考。

孙家栋是孙开华的长曾孙，也许是唯一的嫡曾孙，《孙氏族谱》

记载他生于光绪年，何年何月没有详记。孙家柚回忆，他们称他为"林哥哥"，高高大大，大脑有点问题，这个观点也在孙克俊老人那里得到印证。

孙理文是孙家栋之子，孙开华的玄孙，生卒年代亦不详。关于他的情况，长沙县清潭湾的孙家后裔基本上说不出一二，倒是孙克俊老人年轻时见过他。新中国成立后不久，北京来人说是受宋庆龄的委托，接孙理文到北京去读书、工作，后来，孙家与孙理文失去联系。

关于孙道仁的女儿，《孙氏族谱》和《退庵纪实》上没有记载，我们从孙家世交闵子南的《对孙道仁所知片段》一文中得知，孙道仁有三个女儿，长女情况不详，次女"早年许与厦门林菽庄为媳，孙卸任都督后，派员护送往厦门完婚。迨孙氏行将离京，夫妇电请孙氏到夏居住。孙遂携资到厦门作寓公"。①

说到这里，我们不得不花点笔墨介绍一下享誉台海两岸的台北板桥林家。林尔嘉（1875—1951），字菽庄、叔臧，别名眉寿，晚年号百忍老人。原名陈石子，是厦门抗英名将陈胜元五子陈宗美的嫡生长子，6 岁时才过继给台湾板桥林家。生长在商绅家庭的林尔嘉，自幼聪敏好学，是民国年间在闽、台两地负有声望的人物之一。

清乾隆四十三年（1778 年），其先祖林应寅自福建龙溪县白石堡吉上社（今属龙海市）迁居台湾，以家学渊源，开馆授徒。他的曾祖林平侯，改行经营拓荒垦殖业，并兼营工商业、航运业，富甲一方。林平侯商而优则仕，一度生育五个儿子，分为五房：长子国栋，房号"饮记"；次子国仁，号"水记"；三子国华，号"本记"；四子国英，号"思记"；五子国芳，号"源记"。将五个儿子的房号串联起来，就是"饮水本思源"，寓意深远。其中三房国华和五房国芳，重视祭祖，共设祭祀公业，以三房和五房的房号"本记""源记"合称为"林本源祭祀公业"，这是今天台湾民众以"林本源"代表林家的来历。

---

① 闵子南：《对孙道仁所知片段》，福建政协文史委《福建文史资料》1988 年第 19 期。

三房林国华传子两人，长子维让（新一房）、次子维源（字时甫，新二房）。维源继承祖业，发扬光大，业产越发兴旺发达，名列台湾首富；且因参与地方建设著有功绩，累官至二品，授"侍郎"衔"太仆寺卿"，在台北板桥建造"林家花园"，富丽堂皇，名闻遐迩。维源有子四人，尔嘉居长，诞生于光绪元年（1875年）农历五月十八日，已是林家迁台的第五代。

光绪二十一年（1895年），清政府因甲午战败被迫签订《马关条约》，将台湾割让日本。身为台湾名绅首富的林维源，面临去留的抉择。当时林维源57岁，正值英年，毅然放弃庞大家产，率眷属内渡；21岁的林尔嘉，风华正茂，追随其父左右，定居厦门鼓浪屿。此后的半个世纪里，正是日本帝国主义者在中国大地上凶焰不可一世的时代，有些无耻之辈，卖身投靠日本犹恐不及，而林维源、林尔嘉父子，虽台湾总督府三番五次派遣民政长官后藤新平等要员"游说"威胁利诱，始终不渝地保持中华民族气节，坚决拒绝加入日本国籍，不屑作大日本的臣民。

1905年林维源去世，林尔嘉继承父业。1913年他为怀念台北板桥故居，选定鼓浪屿金带水之湄，草仔山之下的一面坡，仿造台北板桥别墅，参照江南名园修建花园，取名"菽庄"。1945年，中国政府收复台湾后，林尔嘉举家回迁台湾，曾经被誉为滨海园林典范的私家花园"菽庄"成为厦门的一处旅游胜地。

板桥林家的林维源之辈与本书主人公孙开华将军是同一时代人物，而且孙氏作为朝廷派往台湾开山抚番的大员，二者之间是否有过交往？目前没能取得资料佐证。但是，孙氏的第三代与林家成为姻亲是毫无疑问的。据对板桥林家有过研究的许雪姬女士提供资料，"孙道仁之次女孙慧英，嫁给板桥林家林尔嘉之子林鼎礼，使孙家与台湾的关系又多加一层。林鼎礼与孙慧英生有林桢、林梓、林桥、林枚四子"。[1]（图8-2中右二为年轻时的孙慧英）

---

[1]　许雪姬：《清法北台之战中的孙开华》，《清法战争沪尾战役130周年研讨会成果集》第181页。

晚年的孙道仁为何没有与儿子住在一起，却远离故乡在女儿、女婿家做起"寓公"呢？这与其子"败家"有一定关系。"道仁为使后代继之为官，派其长子世侯（孙克仪，字式侯——引者注）携带十余万金，入北京进学。但此子滞留上海恣意挥霍，最后弄得一身梅毒，成为废人，不敢回闽见父。道仁辞退都

**图 8-1　孙道仁之女孙慧英（右二）在菽庄留影　图片由厦门市党史办提供**

督后，在未往北京之前，将其父及自身数十年搜刮所得，如皮衣、古玩、珍宝等，共装有 200 余口大皮箱，派亲信副官徐耀汉等运回湖南原籍。事被其子世侯所侦知，俟徐等到达上海，即带一批青帮流氓作打手找到徐等，命之将所有运送皮箱悉数留下，声称他系长子，应交他接管。徐等无奈，只好将物品点交……世侯得到这批钱财，在上海不二三年间，将其花光用尽。后又只身回湖南，大卖田地。孙开华昔时在慈利原籍购置的万余亩田地，不数年间，被世侯卖去十之八九。世侯最后以梅毒发作，不治而亡。"①

常言道：家丑不外扬。闵子南关于孙家后裔的这段记叙，孙道仁在《退庵纪实》中没有翔实记载，但是字里行间也有间接印证："先壮武公（孙开华谥号"壮武"——引者注）墓田及列祖祭祀经费，年收正斛租 110 担，余在北京时照料不及，有人向佃户加批减租，致用费不继。当时不肖子克仪在家，并不一言阻止，亦不据实告余，诚不知其意之所在，长此以往，难免不再生枝节。言念先壮武公及列祖之祭扫不寒而慄。乃一面宣布克仪平日种种不肖情形，将其逐出门庭；一面自备巨款，向各房将我父墓田购买归余，作为余个人祀祖之费。我身后由长孙家栋秉管，不许加批当卖押借与人，他人不许干涉，一

① 闵子南：《对孙道仁所知片段》，福建政协文史委《福建文史资料》1988 年第 19 期。

切呈准法庭立案。"①

孙克仪的"不肖"行为主要是在上海和长沙，只"殃及"长沙的祖业。至于孙家在慈利的祖业，孙道仁也做了调整安排："慈利祖业经各房商定，提出租谷280担为4位庶母赡养安葬之费，5房匀分，余家无公产存留。凡庶母供给

图 8-2　孙道仁墓　孙培厚摄

之不足，祖宗坟墓修理之费，皆由余负担。"② 可见，此时孙开华的5个儿子已经分灶吃饭、自立门户，孙开华的遗孀尚剩4位，而且没有与其子女居住在一起，都送到慈利老家孙家大院，她们的赡养之费由5子分摊。

在那个重男轻女、养儿防老的年代，孙道仁晚年没有和儿孙居住在一起，可以推测，两个儿子可能均已先于自己离世，次女孙慧英热情接纳了孙道仁安度晚年。由于儿子的不争气，孙道仁辞世之后也不能"落叶归根"，倒是两个女儿为其下葬之事产生了争执："次女、三女（嫁与海军舰长、长乐人陈某）以姐妹感情破裂，几至诉诸法庭。三女夫妇要将孙之棺骸迁葬于长乐，次女夫妇则坚持入土为安，葬于夏岛。"③

1932 年 12 月 28 日，孙道仁病逝于鼓浪屿，国民政府择地公葬于厦门仙岳山南麓（今厦门市开元区仙岳公园内）。墓坐北朝南，东西宽 12 米，南北长 15 米，总占地面积 188 平方米。墓冢呈三级台式，蛎灰水泥砂浆抹面，底边长 2.4 米，高 2.6 米，其上为方柱形、攒尖顶墓碣。墓碣高 0.77 米、底边 0.9 米，四面各嵌长方形花岗岩块石，

① 孙道仁：《退庵纪实》，福建政协文史委《福建文史资料》1988 年第 19 期。

② 同上。

③ 闵子南：《对孙道仁所知片段》，福建政协文史委《福建文史资料》1988 年第 19 期。

正面镌隶书"永威将军上将衔陆军中将福建都督孙公静山之墓",其余三面镌刻其生平事迹。墓围呈长方形。墓前有二级墓坪。1994 年重修,1998 年由厦门市人民政府公布为第四批市级文物保护单位。

### 三　孙道义

孙道义是孙开华的第三个儿子,为曹夫人所生。据《孙氏族谱》记载,孙道义生于光绪丙子年(1876 年),"殁葬失考"。前不久,我们在长沙县找到了他的后人,见到了一块与他陪葬的"脚碑",记载了他卒于光绪丙午年(1906 年)。孙开华辞世的时候,这个儿子才 17岁,却是众兄弟中唯一一位像父亲那样享有"巴图鲁"勇士头衔的人物。他的官号为"先禄孝署正尝通判　花翎二品顶戴　分省补用道胜勇巴图鲁"。非常可惜,孙开华的这位儿子年仅 30 岁就英年早逝,是死于战争还是死于病灾,不得而知。

孙道义的夫人为彭氏,生于光绪乙卯年(1879 年),殁葬失考。

孙道义生有一子二女。儿子的情况在《孙氏族谱》上有记载,女儿的情况则由其侄孙孙家柚提供了一点信息:长女嫁与"国民党四十几军军长陈伟函",去了台湾;二女嫁与国民党长沙县党部书记李仲明。后裔情况均不详。

孙道义的儿子孙克伟,土改时被划分为"官僚地主",挨过不少整,死于 20 世纪 50 年代,据其子孙家根回忆,孙克伟享年 59 岁。其后辈(七女三男)情况如下。

长女孙淑先,配柳干成。其子柳自善、柳自勇,住长沙县黄花镇,后人不详。

二女孙淑云,配柳大函。后人不详。

长子孙耀文,工作在外,后人不详。

二子孙祖武,因眼疾一直住在清潭湾白塔村,曾经划为"四类分子",终身未婚,1982 年病逝。

三女孙玉成,配谢炳兰,原住长沙城黄兴路化龙池,其公公谢太昌是长沙商界有名的老板,文化大革命期间遭到清算,已与孙家失去联系。

四女孙霞成，配刘汉兵，均在长沙标准件厂工作并退休，因为工人出身，入了党。

三子孙家根，字本立，现居长沙县安沙镇白塔村老屋樟组，现已80多岁。其子孙德胜（1964年5月12日出生）、孙国利（1966年11月23日出生）。孙德胜现任湖南都市职业技术学院保卫处处长，是这支后裔中的佼佼者，时常与我们联系。孙德胜有二子：孙志坚（1987年2月29日出生）、孙志刚（1988年1月5日出生）；孙国利有二女：孙平、孙明明。均在长沙工作。

五女孙敏玲，配周炳光，居广州，后裔不详。

六女孙敏成，配朱助芋，居广州，后裔不详。

七女孙智玲，配本村李东银，生子李开文、女李开其等。

## 四　孙道礼

孙道礼是孙开华的第四个儿子，为潘夫人所生。官号为：先禄寺署正议叙通判。生于光绪丙子年（1876年），与孙道义同庚，殁葬失考。

孙道礼的夫人为李氏，生于光绪辛巳年（1881年），殁葬失考。

孙道礼生有一子二女，女儿情况如下：长女孙克芬嫁与"平江不肖生"向恺然，原住长沙城内茅亭子，其孙向晓克、向晓光均在长沙，与孙家尚有联系；二女名字不详，嫁与郭子奇，后裔与孙家失去联系。

孙道礼之子孙克任，字叔明，生于1909年，卒于1981年，享年72岁；妻为长沙市通泰街绸缎铺老板的女儿罗利华，生于1918年，卒于1990年，享年72岁。其后辈（五女四男）情况如下。

长女孙其恕，1938年出生，嫁与张志成，20世纪50年代曾在长沙树木岭矿山通用机械厂（原金属四社）上班，张志成是模具工，在该厂退休，2009年病故；孙其恕是四级车工，先后调黑石渡光中橡胶厂和伍家岭鸭绒雨衣厂工作，1986年因汞中毒死亡。他们生有一子：张万忠，媳兰新秋，孙子张立；一女：张惠，婿曹志国，现在长沙市定王台开书店，外孙女曹畅。

　　二女孙凯如，1941年出生，嫁与董海山，曾在齐齐哈尔铁路局工作并退休，生有二子：董晓波、董晓彬；一女：董晓梅。

　　长子孙家柚，1946年出生，因在家排行老三，称为"三叔"。孙家柚是孙道礼的长孙，不仅是这支后裔的热心人，也是孙开华在清潭湾后裔的主要联系人，为我们梳理孙家历史提供了大量的宝贵资料。由于家庭人口众多，而且"成分"不好，孙家柚一直是家中主要劳动力，因而也错过了自己的婚姻时间。

图8-3　孙家柚（前排右二）
与家人合影　孙培厚摄

1987年，长沙县星沙镇的张翠华失去前夫，经人介绍年过40的孙家柚与之结合，组成新家。家住星沙镇松雅小区，有子孙春，媳冯海英；女孙梅，婿周超。

　　二子孙家植，1947年出生，现居长沙县安沙镇白塔村，木匠；娶本村之范运兰为妻，生二子：孙元良、孙志良，均已成家。

　　三女孙其灼，1949年出生，嫁与长沙县回龙乡刘一和，生一子：刘永乾；二女：刘雨芳，刘三妹。均已成家。

　　四女孙其禄，1952年出生，嫁与安沙镇水渡院村马汉武，生二子：马兆，马可，均已成家。

　　三子孙家栩，1954年出生，现居长沙县安沙镇白塔村，妻陈美娟，生二子：孙国良，孙学良。

　　四子孙家林，1958年出生，现居长沙县安沙镇白塔村，娶本村之曹金亮为妻，生二子：孙静良，孙浩良。

　　五女孙其瑞，1960年出生，嫁与长沙县回龙乡毛新武，生一子：毛义；二女：毛静，毛准。

## 五　孙道智

　　孙道智是孙开华的第五个儿子，与孙道义同为曹氏所生。字锡章，号焕珊，官号：议叙通判花翎　三品衔　湖北候补道。生于光绪己卯年（1879年），殁葬失考。

孙道智的夫人为娄氏，生于光绪庚辰年（1880年），殁葬失考。

孙道智之子为孙克全，夫人谭氏，生殁葬均失考。孙克全有一子孙云龙；一女孙碧利，嫁与梁正本，现与孙家失去联系。

找到孙道智的后人颇费一番周折。起初，我们在孙开华慈利祖居地柳林铺石马村（今零阳镇石马村）打听到，对岸有户姓孙的人家应该是孙开华的直系后裔，1999年孙氏修谱之际，筹备组专程拜访了这个孙家，结果，当家的老太说他们不是孙开华的后人，绝不会参加《孙氏族谱》，故此，那一年的族谱上也就没有这家的信息。2014年3月，我们探访了长沙县安沙镇白塔村的孙家，才知道石马村对岸住的孙家还真是孙开华的后裔，是第五个儿子孙道智的后人，当家老太就是孙道智的媳妇许寿松。

许寿松，1929年10月26日出生，2012年过世。其祖父从江西迁来，祖父和父亲均在慈利柳林铺开店做生意，因而使得他们兄妹们拥有当地穷人难以享受的教育机会。年轻时的许寿松非常漂亮，与当时的豪门之子孙云龙成婚可谓男才女貌、门当户对。新中国成立后，孙云龙曾在湖北沙市水文站等单位工作，生有一子孙建华，一女孙晓沅。由于历史原因，孙云龙经不住政治运动的洗礼，举家迁至柳林铺许寿松的娘家居住，但是只字不提"孙开华"。没多久，孙云龙病逝，许寿松承担了抚育子女的义务。儿子孙建华，1954年出生，1982年与慈利岩泊渡李家元成婚，当年生育一女，取名孙群。孙道信之女孙克俊虽然比许寿松长一辈，但是她们俩年龄相近，所以常有来往。1986年孙克俊来柳林铺看望许寿松时，正好赶上孙子出生，据李家元介绍，儿子"孙斌"的名字就是孙克俊老人取的。1988年9月28日，孙建华骑自行车在前往岳父家的途中，与当地一位骑车下乡实习的中专学生迎头相撞，伤及头部。由于当时医疗条件所限，经过一个多月的抢救，孙建华不治身亡，年仅34岁。这一年，29岁的李家元，就像当年婆婆许寿松一样不得不承担起抚养幼女、幼子的重担。1990年经人介绍，李家元与已经丧偶的县工商局干部杨绍华新组家庭。男女双方各有一对儿女，组合的前提是：儿女共同抚养，各自姓氏不改，杨绍华进驻孙家。在许寿松的影响下，家庭和和美美、平平安安。1999 年澧水南岸的孙家派人到许寿松家，邀请参与孙家修谱，许寿松一口咬定他们不是"孙开华的后人"，也许老人家当时最大的顾虑就是这个家的男主人总是多灾多难，好不容易招进来一个外姓女婿，如果一旦参与孙家修谱，一定会对新组合的家庭带来不稳定情绪。由于老人家对内对外缄口不谈"孙开华"，以致我们想从其媳妇口中探寻一点关于孙家的故事时，李家元真诚而无奈告诉我们：真的不知道。

2012 年许寿松老人在弥留之际，最幸福的表情是出现在对河孙家族人来看望她的时候。老人家安详地走了，是因为在她的身后留下了一个和睦的家庭。但是，她的离去也带走了关于孙云龙的半部历史。

## 六　孙道信

孙道信，字锡庆，号笃珊，是孙开华的第六个儿子，与孙道礼同为潘氏所生。生于光绪乙酉年（1885 年）正月二十六日，卒于 1958 年，享年 73 岁，是孙开华众多儿子中寿命最长的一位。姬林氏，生子一：克寰，生女四：慧英、耀英、毓英、顺英（孙克俊）。

桃源、慈利二县孙氏家族在 1999 年三修族谱时，几乎与孙开华的后裔失去了联系（唯一的线索是在柳林铺的许寿松那里，结果许老太太出于维护家庭和睦的考量，拒绝承认自家是孙开华后裔，致使这条线索中断）。因此，关于孙开华后裔的记载，均原封不动地转抄 1933 年二修《孙氏族谱》。在 1933 年二修族谱的活动中，孙开华众多儿子中，仅有孙道信健在，他参与其中。该谱中关于孙开华第三代的记载仅有：孙道仁长子孙克仪、次子孙克修，孙道义之子孙克伟，孙道礼之子孙克任，孙道智之子孙克全，还有孙道信之子孙克寰。让我们感到惊奇的是这次《孙氏族谱》上赫然出现了孙道信四个女儿的名字，这不仅是孙氏族谱上绝无仅有的，也是在那个重男轻女年代所有家谱中难以出现的"奇事"。

1933 年二修的《孙氏族谱》，目前存世仅有一套（保存在桃源县马鬃岭乡兴安厂村孙培福家中），孙开华所有第三代以后的后裔几乎都没有看到过它。当然，桃源、慈利一带的孙氏家族也不知道孙开华后裔的下落，导致 1999 年三修族谱时，几乎照抄了 1933 年二修族谱中关于孙开华家族的相关记载，并且由于汉字简化的原因，今天的后人在解读大陆 20 世纪 50 年代以前的文献时，常有错误出现。2013 年冬天，我们意外发现，孙道信之幺女、孙开华唯一健在的孙女孙克俊老人尚在长沙。经过接触，我们确认了孙克俊的真实性，孙克俊老人的出现，为我们研究孙开华家族提供了一部"活历史"。

孙克俊，字顺英，1924 年 10 月 28 日出生在长沙，现年 93 岁，住长沙市雨花区长岭社区。她为我们补充的第一个资料是关于她的母亲。我们说其父孙道信参与编修的《孙氏族谱》中关于其母林氏的记载非常简单，生殁葬信息都没有。克俊老人当然也不知其中缘由，其母林容徽，又名林淑清，是晚清民族英雄林则徐的孙女，光绪十八年（1892 年）正月初三日出生，1947 年七月初四日去世，享年 55 岁，葬在慈利县柳林铺老家。母亲还有一个兄弟叫林强，日本人轰炸长沙之前，孙克俊时常见到这位舅舅，长沙遭到轰炸之后，居民四处逃难，年少的孙克俊在父母带领下逃亡慈利老家，也就与舅舅失去了联系。

第二个材料是关于"孙克寰"，孙克俊老人坚称"我只有四姊妹，我们家没有兄弟"，那么，关于"孙克寰"的记载，笔者只能推测是"望丁"——家族修谱时，某家后辈暂时没有男丁者，往往出于面子或者祈望，给尚未出现的儿子取一个名字载入谱中。在湖南，至少在湘西北地区民间有这个习俗。

第三个材料是关于他的父亲晚年的情况，由于孙道信在孙开华的儿子中是第五个（他们一直没有听说过孙道元），人称"五爷""五癫子"，爱喝酒，说话嗓门大。新中国成立后，他们家住在长沙市复元巷九如斋后面，房子是伯父孙道仁家的，由于孙道信是辛亥元勋孙道仁的兄弟，1950 年起，他们每年在省政府可以领到一点抚恤金。1951 年，据说是受孙中山夫人、国家副主席宋庆龄的委托，省政府派人找到孙家，家人以为有什么不祥，便要孙道信躲起来，孙道信在内屋听了一会儿来者的意图没有什么恶意，便主动走出来大声嚷道："找我呀？找我有什么事？"对方说："没得什么事，专程来看看您老的。"没过几天，省政府来了聘书，聘请孙道信出任政府参事，后调文史馆工作，最后又回任政府参事，当时的工资每月六七十元，大大地改善了家庭生活。孙道信1958年逝世，享年73岁，葬于长沙金盆岭。

第四个资料是关于三个姐姐的，大姐孙慧英，大约1902年出生，姐夫姓方，他们在抗战时期去过慈利老家，后来失去联系；二姐孙耀英，孙克俊老人一直没有见过她，也许嫁到外地，也许辞世较早；三姐孙毓英，孙克俊老人小时候见过，姐夫姓周，是电报局的，后来也失去了联系。

孙克俊的丈夫陈达尊，生于1917年4月20日，逝于2005年1月24日，享年88岁。陈达尊是湖南省立银行在大庸分行的职员，通过同事认识了孙克俊，他们在慈利结为夫妻。新中国成立之后，他们举家迁回长沙。他们共有三个子女：女儿陈玲，1948年11月27日出生，现年70岁，航天某部068单位退休，居长沙市雨花区长岭社区；长子陈燮，1950年3月16日出生，现年67岁，长沙市乡镇企业局退休；次子陈强，1957年1月20日出生，现年60岁，长沙市衡器二厂退休，居长沙市岳麓区桐梓坡社区。这次调研活动，孙家后裔也非常配合，就在我们一行将要赴台参加"清法战争130周年学术研讨会"的前夕，2014年9月28日，陈强从自家旧物箱内找到了其外公孙道信的照片，及时传送给我们。

# 第九章

# 历史遗存

## 一 揭开故居的重重迷雾①

孙开华（1840—1893），字庚堂，湖南慈利人，建功立业于湘军之中，晚清著名的军事天才，被誉为"清朝49位民族族英雄之一"。然而，在尚未厘清孙开华生平事迹的情况下，关于"孙开华故居"的话题时常出现在世人的视野之中。研究孙开华，自然也绕不开"故居"的话题，因此，我们应该尊重历史、客观公正地还原历史真面目。

### 1. 孙开华故居成为第八批湖南省重点文物保护单位

**图 9-1 孙开华故居保护碑**
**孙培厚摄**

2006 年 6 月 9 日《湖南日报》消息，根据湖南省文物局提出的第八批省级文物保护单位及其保护范围、建设控制地带，经过严格核定，省政府近日对外正式公布了 82 处入选单位名录，慈利县申报的"孙开华故居"和"梅花殿"榜上有名。据悉，这是慈利县成功申报省级文物重点保护单位的第一次。并且，在这一喜讯的有力推动下，慈利县增强了文物保护意识、加快了申

---

报重点文物保护的步伐。

2011年3月18日，红网张家界站消息：慈利县骑龙岗古墓群，九溪卫城及江垭古建筑群，红二六军团指挥部及红军医院旧址，苏维埃溪口区政府旧址，唐牺支故居和慈利县县委、人民公社、大队部旧址6处文物点被省人民政府核准公布为第九批省级文物保护单位。这是慈利县继孙开华故居、慈利二中"梅花殿"获得省级文物保护单位以后取得的又一新成绩。至此，慈利县县省级文物保护单位由原来的2处增加为8处。其中，慈利县骑龙岗古墓群、九溪卫城及江垭古建筑群、孙开华故居有望升级为国家级文物保护单位，目前评审工作正在进行中。

关于"孙开华故居"的地理指向，我们从相关资料上了解到："故居"位于距县城18千米的"小香港"岩泊渡镇，距张家界主景区28千米。在岩泊渡镇的星明村，"故居"为"清道光十七年孙开华的祖父孙文选与其父孙光表修建。该建筑是南方豪族封火墙'穿斗式'构架的典型井干院落建筑代表。故居主体建筑，坐南朝北，依山傍水，并在建筑群四周有水渠环绕，东侧有60余米的人工灌溉高架水渠'二十八宿'，设计优美，造型独特，酷似'龙'形，是古代灌溉工程的杰作，至今还在使用之中"。

可见，在当年申报"省级重点文物保护单位"的材料中，至少有三个重要元素：一是故居为孙开华的祖父、父亲所建；二是这个故居是典型的"南方豪族"建筑群；三是故居的旁边有一个60米长的"二十八宿星"渠道。

渠道为何人所修？目前我们无法找到有力证据，但是，关于孙开华的父亲、祖父是谁，以及孙家当时是否为"豪族"？这是我们能够弄清楚的问题。

2. 孙家后裔讲述了祖居的原貌

孙开华的先祖，原居江西洪州（今宜春市辖），明朝洪武年间迁居湖南常德府之桃源县、慈利县，先后修谱三次。要查找其父辈的情况，我们唯一能够依据的史料恐怕就是《孙氏族谱》了。目前，存世的《孙氏族谱》有两个版本：分别是民国22年（1933

年）和 1999 年编修的。相比之下，1933 年版本的时间更接近孙开华所处时代，而且其子孙道信也参与了这次修谱，因而具有可信度。在这套 20 册的族谱中，我们查到了孙开华家谱，摘录其父、其祖父的记载如下。

祖父孙安佐，孙氏第十世祖，生于乾隆甲申年（1764 年），殁于道光己亥年（1839 年）。生子二：宏易、宏瑞。父亲孙宏瑞，孙氏第十一世祖，生于乾隆辛亥年（1791 年），殁于道光庚戌年（1850 年），葬于"上五都鸡公翅"。据查，"上五都"即今天的柳林铺，"鸡公翅"也是山名，位于今石马村孙家岗的后山，孙开华的母亲姜氏也葬于此。

一般而言，历史研究注重"三亲"：亲身经历、亲眼所见和亲耳所闻。在文字资料不全的情况下，历史当事人的口述也是历史研究的重要来源。孙克俊老人就是孙开华家族的"活历史"。

图 9-2　著名书法家张弓先生题写的孙壮武公府门联　孙培厚摄

孙克俊，是孙开华之子孙道信最小的女儿，出生于 1924 年十月二十八日（农历），今年 90 岁，现居长沙市雨花区长岭社区。经过两次采访，她为我们描述了孙家祖居的原貌：老家一直传说我爷爷孙开华"草席埋母"的故事，那个时候，孙家穷得很，以致爷爷的母亲姜老夫人死了没有钱买棺材；故居坐落在柳林铺乡对河，即澧水南岸的石马村。石马村的来历是因为爷爷孙开华死后，皇帝准许后人在家乡建石人、石马墓葬和祠堂而得名。孙克俊老人出生在长沙，但是 1938 年长沙"文夕大火"之后，她的父亲带着她来到了慈利，先后在慈利县城、柳林铺老家、柳林铺街上居住 11 年。那个时候，孙开华已经辞世 40 多年，但是尚有三位老夫人健在（据查，孙开华的夫人正室一位，副室 13 位，孙克俊见到的分别为萧氏、吴氏、甘氏）。孙家老屋坐落在"上五都"石马村，背靠孙家岗，面朝澧水。离柳林铺不远处有"将军渡"，据说是爷爷孙开华所修；从渡口过来就是老家的"跑马坪"，据说因为孙家的官做得大，文官在此落轿，武官在此下马，故称"跑马坪"；从"跑马坪"上几节台阶，便是"朝门"，门头上挂有一块很大的匾"孙壮武公府"，左边对联是"安邦思良将"，右边的对联是"定国念贤臣"；整个孙家大院分三进，中间有两个天井，里面是数不清的房子。1943 年，一队日本骑兵从慈利过沅陵去，经过我们的老屋，我们都躲到了后山上，亲眼看到日本兵举着火把烧掉了老屋，大火燃了两天一晚；后来，我父亲就带我们过河住在柳林铺街上的许家……

显然，曾经风光一时的"孙开华故居"早已被日寇化为灰烬。

3."二端午"，仅为纪念"孙九大人"

端午节的来历可能有多种版本，但是具体日期都是农历的五月初五。在孙开华的家乡却有一个别具一格的端午节，即"二端午"，农历五月十五过端午。关于这个"二端午"的来历，目前史书和地方文献上难以考证，民间传说倒是有一个：孙开华逝世后，皇帝允许在其家乡和仕宦之地建立祠堂和石人石马作为纪念。1896 年，两套石人石马从外地运进慈利县的澧水河边，押运此物的正是他的儿子孙道仁，据说孙道仁出示了朝廷礼部转呈的光绪皇帝谕旨，择五月十五日上岸安置石人石马，一套置于孙开华的祖居地岩泊渡，一套置于孙开华自己的出生地柳林铺南岸。岩泊渡的人民为了欢迎"孙九大人"的灵魂归葬故里，举行了盛大的欢迎仪式，乡里乡亲与族人决定以孙开华生前最喜爱的划龙舟来迎接石人石马上岸安置，于是把原来五月初五的划龙舟改在五月十五进行。

据湖南文理学院历史学教授朱清如介绍，慈利县的"端午节"和"二端午"还有一个分水岭：当年孙开华的石人石马在岩泊渡上岸后置于今岩泊渡镇坪山村（又叫廖家村）第 8 组境内，这样，自第 8 组以下至 18 组的村民均只过"二端午"，而该村 1 组至 4 组的村民仍然

**图9-3　流行在孙开华故乡的二端午**
**龙舟赛　孙培厚摄**

过原来的"端午节"。非常有趣的是该村第5、6、7组的村民既过"头端午"，又过"二端午"，是一个过渡地段。

每年的农历五月十五，慈利县岩泊渡的澧水河段上锣鼓喧天、喊声震地，一支支龙舟像利箭一般冲向终点线。两岸的民众穿红戴绿、熙熙攘攘，欢欢喜喜地过"二端午"，慈利县的人民以自己独特的方式纪念澧水河畔的民族英雄"孙九大人"。近几年，龙舟赛的影响力越来越大，"二端午"还吸引了沅澧流域来自湘西、常德、张家界等州市的客人参赛和观光。

## 二　珍珠泉，守望孙府越百年

**图9-4　孙开华故居旁的珍珠泉**
**碑　孙培厚摄**

在孙开华的故居，尚有许多待解之谜。比如，我们在孙家大院的西头、枝柳铁路的北侧，发现了一口名为"珍珠泉"的古井。古井旁立有石碑一块，上书"丙子冬朔　珍珠泉　八闽军门委员张恩爵题"字样。古井因欠疏浚，已经淤积不能使用。据孙家后裔80岁高龄的孙培林老人介绍，传说当年孙开华将军每次探亲回家时，井中泉水涌起，井水溢出井外。当然此事是真是假，现在是无法考证了，只能当作又一条关于孙开华将军的传说了。

据查，中国旧历以甲子年号计算，

一个甲子就是 60 年。与孙开华将军时代相近的"丙子"年有 1816
年、1876 年和 1936 年，前者孙开华尚未出生，后者孙开华已经辞
世，那么，这个"丙子冬朔"应该是 1876 年冬月初。

1874 年 5 月，日本人以琉球漂民事件和日本备中州小田县漂民事
件为借口，悍然入侵台湾琅峤（今恒春）地区，逐渐屯兵 3500 多人，
企图长期占领台湾。清政府采取了"谕以情理，示以兵威"的对策，
一面派沈葆桢为钦差办理台湾等处海防、兼理各国事务大臣，与日本
展开正面交涉，一面调兵遣将，加强东南沿海的军事防御。孙开华就
是这年以福建陆路提督身份率兵驻扎厦门塔头城，与台湾驻军遥相呼
应。10 月 31 日，在中国强大的军事压力和西方列强的调和下，日本
政府与清王朝签订了《北京专条》，12 月 3 日，日军全部撤离台湾。
今天我们在孙开华老家看到的这块"珍珠泉"石碑，应该是将军当年
从厦门凯旋故里时所立。至于题词人"张恩爵"，由于手头资料的欠
缺，目前我们不知其详情，其"军门"身份，明代专指总督、巡抚一
级高官，清代是对具有"总兵"加"提督衔"武官的尊称。推测这
位张恩爵应为孙开华的重要军事幕僚。

由于枝柳铁路的修建，珍珠泉已经处于铁路路基的北侧，常有一
些碎石从铁道上滚落，好心的孙培林老人为了这口老井不致日渐被碎
石填满，自己花钱请人简单地在古井靠铁路一侧修建了一个拦护墙。
因此，我们今天仍然能够看到它清澈的泉水。

珍珠泉，何时被孙府的人发现？不得而知。如果从这块纪念碑立
碑算起，它守望孙家大院近 140 年了，见证了孙家的兴衰，也是目前
我们在孙家大院能够找到唯一完整的纪念文物。

## 三 将军渡，不只是一个传说

随着社会经济的高速发展，曾经水急滩险、阻隔两岸交往的澧
水，由于一座座大桥的架设，已经"天堑变通途"，当年地处交通咽
喉的港口、码头、渡口渐渐地失去往日的繁华，几乎被当今社会所遗
忘。然而，在孙开华的老家，有个"将军渡"的传说，一直盛传
不衰。

　　无论是孙家后裔还是当地百姓，几乎都不怀疑"将军渡"与孙开华有关，至于这个渡口何时得名？因何而建？大家都说不出一个道来。最近笔者查阅民国22年的《孙氏族谱》终于找到了答案。

　　一般来说，家族中的著名人物都有一篇或几篇"家传"载入谱书之中，孙开华显然就是沅澧流域孙家族最为显赫的名人。为他撰写"家传"的必定是具有一定学识和身份的人物——时任长沙孔道国学专科学校校长、"赐进士出身翰林院编修国史馆协修、前湖北学政"彭清黎。他在光绪二十一年（1895年）撰写的《孙壮武公家传》中写道：1882年（光绪八年），孙开华先后两次觐见皇帝之后，请假三个月回慈利老家为祖上修墓。"既抵家，戚族咸瞻焉。建往来巴蜀之渡舟，里人咸德之，共呼'将军渡'"。①

　　时任慈利知县的朱耀奎②为了感谢孙开华为家乡做出的贡献，专门撰写了一篇《将军渡记》，概述了将军渡的来历：慈利县县城所在，是一个"环山而东西北三面带水"的地方，澧水的主河道与支流在这里交汇，形成了琵琶洲，琵琶洲有一个鸳鸯渡。溯流而上就是柳林铺，这里是一个商家云集的地方，南来北往的客商络绎不绝。它"南望桃源，北达桑植，上接巴蜀，下驶汉沔"。在此要道，原来有一个古渡，却只有一条渡船。然而，摆渡人是一个将渡船"据以为奇"的人，每当春汛来临，澧水泛滥，水流湍急之时，摆渡人更是向过渡人漫天要价，过客经过此处"常动望洋之叹"。

　　朱耀奎到慈利就任知县已经有些日子了，他常常接到民众举报，建议县衙解决老百姓渡河困难的问题。于是，他想了一个法子：动员慈利县一些有钱的乡绅，出资新建一个"义渡"缓解交通压力。

　　县衙兴建"义渡"的地方就在孙开华祖屋不远处，这个倡议刚刚发出，正好赶上孙开华从北京觐见皇上"衣锦还乡"，他满口承应了县衙的倡议，以个人名义捐资购买了一条渡船，并招募了一个老把式

---

　　① 民国22年再修《孙氏族谱》第一卷。

　　② 朱耀奎，生卒不详，江苏常州府宜兴人，举人，时任慈利知县。1898年（光绪二十四年）参加殿试，登进士二甲30名；同年5月，改为翰林院庶士；1903年4月散馆，授翰林院编修。

的船工，专门负责摆渡。此外，孙开华还将自家田产的一部分拿出来，以田租来保障这位船工的生活开销。

图9-5　孙开华故居"将军渡"效果图
谢春凯设计

朱耀奎的《将军渡记》全文如下。

县治环山，而东、西、北三面带水，澧之所会也。其中则有琵琶洲焉，有鸳鸯渡焉。溯流而上，又有所谓柳林铺者。考诸志乘，铺亦称埠，殆水滨商泊之所欤。一共之市，而往来行旅，络绎载途，盖南望桃源，北达桑植，上接巴蜀，下驶汉沔也。

此间旧有一渡，而舟子往往据以为奇。当夫春汛泛漾，石激水猛，舟子更有所挟持也。所以过客经此，常动望洋之叹。予不敏，承乏斯邑，虽有乘舆，安得人人而济之？方将属耆老聚金设义渡，以利行人，不谓孙军门开华家近斯渡，争先好义，捐一舟，募舟子，经纪其事，并舍闲田纳租供其食用。吁，诚义举矣！

孙军门有客请于予曰：吾军门之设此渡也，殆不过利济行人焉耳，原无所希翼于其中也。不意过客感公谊，咸以将军渡呼之。斯名不敢听其淹没也，丐文于予，碑以志之。

予曰：子不见夫河称太史，邑号野王，大夫以松名，先生以柳传耶？[①] 物以人重，地以人传。振古如兹，无足怪也。况军门方将统师征台，威名摄乎中外，异日之丰功伟业，直将图画凌

---

① 河称太史：河指黄河，司马迁祠东不远即黄河。太史公祠，即司马迁祠，在今陕西韩城芝川镇东。邑号野王：古邑名。春秋晋邑。战国属韩。在今河南省沁阳市。《史记·白起列传》：前262年，秦取此地，始皇曾将卫君迁居此。大夫以松名：松树。传秦始皇登太山，避风雨于松树下，因封其树为五大夫。见《史记·封禅书》。先生以柳传：晋代陶渊明《五柳先生传》，描写了五柳先生其人。"五柳先生"的形象曾引起后代不少文人的神往。

烟，铭功竹帛。斯一渡之微，特见骥一毛耳。且夫君子之德风，
小人之德草，上行下效，捷于影响，谓在位之政绩感乎也。

予出宰斯土，两载于兹，凡与利弊，锄强扶弱，虽不能悉如
人意，而坚白盟心，差堪自信。叩诸父老，访于道路，其亦克留
此嘉名耶？否耶？予不得而知也。军门何幸得此也！予将为军门
庆矣。且不止为军门庆也，将以勖斯举之有始有卒，永传后世。
而后世之熙来攘往者，永无病涉之虑，则锡兹嘉名，千秋不
朽矣！①

看来，将军渡还真的不只是一个传说。当时的知县朱耀奎如约把
《将军渡记》刻于碑上，立于渡口岸边，可惜岁月流逝，这块"千秋
不朽"的碑文已经不知所踪。如今，渡口的实用价值也许不是很大，
但是，如果我们适当恢复一些颇有历史价值的文化遗存，应当是一个
怀念故人、传承文化的善举。

### 四 清塘湾，永不磨灭的历史记忆

孙开华自16岁开始加入"霆字营"，戎马一生，不断取得军功
名。在长期征战中，基本上在马背上和营房里度过，虽然后来曾经几
次回乡省亲，但是停留时间有限。除了出生地慈利县老家外，孙开华
还在长沙县购置了一处房产。据孙开华的重孙孙家柚（孙道礼之子）
讲述，孙开华在台湾上任时，从长沙县大财主王家培手中购得住宅一
套，即今长沙县安沙镇白塔村的孙家大屋。孙开华去世之后，其后裔
基本上都生活在这个大院内。此事在民国22年修订的《孙氏族谱》
有过记载："（孙开华）由慈邑柳林铺迁居长沙清塘湾。"②

#### 1. 长沙清塘湾

清塘湾，位于捞刀河中下游。捞刀河，又名"捞塘河""潦浒
河"，位于湖南省长沙市境内，发源于浏阳市石柱峰北麓的社港镇周

---

① 民国22年再修《孙氏族谱》第一卷。
② 桃源县、慈利县《孙氏族谱》1933年版，第8卷。

洛村，流经浏阳市社港镇、龙伏乡、沙市镇、北盛镇和永安镇，长沙县春华镇、安沙镇和黄花镇，在长沙开福区捞刀河街道城北洋油池汇入湘江。全长 141 千米，为湘江一级支流，有"长沙市第二大内河"之称。相传，三国时关羽率兵攻打长沙，来到捞刀河一带后，屯兵缓进，以探虚实。有一天，关公与部属乘小船沿捞刀河进入湘江，想打探长沙城河防。但宽阔的湘江上，战船密布，戒备森严，若从水路进军攻取长沙，肯定行不通。关公闷闷不乐，率部属倒桨回营，准备策划再战。不料，船行至捞刀河湘江入口时，一个大浪冲来，关公来不及提防，手中的青龙偃月刀落入河中。宝刀上镶嵌的青龙，入水而活，带着宝刀逆水而上。幸得周仓逆水追了 7 里，才将宝刀捞上来。从此，关公落刀之处就叫落刀嘴，周仓捞刀的这条河，就叫捞刀河。

也许是这个美丽的传说打动了孙开华，也许是河边一处叫"清塘湾"的小集镇吸引了他，孙开华花重金购置了大财主王家培的这处房产，自此，这个方圆数十里名闻的大院叫作"孙家大屋"。此外，笔者认为，孙开华在长沙购置房产还有一个重要的理由，就是他的夫人范氏是长沙人。在那个封建社会年代，虽然女子的地位不高，但是夫人与其他偏房的地位是有很大区别的。

查阅孙道仁的《退庵纪实》和《孙氏族谱》，孙开华的这位"第一夫人"范氏，诰封一品夫人，生于道光乙巳（1845 年）十二月十九日，殁于光绪戊子年（1888 年）七月初四日，葬长沙县清泰都二甲白沙桥，终年 43 岁。也就是说，范夫人去世的时候，孙开华尚在位上，而且根据夫人的愿望，葬于娘家长沙，而不是葬于夫家慈利县。这位范夫人虽然没有生男育女，但是在孙家的地位是不二的。孙道仁虽为孙开华之长子，却因"庶出"，对范氏必尊称"嫡母"，"（光绪）十四年（1888 年），丁嫡母忧，闻讣奔丧至福建提署，奉枢回湘安葬守制"。[①]

按照进入孙家的顺序，孙道仁的生母曾氏算作"第六夫人"，但

① 孙道仁：《退庵纪实》，福建政协文史委《福建文史资料》1988 年第 19 辑，第133 页。

绝不因为生了第一个男丁就提升她在众多夫人中的地位，尤其是"第一夫人"的地位和荣耀是独尊的。"前清时代，嫡庶之界限极严，而先壮武公（孙开华谥号）动依礼法，故先生母在日，未能一日安享。"①

2. 孙家大屋概况

长沙县安沙镇白塔村的孙家大屋，是一栋明清风格的古建筑群，结构紧密，错落有致，共有房间 160 多间，四进，前面是三字墙，中间是二字墙。内有观音堂、神堂、练功房、书房、卧室、厢房、客房等，周围配有花园、果园、长廊等，极为豪华。孙开华 10 多房妻妾、子女都居住在这里。

孙开华去世之后，他的后人也基本上在这里繁衍生息，但是也有后代在长沙市内置房者，如据孙开华之孙女孙克俊老人介绍，大伯孙道仁的后人孙理文就曾在长沙市居住，自己的父亲也住在长沙市夏元巷九如斋后面居住。

孙开华之后，支撑孙家的"头面人物"就数孙道仁了。再后来，孙道仁在政治上被边缘化，经济上也日渐衰落，自己都依附女儿女婿生活，孙家弟兄基本上各自守护祖业过点小日子。

新中国成立之后，孙家的家业"瘦死的骆驼比马大"，尽管孙家后裔多年都在吃孙开华的老本，但是在阶级成分划分的时候，无一列外地被划分为地主，其孙家大屋除了少量房屋自己居住外，多数被无房的贫下中农分享。20 世纪 70 年代，清塘湾兴修水利，一条水渠从孙家大屋门前经过，致使屋基时常浸泡在水渍中，木质的建筑开始腐朽，甚至坍塌。居住在孙家大屋的无论是孙家、李家、张家还是王家，纷纷计划搬迁新建住房。

现在仍然居住在安沙镇白沙村的仅有孙道礼的后裔孙家根，孙道义的后裔孙家植、孙家栩、孙家林四家，其余均已离开清塘湾。

曾经繁华一时的清塘湾小集镇，由于水路的萧条，早已不复存

---

① 孙道仁：《退庵纪实》，福建政协文史委《福建文史资料》1988 年第 19 辑，第 145 页。

在；曾经远近闻名的孙家大屋也因时代的变迁，已经荡然无存，仅能在老屋场的历史遗址和孙家后人收存的老屋用品，窥见当年孙家的无限风光。

3. 传家之宝

从孙开华手上传下来的一幅湘绣《还我河山》，据说是孙开华当年驻守台湾期间，时常告诫家人和部将要像岳飞那样，一寸山河一寸血，誓死捍卫国家主权，绝不退让。当年孙开华在台湾镇守台北并取得沪尾大捷时就是以这幅湘绣激励自己和部将。目前，这件文物保存在孙家根的

图 9-6　孙开华后裔保存的绣品《还我河山》　孙培厚摄

第二个儿子孙国利手上。孙国利说这是他的曾祖孙开华传给他的爷爷孙道义的。

在长沙县星沙镇松雅社区的孙家柚家里，主人给我们看到了另外一件传家文物：福字匾。孙家柚是孙开华的重孙，他保存的这件文物是光绪十年（1884年）孙开华在台湾取得"沪尾大捷"之后，进京觐见皇上，光绪帝赐给孙开华这个"福字匾"。匾的中间是一个金色的

图 9-7　孙开华后裔保存的福字匾　孙培厚摄

"福"字，正上方是一个"赐"字，右、左两边分别刻有"光绪十年十二月二十八""帮办台湾军务福建陆路提督臣孙开华"字样。据孙家柚介绍，这块"福字匾"在文化大革命期间已经从孙家流失，20世纪90年代有人将其用作案板剁菜，他花了1000元从别人家手中赎回。目前，该文物保存完好。

### 五　西仔反，穿越时空的情景再现

孙开华主导的"沪尾大捷"是晚清时期难得一见的军事胜利，沉重地打击了法国侵略者，使其速战速决击垮清政府的美梦彻底破灭，确保了台湾牢牢掌握在中国政府管辖之内的历史使命，在中国近代史上留下了光彩的一笔。关于这场战役、关于孙开华其人其事，台北地区至今流传着许多美丽的传说。

对于"中法战争"或者"沪尾大捷"等，台湾人有另外一个称呼，那就是"西仔反"。台湾人把 1884—1885 年清法战争在台湾基隆、沪尾、瑞芳、澎湖等地发生的大小数十次战役，总称为"西仔反"。"西仔"指法兰西；"反"通"叛"，即战争动乱的总称。

1. 台湾情景剧《西仔反传说》

2009 年，原台北县淡水镇（今新北市淡水区）为了提升本地知名度，创办了首届"环境艺术节"，规划了"环境论坛"、"艺术踩街"（嘉年华）、"环境剧场"等主题活动。台北大学中文系谢依均根据历史资料和民间传说创作的"环境戏剧"《西仔反传说》应运而生。该剧由五幕构成，其剧情如下。

**图 9-8　台湾情景剧《西仔反传说》剧照　孙培厚摄**

第一幕：军民齐心抗外侮。第一场是由基隆失守清军败溃开场，说书人道白：公元 1884 年，清法战争爆发，法军出兵攻打台湾，这场战役，台湾称之为"西仔反"。透过说书人的解说，简要为"西仔反"破题。第二场的地点是沪尾港外的法国军舰。说书人：法军来势汹汹，攻陷基隆后，再出兵沪尾。10 月 1 日，七艘火力强大的巨舰盘踞沪尾港外，战事一触即发。法将李士卑斯提振士气，高呼法兰西万岁！第三场是在白炮台，阿顺与民众赶筑炮台，孙开华与张李成前来慰问民众，告知在场军民"沪尾港已用大石堵塞,布置了水雷,法军舰队绝无胆量进入港内!"然后赞扬阿顺协助医疗,并介绍他的部将张李成。清兵、民兵、法军各自高呼制胜口号。第四场是阿顺家。阿顺的儿子生病哭闹,阿顺的弟弟阿源劝老母亲一道出去避难,她却不愿离开家园。牧师马偕带来药物探视,并说:"老阿妈,我会和您做个祷告,上帝作证,法军若来,我绝对阻止他们上岸扰民。"清军、民兵、法军在高呼声中对阵。

第二幕:巨炮威逼。第一场由沪尾港外的法舰与沪尾炮台两地并置,法军开炮。说书人:公元1884年10月2日清晨,法军预备向沪尾开战,孙开华将军获悉密报,带领守军先发制人……孙开华:我军握有最新情报,先对法军开炮,让洋鬼子措手不及!法军李士卑斯将军对走漏消息赶到无比愤怒。第二场是清法两军对峙战场。说书人:法军疯狂开炮长达13小时,沪尾三座炮台全遭摧毁,炮击愈来愈猛烈,就在此时,众神明纷纷显灵助威……于是,清水祖师爷、妈祖、苏府王爷与天兵天将突然降临,在两军之间显现神迹。说书人:在众神的护卫下,沪尾安然度过法军的巨炮攻击。

第三幕:登陆的宁静。第一场是白炮台场景,民众嬉戏,分别扮演刘铭传、孙开华、马偕、阿顺母亲等,揶揄刘铭传退守艋舺躲避战争。第二场呈现阿顺与妻子阿贵两地相思。第三场在白炮台,孙开华将军在大树底下吃西餐,张李成则在一旁焦急踱步。法将李士卑斯从望远镜窥见孙开华喝法国红酒取笑法军,勃然大怒,宣告翌日开战登陆。

第四幕:浴血丛林(不分场)。法军炮击后开始登陆,却误入海岸丛林之中。说书人:1884年10月8日,在法军首度向沪尾港开炮整整五天之后,终于决定派600名水兵登陆,李士卑斯将军认为轻而易举即可拿下沪尾,却没想到他们进入丛林黄槿林……清军围剿迷途法军,张李成单挑法兵Pieer(皮尔),砍伤他。Pieer躲入林投树林中。说书人:清法战争,让出征台湾的法军吃足苦头,他们饱受寒冷、酷热、痢疾之苦,战死异乡,与亲人永别。重伤的Pieer幻想与爱妻Natalie(娜塔丽)共舞,然后气绝身亡。阿顺帮忙救助伤兵。民众高唱《西仔反歌谣》：淡水唱、淡水欢，孙九大人保台湾。西仔来打咱沪尾，台湾百姓拢勿惊，刀枪火炮跟伊拼，嘿咻！咱赢！嘿咻！咱赢！李士卑斯带领残兵黯然撤退。

第五幕：欢庆和平。第一场在沪尾港边，民众庆贺胜利，欢呼百战百胜的孙开华将军。民间举行龙舟赛。第二场阿顺家，老阿妈烧纸钱与贡品祭拜清军、法军亡灵。马偕医生来访，一家人欢喜迎接，老阿妈感叹：有旧才有新，新旧交换。说书人：清法战争过后，每年农历八月十四日，法军登陆的那一天，沪尾居民都会准备祭礼，抚慰战死的亡灵，这种习俗延续到今日，俗称"拜门口"。

《西仔反传说》由淡水镇本地金枝演剧社王荣裕担纲首任导演，组织专业演员和民众演员200多人精心排练，于2009年10月10—11日在淡水古炮台遗址公园实景演出，轰动一时，成为台湾地区热捧的戏剧文化现象之一。随后，新北市"国际环境艺术节"连年举办，此剧每年都在相同时间、相同地点排练演出2天，每年演出剧本在保留原创基础上略有改动。比如，2012年版本为《西仔反·马偕之爱》，2014年版本为《西仔反·风云再现》等。

2. 特色鲜明的文化个性

《西仔反传说》是在尊重历史前提下，加入民间传说等元素创作的情景戏剧，自2009年以来成为新北市淡水区的一张历史文化名片。该剧具有以下文化个性。

**图9-9 台湾情景剧《西仔反传说》海报 孙培厚摄**

一是依托历史开发文产，增强戏剧文化的真实性。《西仔反传说》的原创动因就是在130多年前，台湾地区发生与法国人之间的战争，民间称之为"西仔反"，为了尊重历史、留存文化记忆，共建人类和平，"环境艺术节"活动组织者们原创了这部戏剧。剧中角色孙开华、刘铭传、马偕、张李成、胡俊德、李士卑斯等，均为历史人物，尤其是"沪尾大捷"就发生在淡水人祖辈生活的土地上。与正史相比较，稍有出入的是，说书人描述"10月1日，7艘火力强大的巨舰盘踞沪尾港外"，实际上当日只有4艘，到了10月8日，法军军舰才增至7艘；第三幕中军民赶筑炮台和阻绝淡水河、布置水雷，应当是在10月1日之前完成的防御。当然，艺术的创作对历史的适度改编也是可以接受的，比如，孙开华在岸上畅饮法兰西红酒指挥战斗的情景，让人想起三国时期周瑜"羽扇纶巾，谈笑间，樯橹灰飞湮灭"的情景，表现出中国式的英雄主义情怀。剧中孙开华的副将张李成是台湾地区家喻户晓的戏剧演员，虽然同处一个时代，但是他与孙开华将军并肩作战有些不切实际。2014年10月，笔者应邀赴新北市参加了"纪念清法战争130周年学术会议"，并观看了《西仔反·风云再现》的实景演出，孙开华的副将张李成换成了胡俊德，真正还原了历史。胡俊德，字尧臣，慈利县三官寺人，排行第五。少年时骁勇，臂力过人，曾在打猎时单身杀死一只老虎，人称"杀虎胡五"①。1877年（光绪三年）武进士，光绪十年，追随孙开华东渡台湾，成为孙开华的得力干将，在沪尾之战中，他奋勇杀敌，壮烈牺牲。朝廷闻奏，昭增抚恤予荫。据慈利县志记载："部将胡俊德中弹伤亡，孙开华亲自涤血裹尸，涕泣哭祭，将士们深为感动。"②

　　二是依托实景、民众参与，体现了艺术的大众性。《西仔反传说》从上演第一场至今，基本上都坚持了实景演出，演出地点选择在当年沪尾之战的古战场，给人身临其境的感受。唯有2012年10月，因为"环境艺术节"活动的整体安排中有四场文艺演出，地点均在淡水河畔的金色水岸公园，《西仔反·马偕之爱》离开了古战场演出2场。至于民众参与，一年比一年增加。首场演出时导演担心演技水平问题，只邀请少量民众参与了动作难度极低、没有台词的角色演出，后来发现民众的积极性越来越高，到了2014年的《西仔反·风云再起》

　　① 慈利大事记要编集委员会：《慈利大事记要》，湖南人民出版社2011年版，第57页。

　　② 慈利县志编纂委员会：《慈利县志》，农业出版社1990年版，第592页。

除了导演和主角孙开华由艺术专业人士担纲外，其余 200 多位演职人员全部由社区民众和就职于淡水的外籍友人担任。这样就达到了民众既参与了社区文化活动，又在演出活动中接受和传播历史文化的多重效果目的。

至于这曲戏的属性，淡水区公所因为每年一度的"环境艺术节"，将之命名为"环境剧场"，也有参与者称之为"户外剧场"，台湾艺术大学石光生教授因为这台戏类似于民间祭祀仪式，命名为"仪式剧场①。"笔者鉴于此剧实景演出，而且民众参与，与大陆许多山水实景剧类似，称之为情景剧。

图 9-10　台湾情景剧《西仔反传说》剧照　孙培厚摄

三是依托民间传说，彰显神灵，具有神话剧色彩。中国是一个具有 2000 多年封建历史的文化古国，1949 年蒋介石集团退守台湾后，各种文化思潮在那里并存，其中不乏封建迷信思想。《西仔反传说》第二幕第三场中，在法军强大火力轰击下，沪尾的三座炮台均遭严重摧毁，清军在火力上完全处于劣势状态，此时，清水祖师爷、妈祖、苏府王爷与天兵天将突从天降，阻隔在法军与清军之间，诸神护佑着沪尾民众，迫使法军退兵，增添了沪尾战役的壮烈色彩，具有很强的艺术感染力。编剧的创作并非肆意编造，沪尾战役期间，孙开华曾向淡水清水岩祖师庙上过香，祈求神灵保佑击败法军。沪尾大捷之后，光绪皇帝钦赐"功资整济"匾额予祖师庙。另外，皇帝也表彰了淡水龙山寺的主神观世音菩萨和淡水福佑宫的主神妈祖，分别赐予"慈航普度"和"翌天昭佑"的匾额。值得注意的是，被法军占领的基隆与澎湖，却未曾流传任何神灵护佑的故事。笔者在孙开华的故里慈利县

---

① 石光生：《历史与传说的交融》，新北市立淡水古迹博物馆编《清法战争沪尾战役 130 周年研讨会成果集》，2014 年版，第 223 页。

采访时还听到一些"神奇"的传说：孙开华是天将附体，外国人的火炮打来，他的手一指，炮弹就转向了。这一说法与台湾北部地区的传说可谓如出一辙。

此外，《西仔反传说》表现的人们对敌我双方的亡灵祭拜的剧情，表达了人们厌恶战争、期盼和平的愿望。如法国士兵 Pieer 临死前幻想与妻子共舞的情景、沪尾大捷后阿顺家祭拜亡灵的情景、孙开华组织民众赛龙舟的情景，等等。

历史已经远去，孙开华留给后世的不仅仅是那些难以磨灭的文化记忆，还有人们为了纪念他而进行创作的文化财富。

# 附录一

# 孙开华列传

（根据《大清国史列传及史馆档案传包·孙开华》整理）

孙开华，湖南慈利人。咸丰六年，以武童投入霆军，随同参将鲍超征剿发逆，击贼于九江北岸之小池口，生擒伪元勋检点肖逆、伪指挥陈逆，直捣贼城。攻之未克，伤右臂。七年三月，随鲍超击贼于严家坝，毙贼甚多，复以攻贼城，伤左足。皖贼分窜湖北之黄梅，踞大河铺为巢穴，开华击之于大河铺、渡河桥，皆捷。复随鲍超进攻黄腊山等处贼巢，大败之，余匪窜入山谷。鲍超以开华奋勇血战，手刃悍贼，身受重伤，给六品军功。

复进军安徽宿松，扼守二郎河。十一月，破贼于枫香驿。八年二月，随鲍超赴援湖北，驰至麻城，贼遁，日夜穷追，开华被贼矛伤左膝。七月，回军宿松，追剿太湖逆匪。八月，败贼于花凉亭。叙功以千总优先补用，并赏戴蓝翎。

时逆贼首陈玉成纠捻首龚瞎子等，聚于潜山之地灵港，开华管带霆新中营中哨，随同鲍超回合诸军进剿，至小池驿，霆军被围，霆营以孤军力抗十倍之贼，士卒伤痍，而开华志气弥奋，自誓不退一步，不弃一垒。适道员唐训方等来援，遂定内外夹击之计。十年正月，我军大胜，毙贼无数，并擒斩伪职崇天富、蓝承宣等。胡林翼以开华剿贼有功，奏保以守备优先补用，并赏换花翎，从之。

是年四月，管带霆新中营。九月，进攻休宁。官军击败徽州援贼，开华会同各营乘胜攻之，城贼出战，斩获殆尽。随鲍超赴援江西景德镇，比至，贼已退踞鄱、建交界之石门、洋溏等处，与我官军相持。谢家滩、黄麦埔之捷，开华血战，擒斩尤众。钦差大臣曾国藩上其功，奉旨以都司优先补用。

十一年，随剿陈玉成于安庆集贤关，玉成先遁，留四垒于关外赤岗岭，以梗我师。我军昼夜环攻，降其三垒，其未降者，沿途追杀至马踏石河，悉数生擒。六月，随鲍超剿伪忠王李秀成于江西，败丰城白马寨等处之贼，解抚州之围，破双港、湖坊、河口贼垒，克复铅山县城，解广信城围。曾国藩以开华督兵助剿，迭克坚巢，请免补都司，以游击优先补用，并加参将衔，允之。旋随鲍超进援安徽青阳，克之。开华带伤追贼，以数百人歼贼万余，又攻取石埭、甘棠镇、太平、泾县。四月，进攻宁国，平毁寒亭、管家桥、梅家店、狮子山贼垒，又破之于望城岗、抱龙岗、安宜口、碑林岗、敬亭山、夏家渡、石桥诸处，遂复府城。开华每战奋勇争先，手擒悍贼。枪子伤额，以功免补游击参将，以副将优先补用。

自宁国克复后，陈贼勾结伪随王杨柳谷等，并花旗广匪六万余贼，同治二年正月进逼泾县。开华随鲍超驰援，击破之，城围立解。乘胜长驱，战于黄村大坑，歼贼甚众。同治二年三月，逆首伪忠王李秀成纠众数万，两次围庐州。开华奉调往剿，比至，围立解，追击至和州，与水师环垒急攻，城遂下。奉旨以副将先行拔补。九月，进剿建平之贼，旋又奉调援江苏句容。贼方海宗勾结项大英、方成宗两大股固守以据，我军战于塔岗，败贼海等，进逼城下，彻夜环攻，四鼓克之。逆党项大英、方成宗伏诛，方海宗遁至宝堰，与贼袁德厚合谋，阻我进兵之路。我军摩垒而攻，悉平之。又败贼于茅山，克复金坛。是役也，开华督军鏖战，擒斩最多，奉旨加总兵衔，并赏给擢勇巴图鲁名号。

嗣因江浙逆贼先后窜入江西，大股盘踞许湾，意在图抚州；另股盘踞金溪，意在图建昌。其泸溪、东乡、新城、南丰、宜黄、崇仁等县均为贼踞。三年四月，鲍超援剿，开华率所部为前敌，先行进攻，驰抵抚州。七月，开华督军以计攻破双凤岭、许湾一带贼垒，进攻金溪，毁北门外贼垒。城贼出援，即乘虚由东门斩关而入，以次收复南丰新城。伪康王败窜瑞金，合丁太阳、李世贤诸匪，众号十余万，分扰宁都。开华率所部先败之，后军继至，遂解宁都之围。九月，鲍超橄开华统带霆副五营追贼至瑞金，克其城。又追至闽界，毙贼甚多，乞降者悉解散焉，江西肃清。两江总督李鸿章奏上其功，得旨副将孙开华着交军机处记名，遇有总兵缺出，请旨简放，并赏加提督衔，赏给一品封典。

四年十一月，开华率师进剿广东嘉应州踞逆，驰抵相公亭，贼逆战，击之。追至城下而返，毙贼四千，生擒老贼二百。遂与大军合围，追贼于黄砂障，擒斩二万余，诛其酋何天亮、丁德泰等。左宗棠以开华功尤著，请旨：遇有提督总兵缺出，请旨简放。五年五月，补授福建漳州镇总兵，仍督军随同鲍超赴河南，剿办捻匪赖文光等。开华追贼至湖北安陆之永乐（尹隆）河、杨家泽、拖船埠，叠有斩获。又追击于多宝湾、丰乐河。豫鄂边界，渐次肃清。九月，赴漳州任镇总。兵多新募，开华训练逾月，始有纪律。

九年，闽浙总督文煜、巡抚王凯泰以开华久历戎行，熟悉战阵，奏统省标八营，暨资训练。十一年，复奏保开华年力正壮，遇事勇往，堪胜专阃之任。仍令在省督练精兵，俾成劲旅。嗣以漳浦县洪时若抗官拘捕，杀毙丁勇，势甚嚣张。开华领水路兵勇往捕，旋即解散。十二月，回漳州本任。十二年五月，统带擢胜营全军办理厦门海防。解严后，赴台北苏澳地方，办理开山事务，并署理福建陆路提督。

光绪二年十二月，福建巡抚丁日昌以台湾防剿生番，地广兵单，宜遴选威望素著之员统领镇摄，因奏委开华督率所部，带印东渡，驻扎鸡笼、淡水等处，以顾北路。开华交卸提督篆务，驰赴台湾，驻军淡水厅属之鸡笼。时后山阿绵、纳纳等社生番叛服无常，三年十月，统领擢胜营与台湾镇总兵吴光亮会筹剿办，进抵成广澳，详求地势，密察番情。至加走湾，进扎水母丁，突有悍番千余名，分路应拒。开华挥军鏖战，阵斩红衣番目数名，余番败向高崁深箐而逸。遂破其要隘。官军由海畔捷径，缘蹬攀崖，直攻其巢，该番拼力死斗，官军夺其险要，追击至纳纳社外，皆破之。溃番窜并阿绵，其地深深流急，峭壁悬崖，且又遍筑炮台，较纳纳社据守尤力。开华令炮队连环攻击，益以火箭，又绕出其后，番众惊乱，遂克阿绵。开华以巢穴虽倾，渠魁未获，因驻师纳纳，旋将余党歼除并擒获首恶马腰兵猛益裹戛、加早卓律等。自此，大小番社，皆向化矣。开华以剿番有功，赏穿黄马褂。

四年六月，加礼宛番蠢动于新城、花莲港，官军失利。七月，开华督军亲赴新城，进扎花莲港。各社旋即畏服，惟巾老耶一社犹抗负隅。我军击之于米崙山，溃遁。巾老耶社与加礼宛社，势相犄角，欲攻加礼宛，必先攻拔巾老耶。开华出队进攻，加礼宛番目大肥宛汝率众来援，官军败之，先破巾老耶社，即进军攻加礼宛。该番弃社而遁，结垒社后，官军追杀，立将该社平毁，并破其垒，斩首甚多。奏闻。谕曰：孙开华等带兵进剿巾老耶、加礼宛番社，均经次第攻破，阵斩番目，歼除悍番多名，办理尚为迅速，所有在逃余众，着该提督察看情形，分别搜除招抚。该番众果能悔罪自投，即着妥为安插抚绥，使之复业。开华旋将番目姑乳斗玩等搜获正法，余俱就抚。闽浙总督何璟以开华迭克坚巢，连战皆捷，恳恩破格奖叙，以励戎行。报闻，赐物多件。

五年二月，署福建陆路提督。八月，以海防紧要，复督军渡台。七年十一月，撤防入觐。九年八月回任，旋统率擢胜三营，带印渡台，办理台北防务。九年六月，法船攻犯鸡笼炮台。八月，法船八艘，聚泊沪尾港外。开华督令开炮先攻。敌亦开炮相击。明日，夷兵千余上岸猛扑，开华督军迎击，血战半日，短兵相接，毙其悍酋，手燃巨炮，沉其铁舰，敌势不支，遂溃散。奏闻：赏骑都尉世职，及白玉翎管、白玉搬子、白玉柄小刀、火镰、大小荷包各件。十二年，和局成，复回提督署任，旋补授福建陆路提督。

十五年，慈溪端佑康颐昭豫庄诚皇太后归政，恩昭加级。十六年，入觐恭逢皇上二旬万寿，颁赏珍物，予加级。十月回任。十七年，德化匪首陈拱、陈众聚众焚毁盐厘各局，杀司事及丁役，树旗谋反。开华督兵剿平之，解散胁从，惟逆首陈拱等未获。自请议处，部议降一级调用。十八年正月，以逆首陈众就擒，奉旨改为降二级留任。闰六月，擒斩陈拱。七月，以副将余宏亮所部弁勇滋扰，开华失于觉察，部议降三级调用，不准抵销。开华先于六月已擒斩陈拱，奉旨改为革职留任。十九年八月，卒于任。

闽浙总督谭钟麟奏闻。谕曰：谭钟麟奏提督因病出缺，请旨优恤一折，福建陆路提督孙开华由武童投效鲍超军营，转战湖北、江西、安徽、河南等省，冲锋陷阵，身受多伤。进剿广东嘉应州，剿平粤逆，战功卓著。同治五年，补授福建漳州镇总兵。两次渡台剿抚番社，办理海防，帮办台湾军务，尤著勋劳。旋简授福建陆路提督，整顿营伍，绥靖地方，诸臻妥协。兹闻溘逝，珍惜殊深。孙开华著照提督军营病故例，从优议恤，任内一切处分悉予开复，加恩予谥，原籍及立功省份，准其建立专祠，并将战功事迹宣付国史馆立传，以彰劳勋。寻赐祭葬。予谥壮武。子道仁，三品衔，福建补用道。次道义、道礼、道智、道信，孙克仪、克修。

# 附录二

# 孙开华年谱①

**道光二十年（1840 年）1 岁**

9 月 10 日，孙开华生于湖南省慈利县六都柳林铺（今属慈利县零阳镇石马村）。父亲孙宏瑞，母亲姜氏。关于孙开华年少时期的情况，目前没有史料记载。据《慈利县志》《孙氏族谱》以及孙家后裔口传资料，孙开华有兄弟三人：孙开荣、孙开华和孙开富，年少时家境贫寒。孙开华曾以剃头为业，身材高大，臂力过人，喜好打抱不平。兄弟三人先后从军。

**咸丰六年（1856 年）17 岁**

四川奉节人鲍超，字春霆，湘军水师出生，奉令在湖南招兵步兵，组建"霆字营"，孙开华以"武童"身份参加霆军。

**咸丰七年（1857 年）18 岁**

1 月 5 日，随鲍超破袭小池口太平军，孙开华奋勇当先，右膀受枪子伤，深入寸许，验列头等。

2 月 2—3 日，迎剿由宿松三路合围过来的太平军。

3 月 16 日，攻陷小池口城，孙开华受枪子伤左足，验列头等。

6 月 25—26 日，杀黄梅北山一带太平军十余名。

7 月 1—2 日，战于黄蜡山，击毙太平军十余名，生擒太平军一名，因功赏"六品军功"。从军不到一年，孙开华奋勇杀敌、脱颖

---

① 据《大清国史列传及史馆档案传包》整理，略有补充。年龄为虚岁，所用月日，均为农历。

而出。

9月16日，霆军移剿宿松、二郎河等处。

**咸丰八年（1858年）19岁**

5月4日，霆军克复麻城、草鞋铺等处城隘，孙开华杀太平军7名，左膝受伤，太平军矛穿过腿弯，列头等伤。

5月27日，霆军回扎宿松。

8月16日，霆军克复太湖县城，进攻安庆。

9月9日，霆军踏毁安庆太平军堡垒，孙开华右腿膝下受抬枪子伤。打入对过，验列头等。

**咸丰九年（1859年）20岁**

7月27日，孙开华因克复安庆、太湖有功，六品军功孙开华以"千总"优先拨补，并赏戴花翎。

9月9日，霆军统领鲍超札委孙开华任"霆营"新中营中哨。

12月15日，霆军驻扎小池驿。

12月20日，孙开华奉派督队攻打木子堡太平军堡垒三座，一律踏平，大获胜仗。

**咸丰十年（1860年）21岁**

1月25—26日，孙开华督队随军削平小池驿一带太平军营垒，追杀十余里，右腿受太平军长矛刺伤，验列二等。

4月8日，孙开华以战功免补千总，以"守备"优先补用，并赏换花翎。

6月，霆军统领鲍超札委孙开华管带"霆军新营"中营事务。

12月17日，孙开华督率弁勇，会合大军前后夹击东门一带太平军垒。

12月20日，霆军克复黟县城。

**咸丰十一年（1861年）22岁**

1月9日，霆军克复建德县城。

4月17日，孙开华免补守备，以"都司"尽先补用。

5月21日，孙开华奉命驰援徽省，将安庆集贤关外太平军垒全行铲平。

10 月，孙开华奉调驰援青阳。

12 月 10—11 日，孙开华踏平青阳城一带太平军营垒。

**同治元年（1862 年）23 岁**

1 月 5 日，都司衔孙开华，著免补都司，以"游击"优先补用，并赏加"参将"衔。

2 月 26 日，朝廷补授孙开华"参将"。

6 月 15 日，霆军攻克宁国府城，孙开华率所部与太平军血战。

7 月 28 日，孙开华因克复宁国府城有功，奉谕免补游击、参将，以"副将"遇缺优先补用。

**同治二年（1863 年）24 岁**

1 月 5 日，孙开华奉调率师赶赴泾县，大败太平军，追杀六十里。

3 月 19—20 日，霆军解太平天国"忠王"李秀成对庐江之围。

4 月 7 日，霆军克复东关。

4 月 10 日，霆军克复桐城闸。

4 月 22 日，霆军克复巢县。

6 月 5 日，孙开华以克复宁郡，进援泾县，叠复西河等隘，在事出力，奉谕"副将"缺出，先行拨补。

7 月，孙开华奉调进剿占据建平的太平军。

9 月，孙开华克复建平县城。

10 月，孙开华进兵东坝。

12 月 21 日，太平天国首都"天京"外围要塞失守，城内粮草严重短缺，"忠王"李秀成建议"让城别走"，"天王"洪秀全不准。

**同治三年（1864 年）25 岁**

1 月，孙开华率军进剿句容。

3 月 5 日，孙开华攻破三岔太平军卡。

3 月 6 日，孙开华在塔岗与太平军鏖战半日，获胜。

3 月 7 日，霆军克复句容县，复进逼金坛。

3 月 20 日，霆军收复金坛县城。

4 月 2 日，遇缺补用副将孙开华，晋加"总兵"衔，并赏给"擢勇巴图鲁"名号。

4月13日，孙开华奉命驰入江西援剿。

6月1日，洪秀全在多日以野草充饥后病逝，"幼天王"洪天贵福继位。

6月，孙开华率军抵江西。

6月25日，孙开华抵抚州。

7月1—5日，孙开华率领"霆军"新中营削平双凤岭、许湾一带太平军垒。

7月10日，孙开华进攻金溪，克复之。

7月14日，霆军克复南丰。

7月19日，太平天国"天京"失守，随后清军屠城。

7月21日，霆军克复新城县城。

9月13日，曾国藩、杨岳斌颁给奖武银牌一面。

9月15日，霆军统领鲍超檄委孙开华统带霆军"副五营"，追太平军至瑞金城下。

**同治四年（1865年）26岁**

4月18日，孙开华三夫人崔氏（1839—1865）在家乡"失水而亡"，终年27岁（虚），"驰赠恭人"。①

11月1日，孙开华统率所部进剿广东嘉应州。

12月19日，孙开华所部驻扎距嘉应州三十里的相公亭。

**同治五年（1866年）27岁**

1月23日，孙开华交军机处记名，遇有"提督""总兵"缺出，请旨简放。

2月26日，李鸿章上霆军肃清江西匪徒奏折。

4月13日，朝廷赏加孙开华提督衔，给封典。

5月8日，朝廷补授孙开华"漳州镇总兵"。

6月11日，兵部递到孙开华任漳州镇总兵文件。

12月27日，孙开华第六夫人曾氏（1848—1895）生一子，取名"道仁"。

① 周星林：《保台民族英雄孙开华家世考》，《武陵学刊》2017年第2期。

**同治六年（1867 年）28 岁**

1 月，孙开华参与尹隆河之战，阵斩捻军赖同保等。

4 月 27 日，孙开华二夫人陈氏（1840—1867）病逝，终年 28 岁（虚），葬慈利县五都何家坡，"驰赠恭人"。①

6 月，霆军统帅、浙江提督鲍超为孙开华谋划前程，建议他前往福建就任总兵。

6 月 18 日，朝廷准鲍超开缺回籍，著娄云庆接统霆军，严加裁汰。

10 月 3 日，孙开华到漳州镇总兵任。

**同治七年（1868 年）29 岁**

1 月 12 日，闽浙总督英桂，以漳州兵皆为新募，而孙开华训练有素已渐有成规，故上奏朝廷。

4 月 27 日，孙开华奉到兵部颁给镇守福建漳州等处总兵官札付。

11 月，孙开华因围剿捻军有功，赏加一级。

**同治九年（1870 年）31 岁**

闰 10 月，以未能整顿营伍，闽浙总督英桂奏明调孙开华回省察看。

11 月 29 日，孙开华交卸镇篆，启程晋省，统率省标八营精兵。

**同治十一年（1872 年）33 岁**

7 月 2 日，福建巡抚王凯泰以孙年力精壮，可胜专阃上奏。

8 月 18 日，漳浦县杜浔乡洪时若抗官拒捕，孙开华领兵前往剿捕，平之。

12 月 19 日，孙开华接任漳州镇篆。

**同治十二年（1873 年）34 岁**

1 月 26 日，恭逢同治亲政恩诏，文武各官员，各赏加一级。

10 月，闽浙总督李鹤年，以孙开华善于训练军队，列为一等。

**同治十三年（1874 年）35 岁**

4 月，日本借口"琅峤事件"，由陆军中将西乡从道领兵 3000 在

---

① 周星林：《保台民族英雄孙开华家世考》，《武陵学刊》2017 年第 2 期。

台湾南部琅峤登陆，企图武力占领台湾。

5月18日，日军与台湾当地居民交战。牡丹社酋长阿实禄父子等战死。

5月，奉闽浙总督李鹤年之命，孙开华统领"擢胜"全营办理厦门海防，所有练营勇营均归其节制调遣。

6月13日，孙开华到厦门接办防务。

7月，日军以台南龟山为中心建立"台湾都督府"。

10月31日，清政府与日本政府签订《北京专条》，清政府付给"日本国从前被害难民之家"抚恤银10万两和日军在台"修道建房等"40万两。

12月15日，福建陆路提督罗大春赴台，孙开华奉令署任陆路提督，乃赴泉州。

12月20日，日军从台湾全部撤走。

12月26日，孙开华接署漳州镇总兵任。

**光绪元年（1875年）36岁**

1月5日，孙开华接福建陆路提督印。

1月，光绪皇帝登基，文武各官，各赏加一级。

**光绪二年（1876年）37岁**

秋冬之际，回湖南慈利老家省亲，随行"八闽军门委员"张恩爵题写"珍珠泉"碑刻于故居一泉眼旁。至今尚存。

11月29日，孙开华七夫人罗氏（1846—1876）病逝，终年31岁（虚），"赐赠恭人"，"葬长沙县锦绣都十甲"。①

12月22日，福建巡抚丁日昌咨调来台布防。

12月26日，孙开华交卸陆路提督印务，由关镇国②接署。

12月30日，孙开华率"擢胜营"抵达基隆。这是孙开华第一次抵台。

---

① 周星林：《保台民族英雄孙开华家世考》，《武陵学刊》2017年第2期。

② 关镇国（1830—1883），广东省博罗县龙华镇鹤溪村人。咸丰元年（1851年）他与其弟关镇邦从军赴广西，因屡立战功，升为千总。1864年还曾奉命调往台湾，击败叛军戴万生，解嘉义之围，平72庄。1876—1883年，曾两度接替孙开华署理福建陆路提督职务。

是年，孙开华第五夫人曹氏（1851—?）生一子，取名"道义"；第八夫人潘氏（1859—?）生一子，取名"道礼"。

**光绪三年（1877 年）38 岁**

10 月 8 日，台北阿棉、纳纳社番叛乱，孙开华派"擢胜"右、后营抵成广澳。

10 月 23 日，"擢胜营"与纳纳社山胞作战于水母丁，不利，孙驰至，山胞始散。

12 月 6 日，孙开华到彭子存与台湾镇总兵吴光亮会师。

12 月 11 日，吴光亮、袁闻柝分别率军进驻加走湾。

12 月 12 日，孙开华夺回水母丁。

12 月 19 日，孙开华力疾剿番，破纳纳社。

12 月 20 日，孙开华攻克阿棉社。

**光绪四年（1878 年）39 岁**

1 月 23 日，阿棉社首领马腰兵被捕，孙开华将其按律正法。

2 月 19 日，闽浙总督何璟等上奏，孙开华攻剿阿棉、纳纳社得胜情况。

2 月 23 日，孙开华自成广澳回师基隆。

2 月 24 日，抵基隆，"擢胜"右、后两营仍留防，左营则分屯台北海口。

3 月 7 日，孙开华被皇帝赏穿黄马褂。

6 月，孙开华渡海回福建。

6 月 30 日，驻福州原为宋国永统率的"霆庆"两营，因宋国永病故归调孙开华统领。

7 月 3 日，孙开华回台，抽拨添募"擢胜"左营，作为"海字营"，常留台北防守，饬右营内渡，驻防省城。这是孙开华第二次抵台。

7 月 16 日，加礼宛番情蠢动，竖旗扎营。该地驻军缺粮，由孙开华转饬接济。

7 月 20 日，鹊子坡官军失利，军情紧急，孙开华前往查办，并许便宜行事，先饬所部"擢胜"后营牟勇驰赴花莲驻扎。

7 月 24 日，孙开华乘"振威"轮赴花莲新城察看军情，回台北。

8 月 28 日，孙开华亲督各军驰赴花莲。

9 月 3 日，孙开华抵花莲港。

9 月 6 日，"擢胜营"攻加礼宛社，败之。

9 月 7 日，"擢胜营"续攻加礼宛社，毁之。

10 月 1 日，朝廷谕旨：孙开华等，当分头搜除逃番，其就抚者，当妥为安插。

10 月 22 日，朝廷以孙开华赴剿迅速，尤为出力，赏给白玉柄小刀一把、白玉四喜扳指儿一个、荷包一对、火镰一把。

**光绪五年（1879 年）40 岁**

2 月 21—23 日，孙开华回署福建陆路提督，驻泉州。

3 月 9 日，孙开华接福建陆路提督印。

8 月 27 日，闽浙总督兼福建巡抚何璟令孙开华率"擢胜"练勇二营至台，驻基隆，地方同知朱上泮①一营，亦归孙开华管带。这是孙开华第三次抵台。

10 月 4 日，遇台风，孙开华所乘"永保"轮于十月四日方抵艋舺。

10 月 23 日，孙开华上奏已统"擢胜营"来台。

是年，孙开华第五夫人曹氏（1851—?）再生一子，取名"道智"。

**光绪六年（1880 年）41 岁**

7 月，闽浙总督何璟令孙开华往楚湘招募精勇，编"擢胜"中、左两营，驻沪尾。9—10 月，孙开华内渡大陆在湖南招兵。十月返回台北，这是孙开华第四次抵台。

10 月 23 日，福建巡抚勒方锜巡台，与孙开华筹商基隆、沪尾海

---

① 朱上泮（1846—1895），湖南省汝城县城郊乡津江村人。其父朱明亮（1828—1886），字懋勋，号镜楼，湘军左宗棠部营务官，曾驻守福州，官至花翎布政衔，记名按察使。光绪十二年（1886 年）被解职，病逝于老家，诰授资政大夫。朱上泮作为长子继领其父所部，率部赴台，官至同知。光绪二十一年（1895 年）日寇侵台，朱上泮领兵 4 营助防澎湖，战斗中，他虽已身负重伤，仍然指挥官兵拼死抵抗，无奈敌众我寡退回大陆。同年抑郁而亡，终年 49 岁。

口炮台事。

**光绪七年（1881 年）42 岁**

1 月 7 日，福州将军穆图善奏，已将光绪六年九月、十月募之湘勇四营中，抽拨两营，驻扎沪尾。何璟奏由"霆庆"中营记名提督曹志忠统领"霆庆营"。

10 月，福建巡抚岑毓英带黔勇 2000 人戍防北台，孙开华部撤回福建。

11 月 29 日，孙开华率"擢胜营"由台北登轮内渡。

11 月 30 日，孙开华及"擢胜营"回泉州。

12 月 1 日，"留闽补用副将，赏戴花翎管带擢胜前营"、孙开华之胞弟孙开富病逝，享年 39 岁（虚），"诰授武功将军""葬（慈利）上五都鸡公翅左北风岔下何家坡上，刻碑为志"。①

**光绪八年（1882 年）43 岁**

1 月，以防务渐松，撤"擢胜"左营以节靡费。

4 月 17 日，孙开华上奏朝廷请求陛见，准奏。

4 月 19 日，孙开华交卸启程，由关镇国接署。

8 月 7 日，孙开华到京陛见。

8 月 29 日，孙开华陛辞请训，请假三个月回籍修墓。

12 月 6 日，孙开华回到湖南本籍。

是年冬，孙开华在故乡柳林铺捐建"义渡"，慈利知县朱耀奎写《将军亭记》。

**光绪九年（1883 年）44 岁**

3 月 2 日，"留闽补用将军"、孙开华之胞兄孙开荣（过继给伯父孙宏易为嗣子）去世，享年 52 岁（虚），"诰授武功将军""葬（慈利）上五都鸡公翅左北风岔下何家坡上"。②

3 月 5 日，孙开华回乡修墓假满。

3 月 6 日，孙开华由湖南启程赴福建。

---

① 周星林：《保台民族英雄孙开华家世考》，《武陵学刊》2017 年第 2 期。
② 同上。

5 月 24 日，抵达福州省城。

5 月 29 日，闽浙总督何璟饬孙开华回漳州本任供职。

6 月 12 日，孙开华到漳州接总兵篆。

8 月 21 日，孙开华奏署福建陆路提督，但因时有漳匪陈赤壁谋为不轨，乃留漳州镇任职。

8 月 29 日，孙开华奉令接署陆路提督印。

**光绪十年（1884 年）45 岁**

2 月 18 日，中法战争爆发，孙开华奉令带印赴台戍防。这是孙开华第五次抵台。

2 月 20 日，孙开华率"擢胜"三营抵达沪尾。

2 月 23 日，孙开华接替曹志忠督办台北军务事，任北路统帅。

6 月 16 日，法军攻击基隆，孙开华赶修沪尾炮台，并塞淡水河口。

6 月 19 日，刘铭传到沪尾巡阅，添派炮勇百人，仍回基隆。

7 月 14 日，法船 Lutin 号由孤拔派遣，在沪尾口做一小时之侦察。

7 月 15 日，长孙孙克仪（字式侯，孙道仁之子）出生。

7 月 19 日，刘铭传再到沪尾视察。

8 月 8 日，蝮蛇号（法舰）开到淡水港前，阻止英船载中国援兵。

8 月 13 日，李士卑率 Galissonnier、Triomphant、D'Esting 号抵淡水。

8 月 14 日，中法炮战，法军攻白堡炮台，孤拔派 Dugucytrowm、Chǎteau Renaud、Bayard 三舰来援沪尾助攻。

8 月 20 日，沪尾战役打响，孙开华指挥守军浴血奋战，取得"沪尾大捷"。

8 月 24 日，刘铭传上《沪尾血战获胜折》。

9 月 5 日，法国宣布和平封锁，北起苏澳鸟石港，南到鹅銮鼻。

9 月 14 日，曹志忠欲袭取九芎坑法营，败退，自伤四十余人。

9 月 19 日，刘铭传上奏孙开华在沪尾一役的功勋。

9 月 20 日，孙开华因战功，得朝廷赏骑都尉世职，并赏给白玉翎管一支，白玉扳指儿一个，白玉柄小刀一把，火镰一把，大荷包一对，小荷包两个。慈禧太后发银一万两，赏给此次出力兵勇。

9月23日，刘铭传电总理衙门，称孙开华、章高元皆病，收复基隆延缓。

9月27日，孙开华致信福建水师提督彭楚汉①，详言沪尾之战。

10月10日，左宗棠奏台北沪尾大战获胜，并积极筹划收复基隆之情形。

10月27日，督办福建军务大臣左宗棠到福州。

10月29日，左宗棠上奏弹劾台北军务官李彤恩。

11月8日，朝廷任命孙开华帮办台湾军务。

11月18日，李彤恩被劾落职。

11月20日，由福州将军穆图善、督办福建军务左宗棠、闽浙总督杨昌浚处得知孙开华帮办台湾军务之旨，乃刊刻木质关防一颗，文曰：帮办台湾军务署福建陆路提督行营之关防，并于是日启用。

11月22日，刘铭传奏，若淮军吴宏洛部无法抽拨，则筹拨楚军三千，归孙开华节制。

11月28日，朝廷因孙开华沪尾大捷指挥有方，赏给御赐"福"纸一张、大荷包两对、小荷包两对、银钱两个、银锞四个、莲子三斤半、挂面十把、奶饼500个、合粉一斤半、藕粉一斤半、荔干一斤半、南枣一斤半。

12月24日，刘铭传上奏，附片劾朱守谟。

**光绪十一年（1885年）46岁**

1月6日，刘铭传上奏朝廷保李彤恩。

1月19日，孙开华上奏朝廷谢"帮办台湾军务"恩。

1月26日，孙开华第八夫人潘氏（1859—?）再生一子，取名"道信"。

———————————

① 彭楚汉（1830—1912），字习之，号纪南，湖南湘乡人。彭楚汉自幼家境贫寒，出身弹匠，人称彭一弹。24岁时，曾国藩创立湘军招募湘勇，彭楚汉赴衡阳投效湘军，深受曾国藩、左宗棠、杨岳斌等湘军大员的信赖。历任广东琼州镇总兵、直隶大名镇总兵、福建水师提督、长江水师提督等。

2月7日，刘铭传上奏反驳左宗棠所指控之事。

3月11日，孙开华致信左宗棠，报告朱道宏案及刘铭传轻弃基隆之罪。

4月17日，左宗棠函陈提督孙开华密报朱道宏参案。

6月4日，孙开华奏台北解严。

10月12日，台湾建省，刘铭传任首任巡抚。

11月15日，刘铭传劾孙开华。

11月28日，孙开华收到朝廷年终赏赐之物。

12月17日，杨昌浚、刘铭传以台省防务较松，孙开华辞去"帮办台湾军务"差使，回福建陆路提督署任。

**光绪十二年（1886年）47岁**

1月1日，孙开华奉旨开去帮办差使，准备内渡。

1月29日，孙开华得到兵部火票，销去"帮办台湾军务"木质关防。

3月7日，回泉州署任福建陆路提督。

11月17日，福建陆路提督唐定奎因病恳请开缺，由孙开华继任。

**光绪十三年（1887年）48岁**

1月2日，孙开华正任福建陆路提督，给寻常记录二次之札付。

1月5日，恭逢光绪亲政恩诏，大小文武官员，赏加一级。

3月12日，孙开华差弁带回谢恩原折。

**光绪十四年（1888年）49岁**

7月4日，孙开华的原配夫人范氏（1845—1888）病逝，葬长沙县清泰都二甲白沙桥，终年44岁（虚），"诰封一品夫人"。①

**光绪十五年（1889年）50岁**

1月22日，以慈禧太后归政，内外文武官员各加二级。

2月3日，恭逢归政恩诏，内外文武官员各加一级。

3月15日，以慈禧上徽号，大小文武俱各加一级。

9月12日，次孙孙克修（字式衡，孙道仁之子）出生。

---

① 周星林：《保台民族英雄孙开华家世考》，《武陵学刊》2017年第2期。

**光绪十六年（1890 年）51 岁**

3 月 22 日，孙开华奏请循例陛见。

4 月 11 日，朝廷准其所请。

5 月 24 日，福建陆路提督由闽浙总督卞宝第兼署。

5 月 25 日，孙开华交卸起程。

6 月 23 日，孙开华进京觐见，觐见两次，奉赐物品多种。

6 月 28 日，恭逢光绪万寿，内外臣工俱加一级。

7 月 20 日，陛辞请训。

10 月 3 日，孙开华回抵福州省城，接印任事。

10 月 9 日，孙开华回泉州福建陆路提督任所。

**光绪十七年（1891 年）52 岁**

8 月，德化县匪首陈拱、陈众兄弟滋事，竖旗僭号一案，孙开华调"擢胜"三营"建威"中、左两营兵勇赴德剿办。

9 月 18 日，孙开华领兵起程赴德化剿匪。

**光绪十八年（1892 年）53 岁**

1 月 1 日，孙开华缉获匪首陈众。

1 月 17 日，孙开华着交部议处。

2 月 18 日，以拏获陈众，将孙开华应得降一级调用处分，加恩改为降二级留任。

闰 6 月 18 日，掳获陈拱。

闰 6 月 26 日，孙开华由德化县班师回泉州。

闰 6 月 28 日，孙开华抵达泉州，以陈拱未获，失察所部焚烧匪屋，勒缴军械，扰累乡民，著交部议处。

7 月 2 日，陈拱枭示。

7 月 14 日，以副将余宏亮所部弁勇滋扰，孙开华失于觉察，部议降三级调用，不准抵消，但因尚有战功可抵，且陈拱已拏获，故改为革职留任。

8 月 12 日，孙开华上奏朝廷，叩谢天恩。

**光绪十九年（1893 年）54 岁**

8 月 27 日，孙开华病逝于福建陆路提督任上，享年 54 岁。

9 月 21 日，闽浙总督谭钟麟向朝廷奏报孙开华因病开缺。

10 月 23 日，朝廷以孙开华卓著功劳，着照军营病故例，从优议恤，开复任内一切处分，给谥号，原籍及立功省份，准其建专祠，战功事迹宜付国史馆。

12 月 3 日，福建巡抚咨送孙开华履历一本给国史馆。

# 参考文献

1．史料类

[1] 陈昌撰：《霆军纪略》，沈云龙主编《近代中国史料丛刊》，第 13 辑，文海出版社 1967 年版。

[2] 李叔璠编：《鲍忠壮公（超）年谱》，沈云龙主编《近代中国史料丛刊》，第 33 辑，文海出版社 1969 年版。

[3] 金国均撰：《鲍爵军门战功纪略》，巴蜀书社 2000 年版。

[4] 王定安著，朱纯点校：《湘军记》，岳麓书社 1983 年版。

[5] 王闿运：《湘军志》，岳麓书社 1983 年版。

[6] 杜文澜撰：《平定粤匪纪略》，沈云龙主编《近代中国史料丛刊》，第 5 辑，文海出版社 1967 年版。

[7] 周世澄撰：《淮军平捻记》，沈云龙主编《近代中国史料丛刊》，第 5 辑，文海出版社 1967 年版。

[8] 清国史馆：《清国史》，中华书局 1993 年版。

[9] 王钟翰点校：《清史列传》，中华书局 1987 年版。

[10] 朱孔彰：《中兴将帅别传》，湖湘文库编辑出版委员会，岳麓书社 2008 年版。

[11] 薛福成：《庸盦笔记》，江苏古籍出版社 2000 年版。

[12] 徐坷：《清稗类钞》，海南国际新闻出版中心、诚成文化出版有限公司 1995 年版。

[13] 缪荃孙纂录：《续碑传集》，沈云龙主编《近代中国史料丛刊》，第 99 辑，文海出版社 1973 年版。

[14] 太平天国历史博物馆编：《太平天国史料丛编简辑》，中华书局

1961 年版。

［15］太平天国历史博物馆编：《清咸同年间名人函札》，档案出版社 1992 年版。

［16］中国第一历史档案馆编：《清政府镇压太平天国档案史料》，社会科学文献出版社 1993 年版。

［17］中国史学会主编：《中国近代史资料丛刊·太平天国》，上海人民出版社 1952 年版。

［18］罗尔纲、王庆成主编：《中国近代史资料丛刊续编·太平天国》，广西师范大学出版社 2004 年版。

［19］中国史学会主编：《中国近代史资料丛刊·捻军》，上海人民出版社 1953 年版。

［20］奕䜣等纂：《（钦定）平定七省方略》，中国书店 1985 年版。

［21］《清实录》，中华书局 1985 年版。

［22］郑敦谨、曾国荃编：《胡文忠公（林翼）遗集》，沈云龙主编《近代中国史料丛刊续编》，第 34 辑，文海出版社 1976 年版。

［23］曾国藩：《曾国藩全集》，岳麓书社 1992 年版。

［24］杜春和、耿来金编：《胡林翼未刊往来函稿》，岳麓书社 1989 年版。

2. 中文专著、译著类

［1］罗尔纲：《增补本李秀成自述原稿注》，中国社会科学出版社 1995 年版。

［2］罗尔纲：《太平天国史》，中华书局 1991 年版。

［3］王尔敏：《清季军事史论集》，广西师范大学出版社 2008 年版。

［4］罗尔纲：《湘军兵志》，中华书局 1984 年版。

［5］王戎笙、龙盛运、贾熟村、何龄修：《太平天国运动史》，人民出版社 1986 年版。

［6］萧一山编：《清代通史》（第三册），华东师范大学出版社 2006 年版。

［7］崔之清主编：《太平天国战争全史》，南京大学出版社 2002 年版。

［8］郦纯：《太平天国军事史概述》，中华书局 1982 年版。

［9］龙盛运：《湘军史稿》，四川人民出版社 1990 年版。

［10］王盾：《湘军史》，湖南大学出版社 2007 年版。

［11］简又文：《太平天国全史》，简氏猛进书屋 1962 年版。

［12］吴善中：《晚清哥老会研究》，吉林人民出版社 2003 年版。

［13］张一文：《太平天国军事史》，广西人民出版社 1994 年版。

［14］罗尔纲：《绿营兵志》，上海书店 1996 年版。

［15］王兴福：《浙江太平天国史论考》，浙江人民出版社 2002 年版。

［16］王继平：《湘军集团与晚清湖南》，中国社会科学出版社 2002
年版。

［17］牛秋实、范展、高顺艳：《李鸿章幕府》，中国广播电视出版社
2005 年版。

［18］皮明勇：《湘军》，山西人民出版社 2000 年版。

［19］田玄：《淮军》，山西人民出版社 1999 年版。

［20］朱东安：《曾国藩集团与晚清政局》，华文出版社 2003 年版。

［21］熊志勇：《从边缘走向中央——晚清社会变迁中的军人集团》，
天津人民出版社 1998 年版。

［22］杨国强：《百年嬗变》，生活·读书·新知三联书店 1997 年版。

［23］周武、何益忠、张钊、李志茗著：《太平天国史迹真相》，华东师
范大学出版社 2000 年版。

［24］李志茗：《湘军——成就书生勋业的"民兵"》，上海古籍出版
社 2007 年版。

［25］清史编委会编：《清代人物传稿》，中华书局 1984 年版。

［26］［美］孔飞力：《中华帝国晚期的叛乱及其敌人：1796—1864
年的军事化与社会结构》，谢亮生等译，中国社会科学出版社
1990 年版。

［27］［美］史景迁：《"天国之子"和他的世俗王朝：洪秀全与太平
天国》，朱庆葆等译，上海远东出版社 2001 年版。

［28］［美］芮玛丽：《同治中兴：中国保守主义的最后抵抗（1862—
1874）》，房德邻等译，中国社会科学出版社 2002 年版。

［29］［英］呤唎：《太平天国革命亲历记》，王维周译，上海古籍出版社1985年版。

［30］［法］Jean L.：《孤拔元帅的小水手》，郑顺德译，"中研院"台湾史研究所2009年版。

［31］［英］John Dodd：《泡茶走西仔反》，清法战争台湾外记，台湾书房出版有限公司2007年版。

［32］连横：《台湾通史》，九州出版社2008年版。

［33］廖宗麟：《中法战争史》，天津古籍出版社2002年版。

［34］安然：《台湾民众抗日史》，台海出版社2003年版。

［35］阿英：《甲午中日战争文学集》，中华书局1958年版。

［36］［加］乔治·莱斯里·马偕（George Leslie Mackay）：《马偕日记（1871—1901）》，玉山书局2012年版。

［37］平江不肖生：《江湖奇侠传（上、下册）》，漓江出版社2013年版。

［38］许雪姬：《抗法名将孙开华事迹考》，《台湾文献》1985年第36卷，第3—4期。

［39］许雪姬：《二刘之争与晚清台湾政局》，"中研院"《近代史研究所集刊》（14）1985年版。

［40］钟启河：《湘军与台湾》，海风出版社1998年版。

　　3. 地方文献

［1］福建政协文史委：《福建文史资料》，第19辑，福建人民出版社1988年版。

［2］傅熊湘题检：《慈利县志》，1923年。

［3］慈利县志编纂委员会：《慈利县志》，农业出版社1990年版。

［4］慈利大事记要编集委员会：《慈利大事记要》，湖南人民出版社2011年版。

［5］新北市立淡水古迹博物馆：《清法战争沪尾战役130周年研讨会成果集》，2014年版。

［6］新北市立淡水古迹博物馆：《清法战争沪尾战役130周年研讨会会议手册》，2014年版。

［7］桃源县、慈利县：《孙氏族谱》1933 年版。

［8］桃源县、慈利县：《孙氏族谱》1999 年版。

　　4. 电子文献

［1］中国第一历史档案馆藏：孙开华奏折及朝廷谕旨电子版。

［2］台北"故宫博物院"存：清朝光绪朝月折档电子版。

［3］台北"故宫博物院"存：大清国史人物列传及史馆档案传包电子版。

# 后　记

　　写《孙开华评传》，是孙培厚的创意和夙愿。

　　有一天，常武医院院长、孙开华的第六世后裔孙培厚大校在聊天时问我知不知道孙开华其人，我说只知他是湘军中难得的常胜将军，民国福建第一任都督孙道仁的父亲。他说我们能不能合作把这个人物好好地研究一下。这样，我们开始了合作。

　　我曾经问过孙培厚："孙家这么多后人，为何只有你执意研究孙开华？"他说："也没什么理由，只是前一段时间电视里播放一个片子《台湾1895》，剧中把孙开华描画成一个沉醉于烟花柳巷和抽大烟的人物。而我了解到的这位祖先是一位能征善战的民族英雄，不能这样矮化他、贬低他。我们需要还原历史、正本清源！"另外，孙培厚的一位同族嫂子的义举也让他感动。家住慈利县孙开华祖屋的孙家媳妇覃常胜（现年68岁）在她60岁的那一年，从儿子手上借了2000元钱，说是出去旅游，实际上则背上一个贴着"寻找孙开华将军后人"土家背篓，前往孙开华曾经为官的福建省奔走了一个月，虽然得到过孙氏家人的关注和帮助，也带回了一些孙氏"乐安堂"族谱方面的资料，但是，孙开华的直系后裔一个也没能找到。

　　为了寻找史料，我们曾经多次到孙开华的出生地慈利县进行实地采访，不仅搜集到许多关于孙开华的传说，还取得了县志办提供的历史资料，我们还数次到孙氏迁湘始祖宗祠所在地桃源县马鬃岭乡新安场村查阅了仅存的一部民国族谱；先后两次前往孙开华任职的福建厦门、泉州、漳州、福州等地寻找踪迹，孙培厚还坚忍不拔地在厦门仙岳山南麓找见了孙道仁的墓地，实拍了许多珍贵的图片；在厦门，我们走访了资深文史专家洪卜仁和薛翘老先生，得到他们的精心指点；为了加强研究力量，我们邀请孙开华后裔、专家学者、文史爱好者和社会相关人士组建了常德市晚清抗法保台研究会，等等。最为难得的是 2014 年 10 月，台湾新北市立淡水古迹博物馆邀请我们赴台参加"纪念清法战争 130 周年学术研讨会"，我们结识了台湾许多学者，获取了很多宝贵资料，台湾学者将十多年前画家绘制的《孙开华坐镇指挥沪尾大捷》的图画在会场捐赠给我们。还与"孙开华研究第一人"、台湾"中研院"台湾史研究所资深研究员许雪姬女士进行了深入交流。半个月后，许雪姬教授专程回访大陆，我们共同考察了张家界和长沙等地孙开华的历史遗存和后裔。

2016 年 10 月，湖南省社科成果评审委以"孙开华军事活动与晚清台海战略防御"予以立项，从而搭建了孙开华研究的省级学术平台。此外，本书的写作过程中，得益于湖南文理学院历史教研室主任熊英教授、长沙市电视台孙健总监、常德市晚清抗法保台研究会许资沅秘书长、湖南隆飞影视文化有限公司谢春凯总经理、厦门市方志办刘昌厚处长、李艳玲博士、韩真主任，以及湖南文理学院 2012 级历史专业王汝娇、曾师等学生在资料整理方面所付出的努力。特别是在本书出版经费难以筹措之时，得到了常德市文化创意产业推进小组办公室的关注，将本书的出版作为常德市"文化名城建设"资助项目之一予以支持。这是本书得以面世的关键所在。

由于各方面的条件制约，原计划一年完成的著述，整整推迟了三年，即便如此，书中缺陷和遗漏在所难免，祈望起到抛砖引玉的作用。关于孙开华的研究我们刚刚起步，期待有更多的学者共同关注，与此相关的成果将在不久的将来越来越多，越来越精彩！

作者

2017 年 6 月